KB187844

전망과 탐색

『철학과 현실』 특집

전망과 탐색

철학문화연구소 편

철학과 현실사

차례

발간사

엄 정 식

　계간 『철학과 현실』이 "현실의 철학화와 철학의 현실화"를 표방하고 창간한 지 이제 30주년을 맞이하게 되었다. 그것은 짧은 기간이 아니며, 결코 흔한 일도 아니다. 이 기간 동안 우리는 국내외적으로 격동의 시기를 겪었고, 개인적으로나 사회적으로도 폭풍의 언덕을 헤쳐 온 셈이다. 이러한 과정을 거치는 동안 상처받은 조개가 진주를 품듯, 적지 않은 사색과 성찰의 열매를 거둘 수도 있었다. 창간 30주년을 기념하기 위하여 그동안 주제로 다루어졌던 각계 지도층 인사들의 논설 19편을 모아 『전망과 탐색』이란 제목으로 단행본을 엮어보았다. 이 글들을 통해 격동의 시대를 살아가는 우리의 당면 과제를 직시할 수 있고, 어느 정도 돌파구를 마련할 수도 있기를 기대해 본다.

노사분쟁에 있어서 법규범과 공정성

이 영 희

1. 분쟁과 법

"분쟁(紛爭)이 있는 곳에 법(法)이 있다"는 말이 있다. 분쟁이 발생하면 이 분쟁은 해결되어야 할 것이고, 그 해결을 위해서는 해결의 원칙 (principle, rule)이 있어야 한다. 이 원칙을 우리는 법(law, Recht)이라고 부를 수 있다. 이 경우에 법은 합리적이고 공정한 것이어야 한다는 것은 말할 것도 없다. 만일 법이 그러하지 못하면 법은 분쟁을 해결할 수 없을 뿐만 아니라 분쟁을 오히려 더 확대시킬 수도 있다. 분쟁 해결 규범으로서의 법은 구체적으로 재판을 통해서 형성, 발전된다. 처음부터 분쟁 해결의 원칙이 선험적으로 또는 완벽하게 존재하지 않기 때문에 그것은 판결을 통해서 확립되어 가며, 따라서 그것은 기본으로 판사법(judge made law, Juristen Recht)의 성격을 갖는다.

분쟁 해결 원칙으로서의 법은 그 분쟁을 해결하는 임무를 가진 법관에게 적용되는 재판규범이지만, 그것은 분쟁 당사자를 넘어서서 일반인들이 장래의 분쟁을 회피하고 예방하는 행동준칙, 즉 행위규범으로 발전한다. 행위규범으로서의 법은 재판규범의 경우보다 더 일반성과 지속성을 요구한다는 점에서 특징이 있다.

물론 법을 이러한 측면에서만 이해할 수는 없다. 법에 의한 분쟁 해결은 규범적 타당성에 의해서만 이루어지는 것은 아니기 때문이다. 법은 국가권력을 배경으로 하고 있고, 이에 의해서 그 실현이 담보되고 있다. 다시 말해서 법은 국가권력에 의한 분쟁 해결 규범이며, 여기서는 분쟁 해결이 공권력에 의한 분쟁의 강제적 종결 또는 진압이라는 성격을 더 크게 갖게 된다. 법은 분쟁에 대한 국가의지의 권위적 표현인 것이다. 따라서 이러한 측면에서 볼 때에는 법은 반드시 공정하고 합리적인 분쟁 해결을 보장하는 것이라고 말할 수는 없게 된다. 물론 법이 의회에서 민주적인 정당한 절차와 과정을 통해서 만들어질 경우에는 법규범의 합리성과 공정성은 그만큼 더 제고되고 또 승인된다. 그러나 그럼에도 불구하고 법이 국가권력을 장악한 지배계급의 지배수단으로 이해되고 있을 때에는, 또는 입법과정에 민주성이 결여되어 있을 때에는 법의 이미지는 크게 왜곡되어 나타난다. 노사관계 또는 노사분쟁에 있어서 법은 바로 이러한 시각에서 그 공정성의 문제가 많이 논란되어 왔다. 이러한 논란의 대상에는 입법적 측면에서의 법규범 내용만이 아니라 법의 집행과정과 사법과정도 물론 포함되어 있다. 과연 노사분쟁에 있어서 법은 어떤 의미를 가지며, 어떠한 역할을 하는 것인가? 본고에서는 바로 이 문제를 논의의 주제로 하고자 한다.

2. 노사분쟁의 성격과 법

모든 인간적, 사회적 관계에서는 으레 분쟁이나 갈등이 발생하기 마련이지만, 그것은 기본적으로 예외적이며 비정상적인 사태로 인식된다.

그러나 노사 간에 발생하는 분쟁은 예외적인 것이라기보다 일상적인 것으로, 오히려 정상적인 것으로 평가되고 있다는 점에서 특징적이다. 물론 이것은 자본주의적 노사관계를 전제로 하고 있다. 자본주의 이전의 봉건적 또는 전통적 노사관계에서는 사실 분쟁이 예외적인 것으로, 좀더 정확하게는 분쟁이 아니라 질서의 문란으로 인식되었고, 이러한 태도는 사회주의적 노사관계에서도 비슷하다고 할 수 있다. 그런데 자본주의적 노사관계에서는 분쟁이 필연적으로 발생하게 되어 있는 것으로 인식되고 있고, 또한 그것은 질서파괴적 분쟁으로 배격되지 않고 적극적으로 수용되고 있는 점에 특징이 있다. 즉 자본주의적 관계 하에서의 노사는 근본적으로 서로 이해가 대립되기 때문에 분쟁의 발생은 피할 수 없고, 그리하여 분쟁은 일상적인 것으로 받아들여진다고 하는 것이다. 물론 비자본주의적 노사관계도 결국은 모두 관리자와 피관리자의 관계이기 때문에 입장의 상위에 따른 이해의 대립이 존재한다고 할 수 있다. 그러나 자본주의적 노사관계에서의 이해의 대립은 그보다는 노사가 근본적으로 시장적 결합관계를 이루고 있고, 따라서 가격을 둘러싼 구매자와 판매자 사이에 있어서와 같은 대립을 그 본질적 속성으로 하고 있다는 점에 차이와 특징이 있는 것이다. 더 나아가서는 자본주의적 노사관계 하에서는 사용자는 이윤추구를 하는데, 이 이윤의 원천은 잉여가치에 있고, 따라서 노동력을 이용 또는 착취당하는 노동자와 사용자의 관계는 본질적으로 대립적일 수밖에 없다는 입장도 존재한다. 그러나 이러한 대립도 궁극적으로는 또는 현상적으로는 노사의 시장적 관계에서의 힘의 불균등의 문제로 귀착 또는 표출된다고 볼 수 있다. 또 그렇기 때문에 노사분쟁은 경제적 강자와 약자 간의 분쟁이라는 성격을 갖게 되기도 하는 것이다. 그런데 한편 노사 간에 있어서 이해는 반드시 서로 상반하거나 대립되는 측면만 있는 것이 아니다. 노사는 서로를 필요로 하는 이해의 공통성이 있으며, 그렇기 때문에 노사의 결합 또는 관계가 이루어지는 것이고, 또 서로의 결합이 이루어질 때 상치되는 이해의 상당한 부분이 조정, 해소되기도 한다. 말하자면 노사의 이해대립적 측면에서 발생하는 분쟁은 노사의 이해공통적 요소에 의해 완화 또는 상살(相殺)의 작용을 받기도 하며, 그리하여 분쟁 자체가 종결되기도 하는 것이다.

노사분쟁은 일반적으로 '이익분쟁'과 '권리분쟁'의 두 유형으로 나누어 파악되고 있다. 양자의 개념적 표현은 반드시 정확하다고 할 수는 없다. 전자는 경제적 분쟁, 후자는 법적 분쟁으로 불리기도 한다. 전자를 규범 설정 단계에서의 분쟁, 그리고 후자를 규범 이행 단계에서의 분쟁이라고 할 수도 있다. 그런데 이익분쟁은 원칙적으로 계획경제나 공동체 관계에서는 있을 수 없는 자본주의적 노사관계에서의 분쟁이며, 어떤 의미에서는 시장의 정상적 운행과정이지 분쟁이 아니라고도 할 수 있다. 자본주의적 노사관계는 기본적으로 계약적 결합관계이기 때문에, 계약기간의 만료와 함께 다시 계약이 갱신되어야 하고, 따라서 이를 위해서는 그 관계가 다시 또는 새롭게 평가되어야 한다. 이 과정에서 발생하는 분쟁이 바로 이익분쟁이다. 그리하여 이 분쟁은 노사관계가 유지되는 동안 반복하여 재현되는, 말하자면 일상성을 갖고 있는 것이다. 이에 비하여 권리분쟁은 예외적인 분쟁이라고 할 수 있다. 왜냐하면 노사 당사자가 서로 이해상반적 관계에 있다 하더라도 서로 합의하여 체결한 계약을 충실히 이행하려고 한다면, 또는 그러한 한 그 이행 여부를 둘러싸고 발생하는 분쟁은 예외적이기 때문이다. 다시 말해서 그것은 자본주의적 노사관계의 특성으로서 필연적으로 발생하게 되어 있는 분쟁은 아닌 것이다.

노사분쟁에 있어서 또 하나의 의미 있는 유형적 파악은 분쟁 당사자의 면에서 본 '개별적 분쟁'과 '집단적 분쟁'의 구별이다. 반드시 엄밀한 것은 아니지만 앞에서의 권리분쟁은 주로 전자에 속하고, 이익분쟁은 후자의 주된 내용이 되고 있다고 할 수 있다. 집단적 분쟁은 개별적 분쟁의 집합이지만, 그러나 개별적 차원에서는 전혀 분쟁으로 나타나지 않던 것이 집단화함으로써 비로소 분쟁으로 현재화되어 나타나기도 한다. 그것은 개별적 관계에서는 노사의 대등성이 유지되지 못하는 경우가 보통이기 때문에, 분쟁이 분쟁으로서 표출되지 못하고 잠재화된 상태로 머물게 될 수 있기 때문이다. 따라서 개별적 분쟁이 축적되어 있다가 표출될 때는 집단성을 띠게 되고, 또 집단적 계기를 통해서 그것이 밖으로 나타날 수 있는 기회를 얻게 된다. 말할 것도 없이 근로자에게 보장되는 노동3권은 근로자의 개별적 분쟁을 집단화시키고, 집단적 분쟁의 제기를 허용하고, 촉진시키는 역할을 하고 있다. 그러나 일반적으로 집단적 분쟁은 단순한 근로자의 집단이 아닌 노동조합이라는 조직이 그 주체가 되고, 따라서 단순한 집단적 분쟁이 아닌 집단의 분쟁이 되고 있다는 점에서 특징이 있다.

3. 노사분쟁과 시민법

근대적 의미에서의 노사분쟁은 시민사회가 확립된 이후에 발생하여 온 분쟁이라고 할 수 있다. 시민사회에 있어서 노사분쟁에 대한 법의 태도의 특징은 그것을 시민 상호간의 사적 또는 민사적 분쟁으로 파악하였다는 데에 있다. 노사분쟁은 평등한 시민 상호간의 분쟁이며, 노사관계는 봉건사회와 같은 계급적 불평등이나 차별이 인정되지 않았다. 원칙적으로 노사분쟁에 국가는 관여하지 않으며, 관여하더라도 이는 분쟁 당사자의 요청이 있을 때만이고, 이 경우에도 관계되는 정부기관은 법원이며, 여기에 적용되는 법은 시민법이었다. 물론 분쟁 당사자가 분쟁 과정에서 폭력적 행위를 행사하였을 경우에는 형사법의 적용을 받지만, 그런 것이 없는 경우에는 원칙적으로 불법적 행위를 행한 당사자는 시민법상의 불법행위 책임, 즉 손해배상 책임 이외에는 다른 법적 책임을 지지 않았다.

그런데 시민법은 다른 분쟁에서와 마찬가지로 노사분쟁에 있어서도 적용되어야 할 법규범을 체계적으로 별도로 갖추고 있지는 않았다. 노사분쟁의 해결에 적용되어야 할 준거기준은 역시 양 당사자가 체결한 '계약'이었다. 노사가 고용계약을 통해서 서로 어떠한 권리와 의무를 합의하여 설정하였고, 또 분쟁이 발생하였을 때 당사자가 이를 어떻게 해결하기로 사전에 합의하였는지가 법이 알고자 하는 내용이며, 그리하여 서로 합의하여 약정한 내용에 따라 해결해 주는 것이 시민법의 기본적인 태도였다. 다시 말하면 계약 당사자의 의사가 바로 법인 것이다. 따라서 이 의사에 불합리, 불공정한 것이 있다 하더라도, 그것은 어디까지나 당사자 자신의 문제이지, 법이 책임져야 할 문제는 아니고, 또한 법의 문제는 아니었던 것이다. 물론 시민법은 현저하게 공정성을 잃은 계약이나 착오 등에 의한 잘못된 의사표시에 대해서는 그 효력을 인정하지 않았지만, 그러나 그것은 어디까지나 예외적인 경우에 해당되는 것이었다. 노사관계에 있어서의 계약주의, 또는 고용계약에 있어서의 계약자유의 원칙, 그리고 고용관계에 있어서의 사적 자치의 원칙이 지배하게 된 것은 노사의 시민적 평등과 계약행위에 있어서의 합리성에 그 근거를 둔 것이었다. 따라서 법의 이러한 자유방임적 태도는 법의 무책임주의가 아니라 시민의 의사를 존중하는 자율주의, 즉 민주주의의 표현이었다고 할 수 있다.

그러나 주지하는 바와 같이 시민의 이러한 자유는 형식적 자유에 불과하게 되었고, 노사관계에 존재하는 실질적 불평등은 고용계약을 사용자가 일방적으로 설정한 규범과 명령에 근로자는 단지 수락하고 복종하는 내용의 취업 수칙으로 전락하게 되었다. 그리하여 이 경우에 있어서 노사분쟁은 앞에서 논의한 바와 같이 분쟁으로 제기되지 못하고 잠복하게 되며, 근로자의 분쟁행위는 경영질서 문란행위 내지 명령 불복종 행위가 되는 것이다.

시민법에서 논의되는 노사분쟁은 형성된 노사관계 내에서의 분쟁, 즉 계약이행과 관련된 권리분쟁이지, 노사분쟁의 형성, 즉 계약체결과 관련된 소위 이익분쟁은 아니었다. 이 이익분쟁은 일반적으로 분쟁으로조차 인식되거나 부각되지 못하였다. 왜냐하면 그것은 분쟁으로서가 아니라 노동시장에 있어서 서로 필요로 하는 노동력의 판매자와 구매자의 자유로운 탐색과 선택이라는 시장행위로 나타났기 때문이다. 계약자유가 지배하는 자유시장의 원리 하에서는 서로 조건이 합치되지 않는 상대방은 미리 선택의 대상에서 제외된다. 따라서 이미 어느 정도 서로 동의를 할 수 있는 당사자들이 같이 만나게 되므로, 계약체결과정에서 분쟁이 발생할 여지는 별로 없는 것이다. 말하자면 노동시장에서의 자유가 곧 노사분쟁의 해결의 장인 것이다. 물론 역사적으로 노동시장의 자유, 즉 계약의 자유는 항상 사용자 측에 유리하게 작용하였고 근로자 측은 이러한 자유를 향수할 수 있는 조건을 갖지 못하였다. 그러나 이것은 근로자가 노동력만을 갖고 있다는 숙명론적 이유 때문은 아니고, 노동력의 공급이 노동력에 대한 수요를 항상 초과하여 왔다는 데에 근본 원인이 있다고 할 것이다. 그런데 만일 완전한 자유의 조건이 노사 양측에서 균등하게 주어지고 유지된다면, 노사 간에 이익분쟁이 발생할 소지는 거의 존재하지 않게 된다고 할 수 있다.

노사 간의 이익분쟁은 일반적으로 분배를 둘러싼 분쟁으로 이해되고 있지만, 시민법적 차원에서는 그것은 분배의 문제가 아니다. 왜냐하면 사용관계는 동업적 조합관계나 공동체 관계가 아닌 노무 공급의 계약관계에 불과하고, 공급될 노무의 가격이 먼저 시장에서 결정되며, 그것은 사용자의 기업활동의 성과와 무관하게 생산요소의 비용으로 정해지기 때문이다. 따라서 적정한 분배의 개념은 존재하지 않고, 적정가격으로서의 임금 수준이 시장을 통해서 형성되도록 되어 있을 뿐이다. 아무튼 노사 간의 이익분쟁은 법원에서가 아닌 시장에서, 계약이나 법규범이 아닌 시장원칙에 의해 해결될 수밖에 없다는 자유방임주의의 원칙이 시민법의 기본 입장이었다고 할 수 있다.

4. 노사분쟁과 집단적 자치주의

시민법에서 파악되어 온 노사분쟁은 기본적으로 개별적 분쟁이었다. 집단적 분쟁은 시민법의 차원을 벗어나는 것으로, 또한 시민법 질서를 파괴하는 것으로 인식되었으며, 따라서 규제와 단속의 대상이 되어왔다. 말하자면 그것은 노사분쟁으로서의 법적 인정을 받지 못하여 왔다.

주지하는 바와 같이 근로자 측에서 제기하여 온 노사분쟁은 계약 불이행과 관련된 권리분쟁보다는 바람직한 계약을 체결하지 못하였다고 하는 이익분쟁이 주된 내용을 이루어왔다. 그리하여 근로자들은 개별적 관계에서 갖는 계약상의 불리한 위치를 극복하기 위해서, 노동조합의 결성과 같은 집단행위를 하게 되고, 이 단결을 바탕으로 하여 집단적인 고용계약, 즉 단체협약의 체결을 요구하게 되었으며, 자신들의 요구를 관철하기 위하여 집단적 행위, 즉 파업과 같은 행위를 행하기도 하였다.

근로자의 단결은 두 가지의 경제적 의미 또는 효과를 갖는다고 볼 수 있다. 첫째, 그것은 노동공급의 통제를 의미하는 것으로, 근로자는 단결함으로써 상호간의 시장적 경쟁을 제한하고 또 새로운 근로자의 시장적 참여를 배제하는 것이다. 물론 후자와 같은 통제는 노동조합이 숙련공 중심의 직업별 조합(Craft Union)에서 일반 미숙련 근로자를 포괄하는 산업별 조합(Industrial Union) 형태로 발전하면서, 또한 'closed shop'과 같은 협상을 더 이상 확보할 수 없게 되어가면서, 현저히 약화되어 갔다고 할 수 있다. 둘째는, 단결력을 바탕으로 한 사용자에 대한 대등적 교섭관계의 유지를 의미한다. 말하자면 근로자의 다중적 위력을 그 효과로서 갖는 것이다. 이와 같은 근로자의 행위는 자유로운 시장기능을 인위적으로 제한하는 불법적인 독점 또는 담합의 행위, 즉 시장질서를 교란하는 경제적 범죄행위로서 다루어졌고, 또 한편 시민의 자유로운 계약체결행위, 즉 의사결정과 행동의 자유를 힘으로 제약하는 불법적인 강제행위로 다스려졌다.

그러나 다른 한편으로는 근로자의 이러한 단결행위 또는 분쟁행위가 반드시 시민법 원리에 저촉되거나 이를 부정하는 것으로만 볼 수는 없었다. 왜냐하면 그러한 행위는 다른 시각에서 볼 경우 시민법 체제하에서도 얼마든지 허용될 수 있는 것이었기 때문이다. 근로자의 단결은 이미 확립되어 있는 시민적 결사의 자유의 구체적 표현 또는 실천에 불과하며, 근로자의 단체교섭의 요구는 사용자로 하여금 협약체결을 강제하는 것이 아닌 이상, 단순히 계약자유의 침해 내지 거래질서의 파괴의 행위로 단속될 수는 없는 것이었다. 그리고 사용자가 근로자 측의 이러한 요구를 거절할 경우에는 노사 간에 계약체결은 불가능해지는 것이고, 따라서 더 이상 노무의 제공도 불가능해진다. 계약이 없는 상태에서 노동하지 않는 것(no contract no work)은 당연하며, 노동할 수도 없는 것이다. 그리하여 계약의 공동체결을 요구한 근로자들이 함께 노동하지 않는 것, 즉 파업(strike)은 막을 수도 없고 단속해서도 안 되는 것이다. 근로자에게는 근로해야 할 의무가 없으며, 국가가 시민에게 노동을 강제할 권한도 물론 없다.

근로자가 노동을 하지 않을 경우에 노사관계의 존재의미는 없어지게 되며, 근로관계는 새로운 계약이 체결되지 않는 한 또는 적어도 새로운 계약이 체결될 때까지 종료 또는 정지된다. 노동자가 노무를 제공하지 않는 파업행위는 집단적 노사분쟁의 전형적 예이지만, 만일 이것이 근로관계의 종료를 의미한다면, 다소 역설적으로 말해서 이 경우에는 노사분쟁도 함께 없어지게 된다고 할 수 있다. 왜냐하면 노사분쟁의 전제가 되는 노사관계가 존재하지 않게 되었기 때문이다. 사용자는 단체교섭이나 파업에 동조하지 않는 근로자를 데리고 생산활동을 계속할 수 있고, 또한 다른 근로자와 계약을 체결하여 대체고용을 할 수 있는 것이다. 만일 사용자의 이러한 대항행위가 성공을 하게 되면 근로자의 집단적 요구나 행동은 무위로 되고, 노사분쟁은 근로자의 패배로 종료된다고 할 수 있다. 물론 단체교섭을 요구하는 근로자들은 소극적으로 파업행위만을 행하지 않고, 다른 근로자의 참여와 동조 및 이해를 호소, 권유, 설득할 수 있으며, 그것이 폭력이나 강제 또는 협박에 의하지 아니하는 한, 시민의 기본적 자유로서 당연히 인정되어야 하는 것이었다. 그리하여 근로자가 이에 성공하는 경우에는 사용자도 다른 근로자를 채용하거나 대체할 수 없게 되며, 결국 파업 중인 근로자와 협약체결을 계속 시도할 수밖에 없고, 따라서 단체협약의 체결을 둘러싼 노사분쟁은 양자 간에 실질적으로 계속되게 된다. 파업 중의 근로관계도 관계의 종료에서부터 관계의 일시적 정지로 점차 이해하게 되었으며, 이것은 사용자가 파업 근로자를 실제적으로 대체하지 않거나 못하게 된 것을 반영하고 있는 것이라고 할 수도 있다.

근로자의 집단적 분쟁행위는 시민법에서는 그것이 시민법 원리에 반드시 반하는 것이 아니라고 하는 법리에 의해 묵인 또는 소극적으로 단정되었지만, 근로자의 보호를 목적으로 하는 노동법에서는 그것은 근로자의 노동기본권의 구체적 행사로 파악되고, 적극적으로 인정되고 있음은 말할 것도 없다. 따라서 노동법에 의하여 근로자의 집단적 분쟁행위는 자유롭게 행하여질 수 있게 되었고, 그리하여 노사분쟁은 더욱 빈발하고 확대될 수 있게 되었다. 이것은 물론 근로자의 인간다운 삶을 보장하고 근로자의 정당한 요구를 관철할 수 있게 하기 위한 것으로 노사분쟁의 발생 자체가 오히려 긍정적 평가를 받게 되고, 또한 그것은 노동법이 현실적으로 기능하고 있음을 말해 주는 것이라고 할 수 있다. 그러나 한편 노동법의 특징은 그것이 근로자 보호에 입각하고 있지만, 그 실현방법은 시민법 원리에 따르고 있다고 하는 점이다. 즉 노동법은 근로자의 계약조건의 개선을 기본적으로 근로자 스스로의 힘에 의한 단체협약에 맡기고 있다. 어떤 면에서는 노동법은 시민법보다 노사 당사자의 자율적 의사를 더 존중하려는 경향도 있다. 소위 '집단적 자치(collective laissez-faire)'의 보장이 그것이며, 때로는 '산업자치(industrial self-government)'라는 표현이 사용되기도 한다. 노동법은 단결권 보장을 유지시켜 주고 더 이상은 개입하지 않는 것이다. 근로자가 체결한 단체협약의 내용이 바람직한 것이 못 되었다 하더라도 그것은 시민법상의 계약과 마찬가지로 근로자 스스로 책임을 져야 할 일이다. 그 과정에서 노사분쟁이 발생하더라도 이에 대한 법의 개입은 자제되며, 노사 당사자들에 의해서도 배제된다. 따라서 노사분쟁은 오로지 양 당사자의 분쟁 의사와 힘에 그 해결을 의존하며, 경우에 따라서 노사분쟁은 해결의 방향으로 가기보다 양자가 갖고 있는 대등한 힘의 수단에 의해 더 심화 또는 장기화될 수도 있게 된다.

5. 노사분쟁과 분쟁의 대등성

노사 간의 권리분쟁은 그 준거기준인 근로계약이나 단체협약 또는 노동법규범이 존재하기 때문에 이 분쟁은 노사 당사자에 의해 자율적으로 해결된다고 하더라도 원칙적으로 쌍방의 힘의 과시나 대결을 필요로 하지 않는다. 그리고 반드시 노사 당사자에 의해서 해결되어야 하는 것도 아니다. 즉 그것은 외부의 중재기관이나 법원을 통해서 얼마든지 해결될 수 있으며, 오히려 거기에 맡기는 것이 합리적이고 공정한 해결을 더 보장할 수 있다. 권리분쟁이란 원래 옳고 그른 것을 따지는 것이며, 따라서 그것은 다루고 있는 당사자에 의해서보다는 객관적인 제삼자에 의해서 해결되는 것이 더 바람직하다. 문제는 권리의 존부를 판정해야 할 제삼자가 얼마나 공정한 태도를 취하는가, 또 그것이 얼마나 보장되는가에 있다고 할 수 있다. 그러나 보다 더 중요한 것은 분쟁의 판정기준으로 적용될 규범 자체의 공정성에 있다. 그런데 현실적으로 단체협약이 집단적 노사자치주의의 원칙에 의해서 노사관계를 규율하는 가장 우월적인 법규범으로 인정되고 있다. 따라서 결국 권리분쟁에 있어서 규범의 공정성의 문제는 노사 당사자가 단체협약을 어떻게 체결하는가 하는 이익분쟁의 문제로 넘어가게 된다고 할 수 있다.

그런데 단체협약을 체결하는 과정에서 발생하는 노사 간의 소위 이익분쟁에 있어서는 그 해결이 어떤 객관적인 준거기준에 의해서가 아니라 원칙적으로 양 당사자의 교섭력에 의해 이루어지며, 노사 당사자는 서로 유리한 협약체결을 위해 적극적으로 분쟁행위를 하는 것이 허용되고 있다. 따라서 이익분쟁에 있어서 공정성의 문제는 그 전제로서의 교섭력의 대등성과 분쟁규칙의 공정성 또는 분쟁행위의 공정성이라고 할 수 있다.

이익분쟁에 있어서 근로자에게 인정되어 있는 파업권은 근로자의 노동하지 않을 자유라는 면에서 볼 때는 근로자에게 고유한 인권적 권리라고 할 수 있고, 또 그것이 근로자의 인간다운 생활을 위해 적극적으로 인정되고 보장되어야 할 권리라는 면에서 볼 때는 제한되어서는 안 될 절대성의 권리로 인식될 수도 있다. 그러나 근로자의 단체행동권을 인정하는 무시할 수 없는 노동법의 또 한 시각은 그것에 의해 노사 간의 교섭상의 대등성이 유지될 수 있다는 것이다. 이러한 측면에서는 파업권은 근본적으로 상대적인 성격을 띠며, 출발에서부터 한계와 제약을 갖는다고 할 수 있다. 즉 그것은 어디까지나 근로자의 사용자에 대한 대등한 계약상의 지위를 확보하기 위하여 존재하는 것이지, 근로자의 우월한 계약상의 지위를 보장하기 위해 허용되는 것은 아니라고 하는 것이다. 따라서 그것은 정당하게 행사되어야 하며, 사용자의 재산권을 침해하거나 강압적인 협약체결을 강제하는 수단이 되어서는 안 된다고 하는 것이다. 파업은 그로 인하여 발생하게 될 경영손실을 통하여 사용자에게 압력을 가하는 수단이 되지만, 한편 그것은 동시에 야기되는 임금손실에 의해 근로자 자신도 부담을 지게 되는 투쟁수단이다. 다시 말해서 파업의 자유를 인정하는 노사분쟁의 법규범은 파업의 힘뿐만 아니라 파업의 한계를 전제하고 있는 것이다. 또한 파업은 노사 간의 자율적 법규범인 단체협약의 존속기간 동안은 원칙적으로 행사되지 않을 의무가 있는 것이며, 어떠한 노사분쟁에도 항상 사용될 수 있는 수단은 아닌 것이다. 예를 들면 권리분쟁의 경우에는 이를 해결하는 절차가 유효하게 존재하는 한 파업과 같은 수단을 동원할 수는 없는 것이다.

그러나 노사분쟁에 있어서의 이러한 규범의식은 노사관계가 성숙되지 않은 단계에 있는 근로자에게는 별로 크지 않으며, 파업은 아직도 사용자와의 교섭수단으로서보다는 사용자의 부당행위에 대한 항의수단으로서 더 크게 인식되고 있고, 파업에 대하여 가해지는 법적 제한은 근원적으로 부당한 것으로 관념되고 있다. 근로자의 단체행동권이 그와 같은 불가침의 특권으로 나아가게 된다면 노사 간에 있어서 대등적 교섭관계는 유지되기 어렵고, 그 관계가 역전될 수 있는 가능성도 있다. 왜냐하면 사용자가 오로지 생산수단의 소유자라는 이유만으로 근로자에 대하여 항상 우월한 지위에 있다고 말할 수는 없기 때문이다.

일반적으로 노동법은 근로자 일방에게만 분쟁수단을 인정하는 것이 아니라, 사용자 측에 대해서는 직장 폐쇄 등 이에 대항하는 행위를 인정하고 있고, 이것은 우리나라의 노동법에서도 그러하다. 사용자의 대항행위를 인정하는 이유는 분쟁에 있어서의 대등성(kampf parität)의 유지라는 데에 있다. 그러나 교섭의 대등성과 분쟁수단의 대등성은 같은 의미로 이해될 수는 없다고 해야 한다. 왜냐하면 근로자에게 부여된 단체행동권은 어디까지나 교섭의 대등성에 그 취지가 있으며, 동등한 분쟁수단의 부여는 오히려 교섭의 대등성을 불가능하게 할 수 있기 때문이다. 따라서 노동법은 사용자의 직장 폐쇄는 어디까지나 방어적으로 행하게 하고, 파업 중에는 사용자가 다른 근로자를 대체고용할 수 없게 하고 있다. 다시 말해서 우리나라의 노동법은 외국의 노동법에서와 같은 분쟁수단의 동등성을 그대로 수용하고 있지 않은 것이다. 그리고 사용자는 근로자의 단체행동에 대하여 대항할 수 있다 할지라도, 그것은 어디까지나 대항일 뿐 근로자의 정당한 단체행동을 방해하거나 저지할 수는 없다. 그러나 근로자의 정당한 단체행동의 한계는 무엇이며, 사용자의 합법적인 대항행위의 범위는 어디까지인가에 대해서는 구체적 법규범이 존재하고 있지는 않다. 따라서 분쟁행위 및 분쟁규칙의 공정성의 문제는 여전히 현실적으로 존재하며, 일차적으로는 역시 양 당사자 간의 단체협약에 의해 기준이 세워질 수밖에 없다. 그리고 궁극적으로는 노동위원회의 판정이나 법원의 판결을 통해서 그 법적 한계가 주어지게 되며, 결국은 판정관이나 법관이 갖고 있는 노사분쟁에 있어서의 규범의식에 크게 영향을 받게 된다고 하겠다. 한편 분쟁행위의 정당성 또는 적법성의 문제는 이익분쟁의 논의가 다시 권리분쟁의 문제로 전화하게 되는 것을 뜻한다고 할 수 있다.

6. 노사분쟁과 분쟁의 조정

노사분쟁은 노사 간의 사적 분쟁으로서의 성격을 기본적으로 갖고 있지만, 분쟁이 집단적 분쟁으로 나아갈 때에는 그것은 필연적으로 사회적 분쟁으로서의 성격을 동시에 갖게 된다. 노사분쟁은 양 당사자 간의 문제로 국한되지 않고, 비당사자인 이해관계자나 국외자인 일반 시민에게도 그것은 바로 영향을 미치게 된다. 이것은 생산수단의 사회적 성격이 커질수록 더욱 그러하며, 특히 공공 분야(public sector)에서의 노사분쟁은 국가 또는 국민 전체에 영향을 직접 미친다. 따라서 이와 같은 사업에서의 노사분쟁은 그 해결을 당사자에게 그대로 내맡기거나 방치해 두는 것은 바람직하지 못하며, 가급적이면 분쟁이 파업과 같은 사태에 이르지 않고, 또한 신속하고 공정하게 합리적으로 해결되도록 조력하거나 조정하는 것이 필요하게 된다. 법의 본래의 기능이 사회적 분쟁의 해결에 있다고 한다면, 법이 무엇보다도 노력을 기울여야 할 영역의 하나가 — 비록 전통적인 법적 해결 방식과는 매우 다르다 하더라도 — 바로 이 노사분쟁의 분야라고 할 수 있다. 더구나 노사분쟁이 기존 질서나 체제의 거부와 같은 근본적인 대립이 아니라 노사 간의 타결을 기본적으로 또는 궁극적으로 지향하고 있는 경우에는 분쟁의 조정적 해결을 위한 국가의 개입의 필요성과 당위성은 더욱 분명해진다.

그런데 종래 우리의 경우에는 노사분쟁은 모두 기존 체제와 질서에 대한 파괴와 위협으로 인식되어 왔고, 따라서 노사분쟁은 합리적이며 조정적인 해결이 아닌 공권력에 의한 규제와 제지라는 방법으로 물리적으로 다스려져 왔고, 또한 노사분쟁의 자율적 해결의 여지는 별로 존재하지 않아왔다. 물론 최근에 전개되어 온 정치적 민주개혁과 함께 노동법에 있어서 종래와 같은 국가적 통제주의는 크게 완화되었고, 앞에서 논의한 바와 같은 노사분쟁에 있어서의 집단적 자치주의의 원칙은 상당하게 회복 또는 확립되어 있다고 할 수 있다. 근로자는 이제 비교적 자유롭게 자신의 주장을 관철하기 위하여 파업과 같은 분쟁행위를 행할 수 있고, 실제로 행사하고 있다. 최근 우리는 매우 폭발적인 노동쟁의를 이미 경험한 바가 있다. 그러나 역시 아직도 문제는 공공 분야에 남아 있고, 또 한편으로는 노사분쟁 해결에 대한 새로운 시각에서의 접근, 즉 합리적 조정제도의 모색이라는 과제가 새로이 대두되고 있다.

공공 분야에서의 노사분쟁은 외국의 경우에 있어서도 국가로부터 제약과 통제를 받는 것이 대부분이며, 우리나라에서만 특유한 것은 아니다. 따라서 문제는 제약의 범위와 정도가 어떠한가에 있다고 할 수 있다. 우리나라의 경우에는 공무원은 법률로서 인정된 자, 즉 현업에 종사하는 공무원만이 단결권과 단체교섭권을 가지며, 단체행동권은 공무원은 물론 방위산업의 근로자에게도 허용되지 않고 있다. 따라서 이들은 파업과 같은 분쟁행위를 행할 수 없으며, 노사 간에 분쟁이 발생하여도 이를 해결할 수 있는 제도나 방법이 존재하지 않는다. 노동법에 의한 노동쟁의의 조정절차는 원래 분쟁행위를 행할 수 있는 근로자를 대상으로 한 것이고, 쟁의행위가 금지되어 있는 근로자를 그 대상으로 하고 있지는 않다. 그리고 공무원 외에도 공익사업체에 종사하는 근로자의 경우에도 분쟁행위는 많은 제약을 받고 있다. 즉 공익사업에 있어서의 노사분쟁은 당사들이 원하지 않더라도 직권중재에 회부될 수 있으며, 그렇게 되면 근로자들은 파업행위에 돌입할 수 없고 또한 행하여진 파업은 중단되어야 하며, 분쟁에 대한 중재재정의 내용에 복종해야 한다. 앞에서도 언급한 바와 같이 공공부문에 있어서의 노사분쟁은 당사자 간의 자율적 해결에만 기대할 수 없고, 또한 파업과 같은 분쟁행위에 의해 야기되는 사태가 그대로 방치될 수는 없다. 그러나 근로자가 공공부문에 종사한다는 하나의 이유만으로 법이 이들의 희생을 강요할 수는 없음은 물론이며, 근로자의 교섭력을 회복 또는 유지시켜 주는 대안적 조치가 강구되어야 하고, 또한 이들의 분쟁을 공정하게 합리적으로 해결해 주는 제도가 갖추어져야 할 것이다. 공공부문의 노사분쟁 해결에 있어서 중재제도는 매우 중요한 의미를 갖는다고 할 수 있다. 노사분쟁이 궁극적으로 제삼자에 의해서라도 해결되어야 한다고 할 경우에는 구속력을 갖는 중재의 방법에 의할 수밖에 없다. 그러나 중재의 의의는 권위적인 재정에 있는 것이 아니라 중재인의 선정과 중재절차에 있어서의 민주성과 공정성에 있다고 할 수 있다. 그런데 우리의 노동법은 공공부문에 있어서는 아직도 종래와 같은 국가권위주의적 통제의 잔재를 많이 유지하고 있으며, 이러한 법규범에 대한 근로자의 불만과 불신은 여전히 크게 존재하고 있다.

일반 사업 분야(private sector)에 있어서의 노사분쟁은 현행 노동법에 따르면 냉각기간의 경과 후에는 쟁의행위가 행사되는 사태로 나아갈 수 있고, 분쟁 당사자에 의해서 자율적으로 분쟁이 해결되지 않는다면 분쟁 상태는 장기적으로 지속될 수 있으며, 분쟁 당사자들이 원하지 않는 한 국가기관이 그 해결에 직접적인 역할을 행할 수가 없게 되어 있다. 말하자면 노사분쟁의 자율적 해결주의가 그대로 지켜지고 있다고 할 수 있다. 그러나 노동법에 의하면 노동쟁의 발생신고 후 냉각기간 동안에 노동위원회로부터 쟁의의 해결을 위한 알선 및 조정을 받도록 되어 있고, 또 당사자들이 희망한다면 중재를 통하여 분쟁을 해결할 수 있다. 물론 이 알선, 조정은 의무적인 것도 아니고 또 그 내용에 구속되는 것도 아니다. 중재도 어디까지나 임의적이다. 그런데 아직도 우리의 경우에는 이러한 조정제도가 노사분쟁의 해결에 제대로 기능을 발휘하지 못하고 있다. 그것은 분쟁 당사자들이 제삼자의 관여 없이 스스로 해결하려고 하는 데에 근본 원인이 있다고 할 수 있지만, 또 하나의 중요한 이유는 분쟁 당사자들이 분쟁 조정기관에 대한 신뢰감을 갖고 있지 않다는 데에 있다고 할 수 있다. 이것은 사실 노동법의 문제라고 하기는 어려우며, 법 자체가 해결해야 할 과제를 넘어선 문제라고 할 수 있다.

지금까지 주로 이익분쟁을 대상으로 하여 논의하여 왔지만, 노사 간의 이익분쟁은 그 분쟁의 내용이 옳고 그름의 문제가 아니기 때문에 그 해결은 조정에 의하는 방법밖에 없다. 이 조정에 있어서 공정성의 기준은 매우 주관적이라는 점에 특징이 있다. 즉 그 기준은 분쟁 당사자 쌍방이 어느 정도 비슷하게 만족할 수 있을 것인가, 또는 불만의 정도가 어느 정도 비슷할 것인가에 있다고 볼 수 있다. 따라서 이 공정성의 기준은 전혀 일반화할 수 없는 것이며, 분쟁의 상황에 따라 실제의 해결 내용은 달라질 수 있는 가변적인 것이 될 수밖에 없다고 하겠다.

『철학과 현실』(1989년 여름)

이영희 인하대학교 명예교수, 제23대 노동부장관을 역임했다. 서울대학교 법과대학을 졸업하고 동 대학원에서 법학 박사학위를 받았다. 독일 보훔대학교, 일본 노동협회, 미국 코넬대학교에서 노동법과 노동문제를 연구하였다. 저서로『한국의 노사관계와 노동운동』, 『근로계약론』, 『노사협의제 연구』(공제),『무와 초월』등이 있고, 논문으로「노사분쟁과 법제도」, 「우리나라 노사분쟁 과정의 특징과 문제」등이 있다.

문화의 상업주의:
문화의 상업화에 드리워진 그늘

김 형 국

1.

유교적 전통가치가 아직도 뿌리 깊은 우리 사회에선 '상업'은 부정적
이미지를 면치 못하고 있다. 사농공상의 신분적 차별은 생필품을 직접
생산하는 농업을 높이 평가한 대신, 상업은 순전히 입놀림을 잘해 턱없
는 이문을 차지한다고 여겨 타기했던 것이 우리 전통이다. 그래서 어떤
현상을 가리키는 말에 상업이란 낱말이 첨가되면 우선 백안시하는 시각
이 오늘의 우리 체질 속에 내면화되어 있다.

현대 경제학의 시각은 다르다. 상업을 높이 평가한다. 산업구조 진화
설에 따르면 한 사회의 주도적 산업이 1차 산업인 농업으로부터 고차화
될수록 보다 나은 경제가 된다고 본다. 공업이 주도하는 사회를 산업사
회라 했고, 3차 산업인 상업 및 서비스업 중 특히 정보 관련 서비스 산업
이 전면에 나서는 사회를 정보사회라 부르는데, 요즈음 사회지도층이
앞장서서 정보사회의 도래에 대비해야 한다고 힘주어 주장하는 근거는

정보산업이 미래사회의 근간이라 보기 때문이다.

같은 맥락에서 현대 경제학은 전통산업인 농업이 상업화에 의해 선진화된다고 본다. 농업은 자가소비를 위한 생산이 전통이었다. 산업사회가 열리고부터 농업도 자가소비에 더하여 현금을 벌어들일 수 있는 현금작물을 생산해서 그것을 시장에 내다팔아야 농가 경제가 신장된다고 보고 있는 것이다.

'농업의 상업화'처럼 '문화의 상업화' 역시 근대사회가 이룬 성취이다. 18세기에 산업화 시대가 열리고 산업인이 경제적 여유를 축적하자 종래 왕족, 귀족, 사제 등 특권계급만이 향유하던 고급문화에 대한 참여가 가능해졌다. 수요적 참여 확대는 거기에 상응하는 문화예술적 생산을 낳았다.

이를테면 산업화 초에 태어난 고전음악의 기수 베토벤(1770-1827)은 누구보다도 시대의 새로운 추세를 앞서 읽었던 천재 음악가였다. 이전에는 선택된 청중들의 한정된 수요에 부응하여 관현악단도 실내악단(chamber orchestra) 수준으로 족했다. 그러나 산업화가 확산되고 고전음악을 즐기려는 시민계급이 다수 등장하자, 이들의 수요에 부응할 수 있는 음량이 큰 악단이 필요해지고 그 양의 증가에 맞추어 새로운 양식의 고전 교향곡이 만들어지는 질적 변화도 촉발되었다. 그 결과 베토벤은 서양 음악사에서 교향악단(symphony orchestra)이 연주하는 교향곡의 시대를 연 기념비적 예술가로 칭송된다.

문화적 측면에서 본다면 근대화는 한마디로 '(고급)문화의 세속화(世俗化, secularization) 과정'이었다. 음악 작곡과 같은 예술문화의 창작이 특수 후원자의 취향에 부응하는 주문자 생산이 아니라 예술가 내면에서 발흥하는 순수 창작동기에 의해 이루어지기 시작했고, 그 '제품'이 탁월할 때 그것을 소비하고자 하는 자연발생적인 유효 수요층이 형성되었다. 불특정의 대중소비가 이루어지는 문화시장이 형성되었다는 사실은 바로 문화의 상업화 시대가 열렸음을 뜻한다.

불특정 수요자를 염두에 둔 문화의 생산은 미술의 경우도 다르지 않다. 고전시대가 막을 내리기 시작하는 19세기 말, 일단의 화가들이 안목 있는 일반 시민들의 시장수요에 의해 생계를 꾸릴 수 있게 된다. 귀족의 취향에 영합함에 따른 독창성의 제약 상황을 벗어나서 예술적 자유를 마음껏 구가하기 시작한다. 창작생활에 필수불가결한 '표현의 자유', '곤궁으로부터의 자유'를 누리게 되었음을 뜻한다. 20세기 미술의 대명사 같은 피카소의 역사는 오로지 개성의 예술적 창의 하나로 세계를 향해 홀로 우뚝 설 수 있었던 현대 화가의 상징으로도 유명하다.

말하자면 문화의 세속화는 문화의 대중화로 나타났고, 문화의 대중화는 문화제품의 상품화를 자극하면서 문화의 상업화 시대가 꽃피기 시작한다. 문자문화에서는 책이, 음악에서는 음반이, 미술에서는 판화가 문화의 상품화를 말해 주는 대표적인 물증이다.

문화의 상업화는 뒤이어 문화와 산업의 긴밀한 결합을 촉진한다. 자동차, 전자제품 등 산업제품은 기능적 편의를 넘어 오늘날 이용자의 개성 표출에 부응하는 문화적 요소를 갖지 않고서는 판매에 성공하지 못한다. 그만큼 디자인이 산업제품의 성패를 가름하는 잣대가 되는 '산업의 문화화'가 확산되고 있다.

거꾸로 '문화의 산업화'도 확산되고 있다. 디자인, 일러스트레이션 등 관련 전문 문화 서비스업체가 첨단산업으로 각광을 받고 있는 것이다. 대학의 산업미술학과에 진학하려는 젊은이들이 문전성시를 이루고 있음은 디자인이 당당한 첨단 직업 또는 산업으로 각광을 받고 있다는 결정적 증거이다.

2.

문화의 상업화는 문화의 시장거래가 가능해졌다는 말이다. 시장의 존재는 생산자에게 불특정의 후원자를 확보할 수 있는 장치로, 소비자의 입장에서는 문화에 대한 대중적 접근을 가능케 해주는 장치로 작용한다.

하지만 문화의 상업화에 미덕만 있는 것은 아니다. 밝음이 있는 만큼 그늘이 드리우고 있다는 말이다. 무엇보다 문화와 상업의 존재방식이 서로 다르기 때문에 발생하는 문제 상황이다.

문화는 가치를 지향하고, 상업은 가격을 통해 형성된다. 가치와 가격은 다르다. 가치는 가격을 결정하는 중요 인자이긴 하나, 양자 간에는 간격이 상존한다. 이를테면 사람의 삶에서 사랑은 대단히 가치 있는 실체이지만 그걸 가격으로, 값으로 따지지 못한다. 마찬가지로 벌이가 신통치 않고, 다시 말해 시장가격이 형편없음에도 불구하고 농사꾼들이 작물 생산에 매달리고 있음은 그것이 생명을 키운다는 가슴 뿌듯한 보람과 가치의 일이기 때문이다.

전신을 던져서 작품생활을 하는 화가가 세상의 인정을 받지 못해 그 작품이 하찮은 가격에 거래될 수밖에 없지만, 그 가치가 인정되는 날엔 천정부지의 가격이 형성된다. 반 고흐나 박수근의 신화가 바로 가치와 가격의 괴리를 극명하게 보여준 경우였다.

문학도 다를 바 없다. 김광섭 시인의 「시인」이란 제목의 시는 바로 이 점을 개탄한다. "꽃은 피는 대로 보고 / 사랑은 주신 대로 부르다가 / 세상에 가득한 물건조차 / 한아름팍 안아보지 못해서 / 전신(全身)을 다 담아도 / 한 편에 2천 원 아니면 3천 원 / 가치와 값이 다르건만 / 더 손을 내밀지 못하는 천직(天職)…" 그만큼 상업이 문화의 진정한 의미를 차질 없이 선양하지 못한다는 말이다. "베스트셀러, 곧 많이 팔리는 책이 반드시 베스트 북(최양질의 책)이 아니다"라는 출판계의 경구도 역시 상업과 문화의 차질을 상징한다.

문화의 상업주의는 바로 문화의 상업화에서 파생하는 차질에 대한 지적이다. 상업화의 미덕에도 불구하고 상업화에 숨어 있는 함정이 상업주의이다. 상업화가 필연적인 역사의 대세라는 지적의 정당성에도 불구하고, 그 추세 속에 잠복해 있는 문제성 형태의 노출이 이른바 상업주의이다.

3.

문화의 상업주의는 무엇보다 문화의 계량화 시도와 관련이 있다. 문화는 질적인 것인데 그것의 상업화가 이루어지면서 계량화가 필수불가결해진 것이다. 일본과 우리 쪽의 관행으로 그림을 '호수(號數)'란 크기로 재고 거기에 '호당(戶當) 얼마'라는 단가를 곱해서 가격을 산출한다. 이 계량화 관행은 대가의 저질 작품을 가려내지 못하고, 그만 소비자는 작품의 질을 돈으로만 따지는 데 습관이 들고 말았다.

문화시장에 등장한 예술작품은 산업제품과는 다르다. 사람들의 필요와 편의에 충당하는 산업제품의 경우엔 그 제품 생산에 기울인 공력에 합당하게 가격이 형성된다. 하지만 아름다움과 선함을 갈망하는 사람의 정서 고양에 제공되는 문화작품은 수요자의 정서에 와 닿지 않는 한 아무리 공력이 많이 든 작품일지라도 공력에 합당한 시장가격이 형성되지 못한다.

결과적으로 문화시장은 잠재력과 가능성을 가진 미래의 예술 대가를 키워내지 못하는 한계가 있다. 경제학에서는 이를 '시장의 실패(market failure)'라 부른다. 문화시장의 실패가 하도 다반사이기 때문에 이를 지적한 경제학자의 이름을 딴 '보몰씨 병(Baumol's disease)'이란 말도 유행하고 있다. 문화활동, 예술활동을 보장할 만한 시장이 형성되지 못한 까닭에 유망한 예술 지망생에게는 가난은 피할 수 없는 숙명이란 뜻이다.

보몰씨 병이 횡행하는 예술계를 위해 정부의 문화지원이나 독지가의 참여가 대안으로 주목받고 있다. 시장의 실패란 뜻은 민간 차원에서 문제가 해결되지 않는다는 말이고, 그럴 경우 정부가 나서야 한다는 것은 이제 상식이 되고 있다.

한편 독지가의 출현이 전통시대의 후원자처럼 예술가의 창의를 제약하는 쪽으로 작용하지 않는다 해도 여전히 모순은 발생한다. 이를테면 독지가의 후원에 보답하여 어느 전도유망한 화가가 작품으로 답례를 했는데, 훗날 화가가 대성하여 작품 값이 크게 뛰었을 경우, 결과적으로 부자가 가난한 화가를 도운 것이 아니라 화가가 부자를 도운 꼴이 되고 마는 것이다.

문화의 계량화에 따른 사회적 문제도 발생한다. 정부는 도시미화를 목적으로 이른바 '1% 법'을 시행하고 있다. 서울에서 올림픽 개최를 준비할 즈음에 확산된 이 제도에 따르면 건축주는 건축비 1%에 해당하는 돈으로 도시의 중요 건물에 조각 또는 그림 따위의 미화작업을 하도록 되어 있다.

그러나 도입까지는 좋았지만 이 선진 제도를 제대로 정착시키는 일은 이 시대를 살고 있는 우리의 몫이다. 이 제도의 정상 가동 여부는 적어도 현재까지는 그리 긍정적이라 말할 수 없다. 돌 무게를 달아서 조각 값이 정해지는 것도 아니어서 예술작품의 가격이 건축비의 1%가 실제로 투입되는지도 확인할 길 없지만, 보람을 위해 기꺼이 하고 싶음이 문화의 생산과 소비의 본질이라는 점을 인식하지 못한 건축주가 지은 건물이 예술품이 설치되지 않은 것보다 못한 지경으로 치닫는 사례가 빈번함은 오늘의 우리 사정이다.

4.

문화의 상업주의는 삶의 질을 고양해 주어야 마땅한 문화의 본질에 어긋나게도 저질화의 폐단을 낳고 있다. 이 점은 특히 대중문화 (popular culture) 쪽에서 크게 확산된 징후이다. 대중문화는 상업성을 직접적으로 추구하는 것인 만큼 저질화는 불가피하다고 보는 시각이 있지만, 이는 문화를 '고급문화(high culture)는 좋은 것, 반대로 대중문화는 저질'이라는 식으로 이분화(二分化)하는 발상법을 전제로 한 것이다.

문화의 이분법은 옳지 못하다고 생각된다. 과거 고가이던 책이 대중용품이 된 데에서도 알 수 있듯이 문화의 세속화란 고급문화의 대중문화화란 뜻도 담고 있다. 따라서 두 문화는 상호보완적이라 보아야 한다. 유명 테너가 유행가곡을 부르고, 반대로 영화음악에 고전음악이 원용되는 사례나, 마릴린 먼로의 얼굴을 포스터 식으로 제작한 팝 아트(pop art)의 작품이 고급문화적 창작으로 높이 평가받고 있는 맥락의 연장선에서 대중문화의 저질화를 당연시하는 시각은 독선적이라는 비판을 면하기 어렵다.

문화는 사람의 정서에 작용한다. 때문에 거기엔 어떤 식으로든 감각적인 대목이 들어 있다. 그러나 감각이 충동적이거나 악순환을 초래할 수도 있을 정도로 자극적인 것은 문화의 본질이 아니기 쉽다. 정서를 순화, 승화, 고양시켜 한 개인의 실체가 세상이나, 자연이나, 우주의 본질에 한 순간이나마 다가가 일체가 되는 그런 감각의 유도가 문화의 정체이다.

문화의 이런 고전적 정의는 문화 상업가에겐 전혀 관심이 아니기 쉽다. 제품이 충동구매의 대상이 되기를 기도하는 그들에게 성(性)의 상품화는 광고의 황금률이 되고 있다. 고전음악 음반에 여성 연주가가 원초적 자극을 연상하게 하는 모습으로 등장하는 것은 그리 나무랄 일이 아닐 것이다. 문화는 당연히 관능도 포함한 삶의 본질에 대한 투철한 접근이기 때문이다.

그러나 삶의 진면목의 현실에 대한 투철한 접근에 못지않게 문화는 현실을 넘어 이상과 꿈에 도달하고자 하는 갈망도 지향한다. 문화의 이런 높은 뜻에 견준다면 우리의 출판문화는 저질화가 보편화되어 있다.

우리 사회에는 무수한 여성지가 난립하고 있다. 그것들의 채산 유지는 광고 지면이 큰 몫을 담당한다. 광고 지면의 앞 페이지를 장식한다는 것은 그만큼 고가 지면의 소비란 뜻이다. 그런데 그것을 차지하는 것은 속옷 특히 여성 속옷 광고가 대부분이다. 속옷이 비싸 보았자 큰돈이 아니다. 그럼에도 그런 광고가 대거 등장하는 것은 그만큼 생산비와 적정 이윤을 훨씬 상회하는 엄청난 마진이 있다는 말이고, 그 마진이 사람의 말초적 시선을 자극하는 데 쓰인다는 뜻이다.

인체는 아름답다. 여체는 빼어난 균형감이 자랑이다. 그렇기에 젊은 여체를 그린 누드화(畵)가 미술작업에서 중요 소재가 된다. 그러나 성공한 누드화는 아주 드물다.

성공한 미술작업은 자연의 재현이라 했다. 재현에 성공하자면 비범한 감각을 가진 화가가 보통 사람들이 쉽게 간파하지 못하는 자연의 미묘함, 심오함을 포착해서 그것을 화폭에 옮겨놓아 수많은 감상자를 공감하게 하는 경지에 이르러야 한다.

그러나 누드의 경우, 세상에서 으뜸가는 자연이긴 하나, 누드의 아름다움은 화가의 손길을 빌리지 않더라도 자명하다. 화가가 열심히 그렸다는 누드화가 자칫 선정성이 짙은 저질 감각의 매체, 이를테면 포르노 같다는 비판을 면치 못하는 것도 그 때문이다. 문화의 상업주의자는 누드화가 빠지기 쉬운 속성인 말초신경 자극성을 오히려 기대하고 있다.

5.

문화의 상업주의가 가진 폐단은 세상에 가치 있는 것은 모두 화폐화될 수 있다는 획일적 발상법과 관련이 있다. 황금만능주의와 통하는,

"내 돈으로 마음대로 하는데 무슨 상관이냐"는 식의 이런 사고방식은 문화적 발상법과는 괴리가 크다. 상품은 돈으로 살 수 있지만, 작품은 돈으로만 통하지 않는다. 상품은 그렇지 않지만 작품에는 사람의 얼굴, 곧 인격이 내재해 있다. 때문에 문화를 향유하자면 돈도 있어야 하지만, 동시에 그것을 누릴 만한 교양적 인품이 전제되어야 한다.

고급 화랑은 알 만한 사람이 아니면 시장에 나온 그림일지라도 선뜻 내보이지 않는다. 일본의 유서 깊은 여관은 명망 인사나 이전에 묵은 적이 있는 손님의 소개가 없으면 예약을 받지 않는다. 구하고자 하는 사람의 정체를 공급자가 인정하고 평가해야만 문화가 거래되는 것이다.

문화를 향유할 만한 교양적 인품을 배양하자면 배움이 필요하다. 세상이 기대하고 인정하는 규범의 체질화가 교양이고, 배움은 문화적 상대와 대상을 알려고 하는 노력이다. 이 점에서 세계사에서 유례없이 빠른 경제성장을 기록한 현대 한국인은 교양의 체득에 약점이 많다. 이를테면 해외여행의 자유화로 외국 관광에 나선 한국인의 행태가 '어글리 코리안'이란 손가락질을 받는 것은 바로 문화의 화폐화만을 맹신한 결과인 성싶다.

로마에 가면 로마 사람이 되라는 격언은 만고의 규범이다. 로마까지 가지 않더라도 나라 안에서도 마찬가지다. 남의 집에 가면 그 집의 범절에 따라 행동거지를 해야 한다. 어글리 코리안은 이런 간단한 규범을 외면하기 때문에 생겨난다.

이를테면 어떤 나라에서는 식사를 하면 공식적인 식대에 더하여 비공식적인 봉사료인 팁을 얹게 되어 있다. 불문율에 익숙한 그 사회에서는 그 요율이 다소 가변적이긴 하나 봉사료도 공식적 요금과 다를 바 없다. 그 나라 사정에 밝은 사람이 그것을 아무리 설명해도 한국 사정을 말하면서 우리는 그걸 따르려 하지 않는다.

이는 오늘의 한국 사람들이 외국 관광을 순전히 저질의 대중문화로만 치부한다는 뜻이다. 대중문화를 오로지 '쉽게 들을 수 있고, 쉽게 볼 수 있고, 쉽게 생각할 수 있는 것'으로 여기는 데서 저질성이 확산된다. 대중문화가 한결같이 '쉬운 것'인가? 그렇지 않다. 대중문화의 대표 격인 스포츠를 따져보아도 결코 쉽게 되는 것이 아니다. 골프를 즐길 정도로 치자면 열심히 배워야 하고, 야구 구경을 잘하자면 역시 룰을 알아야 한다.

대중문화의 보편적 특징은 '중복되고, 경이롭지 못하고, 단조로운 것'이다. 그렇다면 과연 외국 관광은 대중문화에 속하는 것일까? 그렇지만은 않다. 한 번도 체험해 보지 않은 미지의 땅을 밟는 관광은 경이의 시간이다. 때문에 '내가 거기 갔노라 사진첩(I-was-there picture)'만을 여행의 성과로 여기는 것은 올바른 관광관이 아니다.

관광은 외국의 풍물을 아는 기회이자 한국을 외국에 알리는 소중한 기회이다. 관광은 시대의 대세라는 국제화 촉진에 기여할 수 있다. 국제화는 우리가 외국을 알려는 노력이고, 나아가서 외국에다 우리의 진실을 알리는 소중한 기회이다.

그런데 외국에다 우리를 알리는 기회를 선용하지 못하는 문제는 차치하고, 우리가 외국을 제대로 알려고 노력하는지조차도 의문이다. 관광은 이국적인 풍물과 함께 그 나라의 생활문화에 대한 견문이 목적이다. 생활문화는 의식주(衣食住)가 근본이고, 이 가운데 정수는 식문화이다. 식문화에는 현지의 자연과 어울린 삶의 방식이 그대로 농축되어 있다.

그러나 우리 관광객에겐 이국의 식문화를 체험해 보려는 열린 마음의 여유가 거의 없다. 줄곧 한국 음식점만 찾아 헤맨다. 외국에 나가 있는 교포 음식점을 돕자고 관광길에 나선 것은 아니지 않는가.

우리가 살아가는 사회는 더불어 살아가는 사회이다. 우리의 이웃들과도 더불어 살아야 하지만 외국 사람과도 더불어 살아야 한다. 더불어 살자면 상대방의 입장에서 사사건건을 생각해 보는 역지사지(易地思之)의 태도가 필수적이다.

6.

문화의 상업주의 폐단이 만연함을 상업주의자의 계략이라 비판하기에 앞서 문화를 소비하는 이 시대 우리 모두의 수준이라 보는 것이 정당하다. 이런 문제성 수준은 우리만의 것이라기보다 세계적 폐단이기도 하다.

근대화의 시대는 산업화가 주도했다. 경제를 늘리는 데 혈안이 된 이 역사적 과정에서 알게 모르게 사람들은 생산역군이 되었고, 될 수밖에 없었다. 생산역군으로 자라야 하고 자라게 하는 것이 미덕이거나 절대 가치로 통용되는 사이, 생산성을 높인 결과로 여유를 누리게 되었을 때 시간을 어떻게 선용해야 할지에 대한 방도를 익히는 교육에는 소홀했다.

여유 시간의 선용은 고급문화의 소비를 통해 이뤄진다. 주어지는 만큼 받아들이는 대중문화와는 달리, 고급문화를 소비하자면 교육과 훈련이 필요하다. 문화를 통해 누리고자 하는 아름다움이란 것도 '눈으로 거듭 익힘'이라는 우리말의 '알음(acquaintance)'에서 유래했다는 주장은 설득력이 있다. 문학은 열심히 읽어야 하고, 고전음악은 거듭 듣는 사이에 귀가 뜨이고, 미술은 좋은 작품을 계속해서 감상하는 사이에 미묘한 색감과 형상을 간파하고 그래서 즐길 수 있다.

고급문화만 배움이 필요한 것이 아니라 일상의 즐거움을 안겨주는 대중문화도 제대로 즐기자면 배움이 필요하다. 영화를 감상하는 데도, 스포츠를 즐기는 데도 배움이 필요하다. 기쁨과 즐거움의 대상을 건강하게 파고들어 가는 탐구의 노력이 요구된다.

배움을 추구하는 노력에는 거기에 합당한 태도 확립이 요구된다. 세상사를 돈으로만 재단하는 발상법에서 벗어나는 태도가 그것이다. 궁극적으로 경제는 사람이 사람답게 살자는 문화적 목적을 이루기 위한 수단이다. 문화를 이루는 데 실패한 경제주의자, 상업주의자를 일컬어 우리가 '경제동물'이라 타기하는 것은 그 때문이다. 문화의 상업주의를 개탄하는 것도 바로 우리가 경제동물이기를 거부하는, 인간 내면에 바탕한 진실을 바라는 동기에서 발원한다.

진실은 아름다움과 착함이 어우러진 것이다. 아름다움과 착함은 돈으로만 따질 수 없는 것이다. 돈을 주인으로 삼는 상업주의는 진실을 좇는데 한계가 많다.

『철학과 현실』(1994년 여름)

김형국 서울대학교 환경대학원 명예교수. 서울대학교 사회학과를 졸업하고, 서울대 행정대학원에서 행정학 석사학위를 받았으며 미국 캘리포니아대학교(버클리)에서 도시계획학 박사학위를 받았다. 저서로 『국토개발의 이론연구』, 『대학에서 나는 무슨 공부를 하여 어떤 사람이 될까』(편저), 『사람의 도시』, 『하면 안 된다』, 『도시시대의 한국문화』, 『나의 삶 나의 생각』(공저), 『그 사람 장욱진』 등이 있다.

경제적 자유의 신장을 위하여

정 운 찬

한국 경제는 해방 이후 지난 50년간 급속한 성장과 괄목할 만한 구조적 변화를 경험했다. 본격적으로는 경제개발 5개년 계획이 시작된 1962년 이후 그랬지만 그 이전에도 후일의 성장을 가능케 하는 데 기초가 될 많은 변화가 일어났다. 그 결과 100달러 미만이던 1인당 소득이 이제는 1만 달러에 육박했고 농업 중심의 단순한 경제가 공업 중심의 다양한 경제로 변모했다.

그러나 양적 성장과 질적 변화의 밝은 면 뒤에는 많은 음지가 조성되었다. 성장과정에서 생긴 빈부 간, 도농 간, 지역 간, 대기업과 중소기업 간 불균형은 날로 심화되고 있으며, 국민경제의 대외적 자주성은 점점 줄어들고 있다.

---

* 이 글은 1988년 12월 한국학술협의회 주최 '학협강좌'에서 읽었으나 미간행한 논문 「경제적 자유: 그 의미와 한국 경제에의 시사점」을 대폭 수정한 것이다.

이제 착실한 개혁을 통해서 여러 가지 의미의 불균형과 대외의존성을 제거 또는 완화하지 못하면 한국 경제는 지속적으로 성장하는 대신 깊은 수렁에 빠질지도 모른다는 위기감이 양식 있는 이들 사이에 널리 퍼져 있다.

지속적 성장을 가능케 하는 동인(動因)은 무엇인가? 한편으로는 우리 경제가 안고 있는 어려움을 극복하기 위해 착실한 개혁을 추구하는 것이고, 다른 한편으로는 한국 경제의 생산력을 늘리기 위해 필요한 창조적 활동이 가능하도록 모든 힘을 기울이는 것이다.

밀(J. S. Mill)이 지적한 것처럼 모든 창조적인 활동은 오직 자유로운 분위기에서나 가능하다. 또 확실하고 유일한 개혁의 원천도 자유이다. 따라서 창조적 정신과 경제개혁이 시급한 우리나라에서 경제적 자유의 확보는 필수불가결하다. 이 글에서는 경제적 자유란 무엇이며 왜 중요한가를 알아보고, 경제적 자유를 확보할 수 있는 최소한의 조건을 모색해 보기로 하자.

1. 경제적 자유란 무엇인가?

1) 경제적 자유의 의미

어떤 개인이 한편으로는 자기가 소유하고 있는 생산요소(자본 또는 노동)를 제공하여 얻는 소득으로 민간부문이 생산한 재화를 구매하고, 다른 한편으로는 정부부문이 제공하는 재화를 받아 소비하는 과정에서 극대만족을 추구한다고 하자. 그가 처해 있는 상황은

$$Max\ U = U(X, \bar{q}, A) \tag{1}$$
$$subject\ to\ \bar{P}x \cdot X + \bar{T} = Y = \bar{P}a \cdot A \tag{2}$$

로 나타낼 수 있다.[1] 단, 여기서

U : 효용, X : 민간부문이 생산한 재화, q : 정부부문이 제공하는 재화,
A : 생산요소, Px : 민간부문이 생산한 재화의 가격,
T : 개인의 순세금부담(세금부담 − 이전지출), Y : 세전소득,
Pa : 생산요소의 가격

이다. 변수 q, Px, T 및 Pa 위에 그은 선분은 이들 변수가 외생적으로
주어진 것임을 나타낸다.

이때 경제적 자유란 개인이 A와 X를 선택할 때, 다시 말해서 생산요
소를 제공하고 민간부문의 재화를 구입할 때 예산 제약식 (2) 외에는 아
무런 제약을 받지 않으며, 또 Pa와 Px, 즉 요소가격과 민간부문의 재화
가격이 모두 경쟁적 시장에서 결정됨을 의미한다. 예를 들어 여성이기
때문에 취업의 기회를 제한당한다거나, 어떤 재화가격을 특정 독과점
기업이 크게 좌지우지한다면 예산제약 이외의 추가적 요인이 개인의 경
제활동을 제약하는 것으로 볼 수 있다.

정부의 역할에 대해 어떤 이들은 정부부문이 너무 비대해지면 경제적
자유가 제약되므로 T와 q의 상한을 헌법에 명시해야 한다고 하고, 다른
이들은 선거를 통해서 이것들의 크기를 정할 수 있으므로 그 상한을 헌
법에 정할 필요는 없다고 한다. 그러나 X에 비해 너무 방대한 T 및 q는
경제적 자유와 양립할 수 없다는 데에는 의견의 일치를 보고 있다.

한편, 경제적 자유주의자들은 분배문제에 대해서는 대체로 침묵을 지
킨다. 그러나 개인 간의 자유로운 거래의 결과 형성된 소득(Y)분배가 항

---

1) 아래의 논의는 J. Eatwell, M. Milgate and P. Newman, *The New Palgrave: A Dictionary of Economics*(Macmillan, 1987)을 많이 참고했다.

상 적절하다고만은 할 수 없다. 어떤 이들은 생계를 유지하기 어려운 사람들에게 최소한의 소득을 보장해 주는 제도만 마련된다면 자유로운 거래의 결과 형성된 소득분배에 대해 걱정할 필요가 없다고 한다. 그러나 최소한의 소득이 얼마인가를 정하기는 매우 어렵다. 또한 적어도 일부 경제학자들은 자유로운 경제질서에서 형성된 소득분배 상태가 여러 가지 기준에 비추어볼 때 수용될 수 있을 만한 것인가에 대해 의구심을 품고 있다. 비록 쿠즈네츠(S. Kuznets)의 U자 가설은 소득이 일정 수준 이상이 되면 소득분배 상태가 점차 개선된다고 주장하지만, 이러한 낙관적인 상황은 심각한 사회적 갈등, 그리고 이를 해결하기 위한 진지한 노력 비용의 결과임을 자본주의의 역사는 여실히 보여준다. 즉 자유로운 경제적 거래가 야기할 수 있는 소득과 부의 집중, 나아가 권력의 집중은 그것의 기초가 되는 자유로운 거래질서를 스스로 파괴할 가능성을 갖고 있는 것이다. 그러므로 분배의 형평성에 대한 국민적 합의, 그리고 이것을 기초로 한 정부의 정책적 노력은 결코 자유로운 거래질서를 제약하는 것이 아니라 오히려 이를 보장하는 것임을 인식하여야 한다.

또한 경제적 자유를 논할 때 재화(X)와 생산요소(A)의 국적을 고려하지 않을 수 없다. 물론 미시적, 단기적 차원에서 X와 A의 국적 여하는 문제가 되지 않을 수도 있다. 그러나 세계국가의 이상을 논할 수 없는 상황에서 우리는 국민국가, 국민경제 차원의 논의를 생략할 수 없다. X와 A의 국제적 거래는 거시적으로 국민경제 전체에 많은 새로운 제약조건을 가하고 있으며, 이것은 결국 장기적으로 각 개인의 경제활동에도 제약조건으로 작용할 것이기 때문이다.

우선, 국제수지의 불균형이 지속되면 대외적 불균형을 해결하기 위한 정부의 노력은 대내적인 경제문제를 다루는 정부의 정책적 자유를 제약하게 된다. 특히 다양한 간접적(즉 시장기구에 의한) 정책수단이 부족한 저개발국, 개도국 정부로서는 국제거래의 불균형을 시정하기 위해 직접적인 통제수단(즉 직접적인 무역통제, 외환통제, 자본거래통제)을 동원할 수밖에 없다. 이것은 각 개인의 자유로운 경제활동에 절대적인 제약으로 작용함을 우리는 익히 알고 있지 않은가.

한편, X와 A의 국제거래는 각 국민경제 및 개인의 자유로운 경제활동에 대해 보다 근본적인 제약조건으로 작용할 수 있다. 왜냐하면 X와 A 중 외국에 의존하는 비율이 높을수록, 즉 국민경제의 대외의존성이 클수록 자국의 필요가 아닌 외국의 요구에 따라 경제활동을 조정해야 할 가능성이 높아지기 때문이다. 각국 간의 부존자원 및 생산기술이 동일하지 않은 한, 각국은 국제분업체계의 일원으로 참여함으로써 경제적 후생을 증가시킬 수 있다는 것은 경제학의 상식이다. 그러나 각국의 경제 상황은 항상 동태적으로 변화하므로 이에 따라 국제분업체계의 성격도 수시로 조정되어야 한다. 이때 대외의존성이 큰 국민경제는 외국의 요구에 따라 자국의 산업구조를 조정할 수밖에 없고 따라서 조정 비용의 보다 많은 부분을 부담할 수밖에 없다. 이 과정에서 대외의존성이 큰 국민경제의 각 개인에 대한 제약도 증가함은 물론이다.

2) 밀과 스미스의 견해

역사적으로 볼 때 경제적 자유는 목적 그 자체로서 중요성을 띠기도 했고 또 경제를 올바른 방향으로 발전하게 하기 위한 수단으로 이해되기도 했다.

경제적 자유를 목적 그 자체로 이해한 대표적 인물은 밀(J. S. Mill)이다. 그의 자유에 대한 기본 생각은 『자유론』에 잘 나타나 있다.[2] 밀은 『자유론』의 이곳저곳에서 모든 창조적인 활동은 오직 자유로움 속에서

---

2) J. S. Mill, *Essay on Liberty*(Oxford, 1942). 밀은 여기서 자유 일반에 대해 언급하고 있지만 그의 논의는 경제적 자유에도 적용될 수 있다.

만 가능하다고 했다. 또 확실하고 영속적인 유일한 개혁의 원천은 자유라고 하면서 경제적 자유를 개인과 사회의 경제적 복지를 증진시키는 수단으로 인식하기도 했다.

스미스(A. Smith)도 『국부론』에서 경제적 자유가 분업과 교역의 기회를 활용함으로써 개인이 자기가 처한 상황을 개선하도록 해주는데, 이때 시장의 발생은 이러한 기회를 충분히 활용하게 해주는 계기가 된다고 했다.[3] 스미스에 의하면 시장이 효율적으로 작용하려면 재산권 제도가 잘 정비되어 있어야 하며 교역으로부터 이익을 얻으려는 개인 간의 거래에 드는 비용을 최소화해야 한다. 그러므로 자연히 시장 효율성의 제고는 정부의 간섭을 필요로 한다. 왜냐하면 거래상 분쟁이 생겼을 때 이를 중재하고 또 법과 질서를 유지할 제도가 없다면 분업도 교환으로부터의 이익도 생길 수 없기 때문이다. 그러나 이때 법은 미리 알려져 있어야 하고 또 각 개인에게 동등하게 적용되어야 한다. 또한 정부는 교환에 드는 비용을 절감하기 위해 교역의 장벽을 없애고 생산요소의 이동을 원활하게 하며 운송비를 줄이려는 노력을 해야 한다.

그런데 밀이나 스미스나, 경제적 자유는 남을 해치지 않는 범위 내에서만 보장되어야 하며 결코 자유방임과 혼동되어서는 안 된다고 역설했다.

2. 한국 경제와 경제적 자유

우리나라에서는 경제적 자유가 많이 침해받고 있다. 자유를 침해하는 원인으로는 정부의 지나친 경제개입, 소득과 부의 불평등한 분배, 지역

---

3) A. Smith, *An Inquiry into the Nature and Causes of the Wealth of Nations* (Oxford, 1976).

간 개발 격차, 대기업과 중소기업의 문제, 도농 간의 불균형 문제, 개방과 관련한 문제 등을 들 수 있다. 그런데 이들 문제는 복잡하게 상호연관되어 있다. 특히 재벌문제로 대표되는 대기업집단과 중소기업의 불균형 문제는 정부의 지나친 개입이 경제력 집중을 야기하는 메커니즘을 잘 보여주고 있다. 한편 세계경제질서의 재편과 더불어 앞으로 한국 경제는 외국으로부터의 압력에 더욱 노출될 전망이다. 여기서는 이 두 가지 문제를 중점적으로 살펴보자.

1) 정부개입과 경제력 집중

박정희 정권에 의해 경제개발계획이 추진되면서 정부의 경제개입이 본격적으로 시작되었다. 정부는 개발자금의 동원에서 배분에 이르기까지 광범위하게 관여했다. 이 시기 정책금융의 비중은 주요 은행 여신의 60%에 달했다. 수출을 하기 위해서는 120건 정도의 서류가 요구되었다는 사실만 보더라도 정부의 경제개입이 어느 정도였는지 짐작이 갈 만하다.[4] 이러한 정부의 개입은 다른 무엇보다도 경제력 집중의 문제를 야기했다. 한국에서의 경제력 집중 문제는 소위 재벌체제에서 극명하게 드러난다. 박정희 정권은 대기업 중심의 경제정책을 펴면서 특정 산업분야를 재벌에 맡겨 중점 육성하도록 했다. 예를 들어 1970년대 섬유산업에 특화되어 있던 어떤 재벌은 정부의 지시로 기계와 중장비 그리고 조

---

4) 물론 정부개입은 효율적인 자금동원과 배분을 이루어낸 측면도 있다. 그러나 경제의 규모가 커지면 지나친 정부개입은 오히려 비효율을 초래하게 된다. 이 경우 정부의 경제개입 방식은 수정되어야 한다. 즉 미주알고주알 식의 직접적인 간섭보다는 경쟁이 공정하게 이루어지는지를 감독하고 조정하는 역할로 이행되어야 한다. 그러나 한국의 경우 방향 전환의 시기를 늦추고 있으며 아직까지도 정부의 규제와 간섭은 불필요하게 많다. 이는 민간의 창의성을 심각히 제한하고 있다.

선산업을 떠맡게 되었다. 이 과정에서 엄청난 양의 자금 차입이 이루어졌다. 그러나 면밀한 사전준비가 부족했던 탓에 석유파동이 닥치자 이 재벌은 생존을 위해 정부의 지원에 의존하지 않을 수 없게 되었다.[5] 대규모의 기업이 파산할 경우 국민경제가 입을 타격 때문에 정부는 구제에 나설 수밖에 없었다. 그 결과 산업자금의 대부분이 이들 대기업에게로 흘러들어가는 악순환의 고리가 형성되었다. 이후 한국에서는 기업가 자신의 결정에 의해 투자계획이 이루어지기보다는 정부의 보장이 있을 경우 투자를 하는 현상이 속출했다. 민간부문의 창의가 존중되기보다는 정부의 눈치를 보기에 급급했다. 그리고 질보다는 양적 팽창이 정부지원을 받는 기준이 되어 오늘날에 이르기까지 재벌의 문어발식 확장은 계속되어 오고 있다. 아시아의 경쟁국에 비해 한국의 경제력 집중도가 높은 이유를 여기서 찾을 수 있다.

이 과정에서 중소기업은 철저히 외면당했다. 상대적으로 열악한 자금조달과 정부지원으로 이들은 어려운 경영을 계속할 수밖에 없었다. 더욱이 재벌의 하청기업이 되기 위한 중소기업 간의 출혈 경쟁은 중소기업의 위치를 더욱 어렵게 만들었다. 한국 경제의 구조상 하청기업이 되지 못하면 생존이 어려웠으므로 이는 당연한 결과였다.

결론적으로 한국 경제의 대기업과 중소기업의 불균형 문제는 정부의 개입이라는 측면과 시장의 작용 때문에 발생한 것이다. 시장의 작용 때문에 자유가 침해받는다는 것은 다소 역설적으로 들릴지 모른다. 자유가 있기 위하여 시장은 필수적이다. 그러나 변증법적으로 자유방임이 독과점을 낳고 많은 사람들이 선택의 범위를 제한당한다는 의미에서 시장의 작용이 자유를 침해할 수 있다. 한국은 정부가 재벌의 문어발식 확

---

5) "The Frankenstein Economy", *The Economist*(June 3rd, 1995)에서는 한국의 경제력 집중 문제를 심도 있게 다루고 있다.

장을 용인하여 시장 내의 경쟁에서 상대적으로 열악한 위치에 있는 중소기업을 자연도태되게 한 경우로 볼 수 있다.

그러나 이러한 중소기업의 도태는 우리나라 경제의 장래를 보아 바람직하지 못하다. 세계경제가 소품종, 대량생산의 시대에서 다품종, 소량생산의 시대로 들어서면서 중소기업의 기민성이 점차 중요해지고 있다. 사실상 생산공정상의 기술개발은 대기업보다는 중소기업에서 많이 일어나고 있다. 그러나 우리나라에서는 참신한 아이디어와 기술을 가지고도 자금난 등으로 인해 유망 중소기업의 도산이 속출하는 안타까운 현상이 계속되고 있다. 더욱이 최근에는 경제가 전반적으로 호황 국면을 보이고 있는 가운데 중소기업의 부도 사태가 속출하는 현상도 발생했다. 한국 경제의 장래가 소수 재벌의 손에 의해 좌지우지되고 있다는 것을 보여주는 좋은 예이다.

경제력 집중은 소득과 부의 불평등 분배를 야기하였고 권력과 정보의 집중을 초래해 중소기업과 개인의 경제적 자유를 많이 침해하고 있다. 경제의 건전한 발전은 분권화된 의사주체의 실질적인 경쟁을 통해 달성될 수 있다는 점을 상기하면 경제력 집중은 경제적 자유를 억압하는 심각한 요인이 아닐 수 없다.

2) 해외부문의 압력

우루과이라운드 협상, WTO 체제 출범 등으로 세계경제는 일대 지각변동을 겪었다. 이들 움직임은 비록 표면적으로는 자유무역의 기치를 내걸었지만 그 이면을 살펴보면 철저하게 선진국의 입장에서 세계경제질서의 재편을 꾀한 것이라고 볼 수 있다. 자본의 이동은 허용하면서 후진국에 비교우위가 있는 노동의 이동은 제한한 점은 좋은 예이다.

특히 미국은 무역수지 적자 등을 이유로 상대국들에게 거센 개방압력을 행사하고 있다. 한편으로는 우루과이라운드 등의 다자간 협상을 통해 무역문제의 일괄타결을 꾀하면서 다른 한편으로는 쌍무협상을 통해 자신들이 얻어낼 것은 모두 얻어내겠다는 기세이다.

우리나라의 경우도 이러한 압력으로부터 예외일 수 없었다. 한미 간의 무역환경은 1983년부터 서서히 긴장되기 시작하더니, 드디어 1986년에는 보험시장 개방, 외국인의 지적 소유권 보호, 외국산 담배 수입 등 한미 간의 통상 현안이 한국 측의 일방적인 양보로 일괄타결되었다. 그러나 이것은 미국의 대한(對韓) 통상압력의 서막을 알리는 것에 불과했다. 그 후 한국이 미국에 양보한 것은 이루 말할 수 없을 정도이다.

한국 경제는 과거 어느 때에 비해서도 외부 세계와 많이 접촉하게 되었다. 따라서 경제운용에 해외부문의 영향을 필수적으로 고려해야만 한다. 즉 정책결정과 집행과정에서 우리의 자유가 그만큼 제약될 가능성이 커졌다. 예를 들어 자본의 이동이 자유화되면 금리차를 노린 단기성 자본의 이동이 활발해질 것이고, 이는 대내 통화정책의 자유를 심각히 제한할 것이다. 나아가 외부자금의 유출입 결과로 금융제도 전반의 안정성이 심각히 위협받을 수 있는 사태가 초래될 수도 있다.

그런데 이러한 문제에 대처하는 정부의 정책은 일말의 불안감을 가지게 한다. 얼마 전까지는 국제화 논의로 떠들썩하더니 이제는 세계화의 깃발이 올랐다. 물론 21세기를 앞두고 우리의 시야를 세계로 넓히자는 취지는 이해가 간다. 그러나 문제는 '세계화' 논의는 자칫 상대국들이 '한국은 스스로가 그동안 폐쇄적이었으며 문호를 개방하지 않았다는 것을 인정했다'라고 생각할 수 있는 여지를 줄 수 있다는 것이다. 세계 역사상 그 언제도 완전한 자유무역이 이루어진 예는 없으며, 공정무역의 화신인 양 자처하는 미국도 사실상 불공정무역 등으로 여러 나라의 비난을 사고 있는 실정이다. 자국의 이익과 경제적 자율성 확보를 위해 개방의 시기와 원칙을 세우는 것이 중요함에도 불구하고 세계화라는 요란한 구호는 이 모든 것을 무시한 채 외국의 논리에 지나치게 영합하는 측면이 있다.

3. 보다 나은 미래를 위해

지난 30여 년간의 경제제일주의는 자연히 중앙집권적 국가를 탄생시켰고, 선성장(先成長) 후분배(後分配)의 이데올로기는 공룡과도 같은 대기업집단을 키워주었다. 이러한 불균형은 성장만 할 수 있다면 그 내용 여하를 개의치 않은 개발철학과 규모의 경제(economies of scale)를 이용하기 위해서 어떤 부작용도 감수할 수 있다는 논리의 자연적 결과였다. 이제 한국 경제는 30대 기업집단에 매달려 있다고 해도 과언이 아니며, 대기업집단의 잠재적 영향력은 군대, 언론, 대학, 정부 등 미치지 않는 곳이 없다. 이제 우리 모두는 자유를 많이 상실했다. 설상가상으로 해외부문의 압력은 그 어느 때보다도 높다.

그렇다면 잃었던 자유는 어떻게 회복될 수 있는가? 그것은 자유경쟁질서의 확립을 통해서이다. 그런데 자유경쟁질서의 확립을 위해서는 금융부문과 실물부문에 대한 대규모 수술이 시급하다.

우선 실물부문에서는 독과점의 규제와 재벌의 억제를 위한 정책이 요구된다. 지난 30여 년간의 한국 경제는 정부와 대기업집단의 두 개의 축을 중심으로 성장해 왔다. 따라서 성장과정에서 나타난 독과점 문제는 정부와 대기업집단이 적극적으로 나서서 해결해야 한다. 정부는 결자해지의 자세로 독과점을 규제하고 대기업과 중소기업 간의 불균형을 해소하도록 노력해야 한다. 이러한 정부의 개입은 자유에 대한 도전이 아니라 경쟁적 질서를 위한 공정한 룰(rule)의 제정자와 집행자로 이해되어야 한다.

한편 자본주의 경제에서 실물부문은 금융부문과 밀접히 연관되어 있다. 사실 재벌문제는 그동안의 정책금융, 대기업 중심의 편중 여신 등에 의해 파생된 측면이 강하다. 따라서 은행에 대출심사의 자율성을 보장하여 자금이 가장 생산적인 부분으로 흐를 수 있는 조치를 강구해야 한다. 더 이상 기업의 규모나 담보 제공 능력이 여신을 받기 위한 기준이 되어서는 안 된다. 그런데 은행의 대출심사권을 회복시키기 위해서는 천문학적 숫자의 부실채권 문제를 해결해야 한다. 부실채권을 보유한 은행은 부실기업과 난파선에 동승한 격이 되어 부실기업의 구제를 위해 계속적으로 자금을 지원해야 하는 악순환의 고리가 형성되어 있다. 그리고 바로 이 악순환 속에서 중소기업의 자금난이 가중되고 있다.

이와 같은 실물부문과 금융부문에 대한 개혁은 더 이상 지체될 수 없다. 머지않아 외국의 금융이 대규모로 몰려오고 기업의 합병과 인수가 일반화될 것이다. 현재 우리나라 은행의 경쟁력이나 기업의 상황을 볼때 이러한 '대공습'에 대비한 충분한 준비가 되어 있지 않다. 만일 금융기관이 외국 자본에 인수되고 우리의 기업이 외국 주주들의 손에 의해 좌지우지된다면 경제적 자주성은 되찾을 길이 없다.

이런 중요한 시점에서 우리나라에서 벌어지고 있는 상황을 보면 과연 앞으로 우리가 경제적 자유를 확보할 수 있을 것인가에 대해 심각한 우려를 갖게 한다. 물론 우리의 활동무대를 세계로 넓히고 그 속에서 생존하는 것도 경제적 자유의 확보를 위해 중요한 문제이다. 그러나 요란한 구호보다는 냉엄한 국제경제질서 속에서 생존하기 위해 우리 경제가 해야 할 것은 무엇인가를 먼저 따져야 한다. 지금과 같은 도농 간, 기업 간, 계층 간의 불균형 구조로는 개방의 파도에 맞설 수 없다. 우리 경제가 내실을 기한 연후에 외국과의 경쟁이 가능한 것인데, 현재 정부는 대내 문제는 접어둔 채 지나치게 우리의 시각을 세계로만 돌리자고 한다. 이러한 성급한 발상은 앞으로 한국 경제의 주권이 심각하게 위협받는 사태를 초래할 수도 있다는 점을 직시해야 한다.

진정한 경제적 자유는 건실한 경제구조 속에서 확보될 수 있다. 아무런 준비도 없이 외부로만 눈을 돌린다고 모든 문제가 해결되지는 않는다. 보다 많은 자유를 확보하기 위해 먼저 차분히 우리 자신을 돌아보고 준비하는 지혜가 아쉽다.

『철학과 현실』(1995년 가을)

정운찬 서울대학교 경제학과 명예교수, 동반성장연구소 이사장, 한국야구위원회 총재. 서울대학교 총장, 제40대 국무총리를 역임했다. 서울대학교 경제학과를 졸업하고, 미국 마이애미대학교에서 경제학 석사학위를, 프린스턴대학교에서 경제학 박사학위를 받았다. 컬럼비아대학교 경영대학원 조교수, 하와이대학교 경제학과 초빙교수, 영국 런던정경대학교 객원교수, 독일 보훔대학교 초빙교수를 지냈다. 저서로『경제통계학』,『도전받는 한국경제』,『금융개혁론』,『경제학 원론』(공저),『중앙은행론』,『거시경제론』 등이 있다.

세계화된 경제질서하의 한국 경제

이 준 구

1. 머리말

지난해 가을 동남아에서 심각한 외환위기의 징후가 나타나기 시작했을 때, 우리는 남의 불구경하듯 태평스러운 모습으로 바라보고 있었다. 알지 못하는 사이에 우리에게도 위기가 시시각각 다가오고 있었지만, 우리는 그들과 다르다는 근거 없는 믿음으로 유유자적하고 있었던 것이다. 원화 가치가 눈에 띄게 흔들리기 시작했어도 정부는 기초 여건(fundamentals)이 튼튼하니 문제없다는 한가한 말만 거듭했다. 정부가 국제통화기금(IMF)에 긴급 구제금융을 요청하려 한다는 발표를 통해 사태의 심각성을 처음 인정했던 것은 위기가 이미 심화될 대로 심화된 단계였다. 우리 혼자의 힘만으로는 도저히 빠져나올 수 없는 단계에 이르러서야 드디어 손을 들고 남의 도움을 요청하는 무책임함을 드러냈던 것이다.

우리 경제가 IMF의 구제금융을 받아야 할 비참한 처지로 전락했다는 사실에 온 국민은 경악을 금치 못했다. 이번에 처음으로 도움을 받는 것도 아니고, 우리뿐만이 아니라 선진국인 영국도 구제금융에 의존했던 사례가 있었지만, 그 사실이 우리에게 준 충격은 이만저만 큰 것이 아니었다. 바로 얼마 전만 해도 국내총생산(GDP)이 세계 11위에 이르렀고 머지않아 강국들의 모임인 G7 그룹에 합류하게 된다고 들떠 있던 우리였기에 그 충격이 더욱 컸던 것이다.

그렇다고 우리가 언제까지나 충격에서 벗어나지 못한 채 망연자실하고 있을 여유는 없다. 일자리를 잃고 거리에서 방황하는 수많은 사람들을 구하기 위해서라도 하루빨리 냉정을 되찾아 이 위기에서 벗어날 방도를 찾아내야 한다. 지금 이 시점에서 우리 학자들에게 부여된 가장 시급한 과제는 위기의 본질이 과연 무엇인지 정확히 분석해 내는 일이다. 우리가 처해 있는 위기가 어떤 원인에 의해 발생되었으며, 어떤 과정을 거쳐 증폭되었는지 정확하게 알아야만 이를 극복할 수 있는 단서를 찾아낼 수 있기 때문이다. 병을 유발한 원인이 무엇인지 모르는 의사는 병을 고칠 수 있는 방법을 결코 찾아낼 수 없다.

그동안 많은 경제학자들이 이번 위기의 성격을 진단한 결과를 내놓았지만, 대부분이 단기적인 시각에서 우리 경제가 위기로 치닫게 된 과정을 분석하는 데 치중하고 있다. 지난가을부터의 상황 전개에 관심의 초점을 맞추고 있는 경우가 가장 많고, 길게 거슬러 올라간다 해도 재벌들의 연쇄 부도 사태가 일어나기 시작한 지난해 초 정도가 고작일 뿐이다. 그러나 그 훨씬 이전부터 우리 경제는 이곳저곳에서 안으로 심하게 곪아 들어가고 있었다. 다만 우리가 자각하지 못하고 있었을 뿐 실제로 이번 위기의 씨앗은 훨씬 오래전에 뿌려졌던 것이다. 그렇기 때문에 좀 더 장기적인 시각에서 문제를 보지 않고서는 이번 위기의 본질을 정확하게 파악할 수 없다.

우리 경제의 기초 여건에 전혀 문제가 없었는데도 운 나쁘게 동남아에서 발생한 병에 감염되어 위기를 맞게 된 것은 결코 아니다. 만약 그 병이 그렇게 전염력이 강하다면 왜 유독 우리만 감염되고 어떻게 대만이나 홍콩 그리고 싱가포르 같은 나라들은 멀쩡히 건강을 유지할 수 있는지 의문이 아닐 수 없다. 결국 우리 경제의 체질이 약해질 대로 약해져 있었기 때문에 외부에서의 충격을 견뎌내지 못하고 비틀거릴 수밖에 없었던 것이 분명하다. 기초 여건에 문제가 없었던 것이 아니라 실제로는 심각한 문제가 있었기 때문에 이번 위기가 초래되었다는 사실을 인정하지 않으면 안 된다.

지난 몇 십 년 동안 거의 맹목적으로 추구해 온 성장제일주의 때문에 우리 경제와 사회 안에 갖가지 불합리와 모순이 누적되어 왔다. 모든 일을 '하면 된다'는 식으로 무모하게 밀어붙여 생긴 문제점들이 겉으로 드러난 성과 때문에 잠시 가려졌을 뿐이지만, 언젠가는 한꺼번에 터져 나와 우리의 발목을 잡게 될 터였다. 무엇이든 해낼 수 있다는 허황된 자신감이 알지 못하는 사이에 스스로를 위험한 벼랑으로 내몰고 있었던 것이다. 위기가 구체적으로 우리 앞에 그 정체를 드러내게 될 것인지는 단지 시간문제였을 뿐 언젠가는 닥치고 말 일이었다.

이번 위기의 책임을 거의 전적으로 금융부문의 부실로 돌리는 사람들이 있다. 물론 금융부문의 부실이 핵심 원인 중 하나임이 분명하기는 하지만 문제가 오직 금융부문에만 있었던 것은 아니다. 기업이 부실화한 것도 금융부문의 부실 못지않게 중요한 역할을 했을 뿐더러, 정부의 부실 또한 무시해서는 안 될 정도로 중요한 요인이었다. 지금 우리가 맞고 있는 위기는 어느 특정 부문에 생긴 문제 때문에 발생한 것이 아니라, 우리 사회와 경제의 이곳저곳이 곪아터져 생긴 총체적 위기라는 사실을 좀더 명확하게 인식할 필요가 있다. 이와 같이 좀 더 근본적이고 장기적인 시각에서 위기의 본질을 분석하는 데 이 글의 주요한 목적이 있다. 단지 위기의 피상적인 분석에 그치지 않고 이를 초래한 궁극적인 원인이 무엇인지를 규명하는 데 논의의 초점을 맞추려고 한다.

2. 세계화: 두 날을 가진 칼

우리를 위시한 동아시아 여러 나라의 눈부신 성장에 대해 사람들은 '아시아의 기적(Asian miracle)'이라고 호들갑을 떨었다. 사실 다른 지역의 개발도상국들은 제자리걸음을 면치 못하고 있는데 유독 이들만이 그렇게 빠른 성장을 달성했으니 모두가 놀라 주목할 만하기는 했다. 그렇다면 이 동아시아 여러 나라들이 거둔 성공의 비결은 과연 무엇이었을까? 성공의 비결로서 가장 많은 사람들이 들고 있는 것은 근면과 성실을 강조하는 유교의 가르침이었다. 동아시아의 나라 중 몇몇을 빼놓고는 대개 유교문화권에 속해 있는 것이 사실이고, 또한 근면과 성실이 유교의 덕목 중 우선순위가 높은 것도 사실인지라 많은 사람들이 이를 설득력 있는 설명으로 받아들였다.

성공에 도취한 동아시아의 지도자들은 자신들이 '아시아적 가치(Asian value)'에 기초한 독특한 발전 양식을 개발해 냈다고 거드름을 피워대기까지 했다. 아시아 사람들은 독특한 가치체계를 보유하고 있기 때문에 합리성과 시장 유인에 기초한 서구의 자본주의적 발전 경로와는 다른 경로를 거쳐 나름대로 훌륭한 발전을 이룰 수 있었다는 주장이다. 외부 사람들이, 민주화를 더욱 강하게 추진하라, 좀 더 열린사회를 만들어라, 시장을 활성화하라는 등 뼈있는 충고를 해도 이들은 들은 척조차 하지 않았다. 그들은 아시아적 가치라는 편리한 구실을 내세워 자신들의 독선적 국가경영 방식을 고수해 왔던 것이다.

이제 모든 것이 분명해졌지만 아시아의 기적이란 애당초 하나의 환상에 불과했다. 이들이 남들보다 빠른 성장을 이룩할 수 있었던 것은 해외의 자본을 활용하여 국내의 풍부한 노동자원을 활용하는 데 성공했기 때문이었다. 물론 다른 지역의 나라들이 이런 정도의 성과마저 이루지 못하고 아직도 빈곤의 늪에서 허덕이는 것은 사실이다. 그렇다고 해서 동아시아의 나라들이 이루어낸 성과를 '기적'이라고 부르는 것은 너무 심한 과장이 아닐 수 없다. 크루그먼(P. Krugman)이 적절하게 표현했듯이 동아시아의 성장은 영감(inspiration)의 열매가 아니라 단지 땀(perspiration)의 열매에 불과했던 것이다.

아시아의 기적이라고 부르는 것이 하나의 환상에 불과했다는 사실은 해외에서 들어온 자본이 썰물처럼 빠져나가자 경제가 거의 몰락 일보 직전까지 후퇴해 버리고 만 데서 역력히 드러난다. 이는 이들이 세계화된 자본시장의 덕을 보지 못했다면 그렇게 빠른 성장을 할 수 없었을 것이라는 사실을 적나라하게 보여준다. 어느 경제든 질적인 측면에서의 혁신이 수반되지 않는 양적 팽창만으로는 곧 한계에 부딪칠 수밖에 없다. 동아시아의 성장도 근래에 오면서 주춤해진 단계에 들어가게 되었고 이를 본 해외 자본이 약속이라도 한 듯 빠져나가자 경제는 중심을 잃고 휘청거리기 시작한 것이다.

동아시아의 성장과 후퇴의 과정을 보면 '세계화(globalization)'란 것이 두 날을 가진 칼에 비유될 수 있음을 알 수 있다. 급속한 발전을 꿈꾸는 개발도상국의 관점에서 볼 때 세계화된 경제질서는 그 꿈을 실현시키기에 알맞은 조건을 제공해 준다. 일반적으로 발전의 초기 단계에 있는 경제에 가장 큰 애로로 작용하는 것은 자본의 부족이다. 설사 이들이 야심적인 발전계획을 세워놓았다 해도 이를 수행하는 데 필요한 자본을 마련하지 못해 포기하고 마는 경우가 비일비재하다. 그런데 세계화된 자본이 높은 수익률을 찾아 마음대로 국경을 넘나들 수 있는 체제에서는 그와 같은 애로를 쉽게 극복할 수 있는 길이 열리게 된다. 세계화된 자본시장은 이들이 목말라하는 자본을 풍부하게 제공해 줌으로써 급속한 발전의 꿈을 실현하는 데 큰 도움을 줄 수 있는 것이다.

한편 세계화의 다른 날은 비효율적인 경제를 하루아침에 무너뜨릴 수 있는 파괴력을 갖고 있다. 일반적으로 경기순환의 과정에서 투자의 움직임이 호황과 불황을 가져오는 중요한 역할을 하고 있다. 경기가 호전되면 미래에 대한 전망이 밝아지면서 투자가 큰 폭으로 늘어나 호황을 맞게 된다. 반면에 침체가 시작되면 미래에 대한 전망이 어두워지고, 이에 따라 급격히 투자가 위축되면서 경기가 얼어붙게 되는 것이다. 그런데 세계화된 경제질서하에서는 이 경기순환의 진폭이 한층 더 커지는 경향이 있다. 국경을 넘나드는 세계화된 자본은 지극히 투기성이 강하기 때문에 예상되는 수익률의 작은 변화에도 지극히 민감한 반응을 보이게 된다. 따라서 해외 자본은 한꺼번에 몰려들어 왔다 사소한 일을 계기로 한꺼번에 빠져나가는 속성을 보인다. 해외 자본이 많이 들어와 있는 상태에서 경기침체가 일단 시작되면 자본의 대량 유출이 일어나면서 그 경제는 걷잡을 수 없이 빠른 속도로 나락에 굴러 떨어지는 것을 볼 수 있다.

　되돌아보면 동아시아의 경제가 예전과 같이 빠르게 성장하지 못하리라는 낌새를 보이는 순간 모든 것이 끝나버린 셈이다. 이 지역 국가들의 성장이 한계에 도달했고 따라서 앞으로 당분간 침체를 면치 못할 것이라는 예상이 형성되면서 해외 자본이 썰물처럼 빠져나가기 시작했다. 해외 자본의 대량 유출과 더불어 바로 어제까지도 활력에 넘치던 동아시아 경제는 한순간에 꽁꽁 얼어붙고 말았다. 이와 같이 세계화된 경제질서는 개발도상국에 고도성장의 기회를 제공하는 반면, 애써 이루어놓은 성과를 하루아침에 무너뜨려 버리는 파괴적인 측면도 갖고 있다. 세계화에 수반되는 위험성이 너무나도 극명하게 드러난 사례가 바로 지금 일어나고 있는 동아시아의 위기라고 볼 수 있다. 그동안의 성과에 도취해 있던 동아시아의 여러 나라는 이 냉혹한 현실을 알지 못했고, 그 결과 거의 무방비상태로 오늘의 위기를 맞게 된 것이다.

세계화된 자본의 도움을 통해 고도성장을 이룩한 나라의 경우에는 고도성장이 지속되는 기간이 길수록 그 후의 추락 가능성이 더욱 커질 뿐 아니라 그 폭도 한층 더 클 가능성이 있다. 고도성장이 지속되고 있는 동안 끊임없이 유입되는 해외 자본은 필연적으로 거품(bubble)을 만들어내게 된다. 해외 자본에 의해 촉발된 투자 붐은 실물경제에 거품을 만들어내는 동시에, 유동성을 풍부하게 만들어 부동산이나 주식시장에도 거품을 만들어낸다. 경제가 불황에 빠질 때 거품이 어느 정도 제거되는 법인데, 별 불황 없이 고도성장이 상당 기간 지속되면 거품은 온 경제로 더욱 광범하게 퍼져 나가게 된다. 따라서 고도성장이 지속되는 기간이 길수록 거품이 터질 가능성이 더욱 높아지고 거품이 터질 때의 충격 또한 한층 더 커지게 되는 것이다. 여기에다 해외 자본의 급격한 유출이 가세하면 경제의 추락은 걷잡을 수 없는 속도로 진행될 수밖에 없다.

세계화된 경제질서하에서의 경제성장에는 이와 같은 본질적 위험성이 내포되어 있다. 다시 말해 세계화된 자본의 도움을 받은 비약적 성장은 한순간에 급격한 추락세로 반전될 수 있는 가능성을 안고 있는 것이다. 이와 같이 한편으로는 이롭게 쓰일 수도 있지만 다른 한편으로는 모든 것을 한꺼번에 날려버리는 파괴력을 가졌다는 의미에서 세계화가 두 날을 가진 칼에 비유될 수 있다. 이번의 동아시아 위기를 통해 전 세계 사람들은 세계화된 자본이 가진 무서운 파괴력을 생생하게 볼 수 있는 기회를 갖게 되었다.

3. 세계화된 경제질서 속의 우리 경제

우리나라도 나름대로 약간의 특수성이 있을 뿐 크게 보아서는 이 동아시아의 공통적 경험이란 틀에서 그리 벗어나지 않는다. 해외에서 빌려온 자금으로 활발한 투자활동을 벌여 높은 수준의 성장률을 유지해 왔다는 점에서 우리도 세계화된 자본시장의 덕을 톡톡히 보아왔다. 특히 근래 들어 우리 경제의 활력이 많이 떨어졌는데도 예전과 비슷한 높은 성장률을 유지할 수 있었던 데는 해외 자본의 도움이 상당히 컸다. 이 과정에서 우리 경제에도 도처에 거품이 생기고 언젠가는 터질 날만 기다리고 있는 상황에 처하게 되었다. 거품이 터지는 첫 징후가 나타나는 순간 우리 경제는 위기에 처하게 되는 급박한 상황이었지만, 그런데도 우리는 아무런 대비 없이 태평한 나날을 보내고 있었다.

돌이켜 생각해 보면 우리 경제의 양적 팽창은 1980년대 중반쯤 서서히 그 한계에 도달했고 따라서 과감한 구조개혁이 절실하게 요구되기 시작했다. 그러나 우리 경제에 때 아닌 호황을 안겨준 소위 '3저 호황'이 우리의 판단력을 마비시켜 아까운 시간을 낭비하게끔 만드는 결과를 가져왔다. 외부적 여건 때문에 얻게 된 행운에 들뜬 정책 담당자나 기업들은 이제 우리도 이렇게만 가면 머지않아 선진국 대열에 합류할 수 있다는 엉뚱한 자신감을 갖게 되었다. 그 결과 구조개혁의 필요성을 제기하는 소리는 파묻혀버리고 오히려 경제와 사회의 여러 측면이 눈에 띄게 느슨해져갔다. 해이해진 것은 기업가뿐 아니라 정치인, 관료 등 우리 사회의 지도층이라 할 만한 사람들 모두였다.

사소한 예에 불과할지 모르지만 설날과 추석 연휴를 사흘씩으로 늘린 것은 우리의 정신상태가 얼마나 해이해졌는가를 잘 보여주고 있다. 그동안 우리가 다른 나라들과 어깨를 겨룰 수 있었던 비결은 결코 기술력이나 자본력의 우위가 아니었다. 다만 다른 나라 사람들보다 더 낮은 임금에 더 많이 일할 용의를 갖고 있었기 때문에 국제경쟁력을 가질 수 있었던 것이다. 거기에다 저유가, 저달러, 저금리의 행운까지 누릴 수 있었기 때문에 우리 상품이 해외에서 경쟁력을 가질 수 있었는데, 우리 경제가 하루아침에 갑자기 강해져 경쟁력을 갖게 된 것으로 착각하는 우를 범했다. 이제야 분명하게 알게 되었지만 그때 우리는 너무 성급하게 허리띠를 풀었던 것이고, 그 결과 몇 년이 지나지 않은 지금 그 대가를 톡톡하게 치르고 있다.

3저 호황으로 인한 일시적 국제수지 흑자에 들뜬 정부는 해외 송금을 대폭 자유화하고, 해외여행, 심지어는 해외 부동산 투자까지 장려하는 정책을 취했다. 예외적으로 좋은 여건에 힘입어 2, 3년 동안 잠시 나타난 흑자를 놓고 이제는 우리도 일본이나 대만처럼 흑자 기조가 굳어졌다고 오판한 데서 나온 정책상의 실수였던 것이다. 해외에서 유입되는 외화 때문에 물가가 불안해질 우려가 있어 부득이하게 취했던 조처였다고 변명하나, 그 후 불과 몇 년 되지 않아 외환위기를 맞게 된 것을 보면 이것이 매우 성급한 조처였음이 분명히 드러난다. 그 당시 많은 것을 한꺼번에 그리고 너무 성급하게 풀어놓은 것이 지금 맞고 있는 외환위기의 먼 원인이 되었으리라고 생각한다.

구조개혁의 필요성은 계속 더 절실해지고 있음에도 불구하고 우리의 판단을 흐리게 하는 일이 1990년대 초 또 한 번 일어나게 되었다. 뜻밖으로 우리 반도체산업에 찾아온 유례없는 호황이 바로 그것이었다. 반도체산업의 호황은 그 자체로서는 좋은 일이었지만 그것 때문에 구조개혁의 기회를 놓치게 되었다는 점에서는 오히려 불행한 일이었는지 모른다. 앞에서 말한 3저 호황에 이어 우리에게는 근거 없는 낙관론을 심어줌으로써 구조개혁은 점점 더 멀어져만 가는 꿈이 되고 말았다. 도리어 반도체산업의 성공은 우리 경제가 고부가가치 첨단산업 중심으로 재편되어 가고 있다는 착각을 일으켜 경제정책을 매우 잘못된 방향으로 선회하게 만든 계기를 제공하게 되었다.

당시 식자층에서는 이제 우리 경제가 노동집약적인 섬유산업이나 신발산업을 졸업하고 기술집약적인 산업으로 옮겨가야 한다는 논의가 무성했다. 실제로 이런 산업은 값싼 임금을 찾아 해외로 대량 이주해 가는 양상을 보였다. 물론 고부가가치 첨단산업을 육성한다는 것은 좋은 일이고 선진국의 대열에 합류하기 위해서 언젠가 거쳐야 할 단계인 것은 분명하다. 그러나 거듭 강조하지만 아직도 양적 팽창의 단계에 머물고 있는 우리 경제가 전통적으로 비교우위를 가져왔던 산업을 당장 내던지고 첨단산업으로 옮겨갈 처지는 되지 못했다. 그렇게 되기 위해서는 기술력의 뒷받침이 있어야 하는데, 모두 알다시피 당시의 상황에서 우리 스스로의 힘으로 기술혁신을 할 성숙성은 전혀 기대할 수 없는 처지였다.

반도체산업의 성공에 고무되어 우리도 첨단산업에 뛰어들 수 있다는 허황된 자신감을 갖게 된 사람도 적지 않은 것 같다. 그러나 우리의 반도체산업은 비교적 단순한 기술을 요하는 메모리칩 수준을 벗어나지 못하고 있다는 점을 잊어서는 안 된다. 메모리칩의 경우에는 기본적으로 조립산업의 성격을 가져 이를 진정한 첨단산업으로 보기도 힘들다. 어느 기업이라도 메모리칩 조립 설비를 도입해 갖추어놓기만 하면 별다른 기술이 없이도 대량생산체제로 들어갈 수 있다고 해도 과언이 아닐 정도이다. 외형적으로는 세계 굴지의 규모를 자랑하는 우리의 반도체 기업들이 고도의 기술을 요하면서 부가가치가 훨씬 높은 비(非)메모리 분야에서는 경쟁력이 거의 없는 것이 사실이다.

되돌아보면 우리에게 뜻하지 않은 행운을 가져다주었던 3저 호황이나 반도체 특수가 실제로는 하루빨리 이루어야 했을 구조개혁의 필요성을 인식하지 못하게 만드는 역할을 했다는 것이 우리에게 큰 불행이었다. 그뿐만 아니라 호황에 도취한 우리 기업들이 마구잡이로 과잉투자를 일삼는 태도를 갖게 만든 계기가 되기도 했다. 문어발식 확장의 결과 우리 경제의 중추를 구성하는 재벌그룹들은 엄청난 빚더미 위에 올라앉게 되었을 뿐 아니라, 조직의 비대화, 관료화를 통해 점차 활기를 잃어가게 되었다. 우물 안 개구리에 불과한 우리 재벌기업의 능력으로는 세계의 유수한 기업들과 무한경쟁을 하는 것이 사실상 힘에 겨웠다. 몸을 가볍게 해 경쟁에 신축성 있게 대응할 수 있는 체제를 갖추어야 했는데도, 그들은 맹목적인 몸통 불리기에 열중하여 비효율성을 한층 더 키워만 갔다.

재벌기업들의 끝없는 몸통 불리기를 통해 우리 경제 내부의 거품은 걷잡을 수 없는 속도로 커져갔다. 수익성을 제대로 따져보지도 않고 무조건 확장만을 일삼아왔기 때문에 이들의 수익성은 거의 0의 수준으로 떨어지는 결과가 빚어졌다. 우리 기업들의 수익성이 급속도로 떨어져감에 따라 해외의 투자가들은 더 이상 우리에게 큰 기대를 걸지 않게 되었다. 한 푼이라도 더 많은 수익을 올리려는 자본의 생리상 이제는 높은 수익을 보장할 수 없을 것으로 보이는 우리나라에 더 이상 머무를 이유가 없었다. 설상가상으로 태국이나 인도네시아에서 진전되고 있는 위기가 이들로 하여금 잘못하다가는 투자 원금마저 회수할 수 없을 지경에 이를지 모른다는 불안감을 가져다주었다.

해외 투자가들을 한층 더 불안하게 만든 것은 우리 정부나 기업이 투명성을 극도로 결여하고 있다는 사실이었다. 정부는 외환위기가 시시각각 엄습해 오는 시점에서도 외채 규모나 외환 보유고를 정확하게 밝히기를 거부해 문제를 더욱 복잡하게 만들었다. 기업들 역시 불투명한 의사결정과정이나 회계처리방식 때문에 해외 투자가들의 불신을 샀다. 해외 투자가들은 우리 기업의 수익성에 대한 정보가 전혀 없는 상황에서 최악의 상황을 상정하지 않으면 안 되는 입장에 처하게 되었다. 경제가 한창 성장하고 있었을 때는 이런 것들이 별문제가 되지 않았을지 모르지만, 위기의 징후가 보이기 시작한 때에는 해외 투자가들을 극도의 불안으로 몰아넣는 원인이 되었다. 이제나 저제나 하고 기회만 노리던 해외 자본은 이제 주저하지 않고 썰물처럼 빠져나가기 시작했고, 그 결과 국가부도 일보 직전까지 몰려간 것이 저간의 사정이었다.

지금 우리가 맞고 있는 위기가 단순히 금융부문의 부실이나 외환정책의 잘못만으로 생겨난 것이 아니라는 사실을 올바로 인식하는 것이 중요하다. 그동안의 무모한 과잉투자 때문에 우리 경제의 실물부문에도 상당한 문제가 누적되어 온 것은 물론, 경제와 사회 곳곳에 비효율성과 부조리가 만연되어 온 것도 결코 가볍게 넘겨버릴 문제가 아니다. 한마디로 말해 지금 우리가 맞고 있는 것은 지난 몇 십 년 동안 계속된 고도성장의 과정에서 누적되어 온 수많은 문제들에 의해 야기된 총체적 위기라고 할 수 있다. 여기에 세계화된 경제질서 안에 존재하는 근본적 불안정성까지 가세하여 위기가 더욱 증폭되는 결과를 가져온 것이다. 이 위기를 극복하기 위해 우리에게 요구되는 것은 경제와 사회 전반에 걸친 총체적 개혁밖에 없다.

4. 철의 삼각형

이미 일어난 일을 가지고 그것이 누구의 책임이었는가를 따지는 것은 부질없는 일인지 모른다. 그러나 비슷한 일이 재발되는 것을 막기 위해서는 책임의 소재를 분명하게 밝히는 작업이 필수적이라고 할 수 있다. 요즈음의 사회 분위기를 보면 위기가 시작되고 진전되는 동안 관련 부서에서 일했던 사람들에게 비난의 화살이 집중되고 있는 것을 볼 수 있다. 판단 착오든 아니면 태만이든, 하여튼 그들의 중대한 실책으로 말미암아 위기가 불필요하게 증폭된 것은 사실이다. 그렇지만 오늘의 위기를 초래한 책임이 전적으로 그들에게만 있는 것은 아니다. 훨씬 더 많은 사람들이 이번 위기를 초래한 직접 간접적인 책임을 져야 할 처지에 있다고 생각한다.

이번 위기의 궁극적 책임은 지난 수십 년 동안 우리 사회를 주물러온 주도세력, 즉 정치인-경제관료-재벌로 구성된 '철의 삼각형(iron triangle)'에 물어야 한다고 믿는다. 그들은 지난 몇 십 년 동안 이 사회의 모든 권력을 독점하고 거기에서 나오는 과실을 공유하는 체제를 구축해 왔다. 구조개혁은 그들의 기득권이 침해될 수도 있음을 뜻하는 것이기 때문에 그들은 한사코 이를 거부하는 몸짓을 보여왔다. 따져보면 기득권을 지키는 데 급급해 개혁을 거부한 그들의 이기적 태도가 오늘의 어려움을 가져오게 한 근본 원인이라고 볼 수 있다.

이 철의 삼각형의 한 꼭짓점을 이루고 있는 정치인들의 부정부패는 우리 경제의 체질을 결정적으로 약화시키는 계기를 제공했다. 한보사건 등 굵직한 경제사건 뒤에는 언제나 타락한 정치인들이 꼬리를 물고 늘어서 있는 것을 볼 수 있다. 심지어 대통령까지도 뇌물수수 사건에 연루될 정도로 기강이 흐트러진 상황에서 경제가 합리적으로 돌아가기를 기대한다는 것 자체가 무리라고 할 수 있다. 이런 분위기 아래서는 창의성과 도전정신이 기업의 성공을 좌우하는 것이 아니라, 어느 정치인에게 얼마나 가깝게 줄을 댔느냐가 성패의 열쇠가 된다. 이에 따라 지대추구(rent seeking)같이 비생산적인 활동에만 열을 올리는 기업들이 번성하는 불건전한 풍토가 조성된다.

이번 위기의 핵심이라고 할 수 있는 금융기관의 부실도 따져보면 금융기관 종사자 못지않게 정치인의 책임도 크다. 이들이 뇌물수수의 대가로 특정 기업에게 대출해 주라는 압력을 가한 데서 금융기관의 부실이 생긴 경우가 수없이 많기 때문이다. 금융기관 종사자의 입장에서 보면 자신의 목줄을 쥐고 있는 정치인의 요구를 거부하기 힘들었을 테고, 이런 상황에서 대출심사란 하나마나에 불과할 뿐이다. 경험적으로 보면 부실화될 가능성이 높은 기업일수록 정치인에게 줄을 대는 데 능한 것이 보통이고, 따라서 이런 과정을 거쳐 이루어진 대출은 애당초 부실화될 가능성이 무척 높다. 정치인이나 관료가 금융기관에 마음대로 영향력을 행사할 수 있는 관치금융의 풍토하에서 금융기관이 건전성을 유지한다는 것은 현실적으로 거의 불가능한 일일 것이다.

겉으로만 본다면 이번 위기에서 정치인이 결정적으로 책임져야 할 부분은 그리 크지 않은 것처럼 보일지 모른다. 언젠가 열린다는 외환위기 청문회에도 주로 관료들이 출석 대상으로 거론되고 있을 뿐 정치인의 이름은 별로 오르내리지 않는다. 그러나 위기의 본질적 원인이라고 할 수 있는 우리 경제와 사회의 비효율성과 부조리가 큰 폭으로 정치인들의 무능과 부정부패에 기인한다는 점을 생각한다면 이들의 책임이 없다고는 말할 수 없다. 우리의 정치인들은 경제가 언제 난파할지도 모르는 지금 이 시점에서도 정신을 못 차리고 기회만 있으면 개혁 노력에 찬물을 끼얹으려 하는 어처구니없는 행태를 보이고 있다.

많은 사람들이 철의 삼각형의 또 다른 주체인 관료들을 이번 위기를 초래한 장본인으로 지목하고 있다. 모든 것이 그들이 책임이라 말하기는 힘들어도 그들이 가장 큰 책임을 져야 할 집단이라는 데는 이의가 있을 수 없다. 외환위기가 걷잡을 수 없는 상황으로 치닫고 있는데도 그들은 이렇다 할 대책도 세우지 못하고 아까운 시간만 낭비하고 있었다. 그 위급한 상황에서도 누가 금융정책의 주도권을 쥐느냐를 둘러싼 밥그릇싸움이나 벌이던 그들이었다. 금융개혁법안이 국회를 통과하지 못한 것이 실기(失機)의 결정적 원인이 되었다는 말로 발뺌을 하려고 하지만, 그들이 애초에 밥그릇싸움을 벌이지 않았던들 그 법안이 국회에서 통과되지 않았을 리 없었다.

관료들이 지난 몇 십 년간의 고도성장의 주역을 담당했다는 자부심을 갖는 것은 좋지만, 그것이 도에 지나쳐 독선이나 오만으로 흐른 것은 매우 불행한 일이었다. 바로 그런 태도 때문에 외부에서의 건전한 비판조차 받아들이지 못했다. 예컨대 우리의 외환 사정이 상당히 나빠지고 있어 제2의 멕시코가 되지나 않을까 우려된다는 정도의 발언에도 신경질적인 반응을 보이기까지 했다. 그들의 쓸모없이 오만한 태도는 미국이나 IMF처럼 사태 수습을 위해 우리와 긴밀한 협조관계를 유지해야 할 상대에게 불쾌감을 주어 한때나마 그들이 비협조적인 태도로 나오게 만드는 어처구니없는 결과를 가져오기도 했다.

우리 경제의 활력에 부정적인 영향을 미치는 가장 중요한 것으로 과다한 정부규제를 드는 사람이 많은데, 이 점에서도 관료들은 호된 질책을 피할 수 없다. 규제 완화의 필요성은 그동안 수없이 강조되어 왔는데도 실제로 눈에 띄는 개선은 별로 이루어지지 않은 것이 현실이다. 규제 완화야말로 관료들이 이기적인 태도를 버리고 과감한 발상의 전환을 하지 않는다면 결코 이루어질 수 없는 과제이다. 민간부문에 내맡기기에는 너무나 중요한 일이라서 자신들이 꿰차고 있어야 한다는 그럴듯한 이유를 내세우지만, 실제로는 자신들의 영향력이 줄어드는 것을 꺼리기 때문에 규제 완화에 소극적인 태도를 보이는 것이다.

만약 관료들이 규제당국으로서의 임무라도 충실히 했다면 그나마 나았을 것이다. 이번 위기의 직접적 원인이라고 할 수 있는 금융기관의 대규모 부실은 규제당국이 감독 책임을 다하지 못한 데 기인한 바 컸다. 이들이 감독을 소홀히 한 배경에는 정치적 압력, 비리, 혹은 임무태만 등 여러 가지 이유가 있을 것이다. 그러나 제대로 감독할 의욕이 있었다 해도 전문적 지식의 부족으로 인해 제대로 감독기능을 수행하지 못한 점도 있었으리라고 생각한다. 요즈음처럼 하루가 다르게 변화해 가는 국제금융질서하에서 전문적인 지식이 없으면 도대체 세상이 어떻게 돌아가는지를 분간할 수 없는 처지에 빠지게 된다. 우리나라 금융기관이 파생금융상품(financial derivatives)으로 불장난을 치고 있어도 도대체 그것이 얼마나 위험한지 잘 몰랐기 때문에 이를 말리지 않고 방치해 두었으리라는 짐작이 간다.

철의 삼각형을 구성하는 제3의 집단, 즉 재벌도 이번 위기와 관련된 책임이 결코 가벼울 수 없다. 앞에서 지적했듯이 금융위기의 시발점은 실물부문에서 나타나기 시작한 취약성이었고, 이것은 그들이 지난 몇 십 년 동안 지대추구와 과잉투자를 일삼아온 데 따르는 당연한 결과였다. 지난 몇 십 년 동안의 고도성장의 과정에서 재벌들이 우리 경제의 견인차 노릇을 해온 것을 부정하는 사람은 없다. 그러나 시대의 상황은 나날이 변화해 가는데 족벌체제의 구태를 벗어나지 못하고 있는 재벌은 이제 앞으로의 성장을 가로막는 걸림돌로 변해 가고 있다.

그동안 재벌들이 벌여온 몸집 불리기 경쟁의 결과, 이들은 몸집만 컸지 경쟁력이나 적응력은 크게 뒤떨어지는 공룡으로 변해 버렸다. 그들이 자랑하는 선단식(船團式) 경영체제는 요즈음처럼 주변 여건이 심각하게 악화된 상황에서는 그룹에 속하는 모든 기업을 함께 침몰하게 만드는 극도로 위험한 전략이 될 수 있다. 상호출자와 상호지급보증을 통해 수없이 많은 기업들을 얽어매어 놓은 구조는 마치 조조의 '연환계(連環計)'를 연상케 하는 위험한 전략이 아닐 수 없다. 규모를 일단 키워놓으면 안전을 보장받을 수 있다는 대마불사(大馬不死)의 신화가 통용되던 시절은 이제 먼 과거가 되어버렸다.

세계화된 경제질서하에서는 각 산업별로 고도의 경쟁력을 갖춘 소수의 기업만이 살아남을 수 있다. 예컨대 민간항공기 제작산업을 보면 전 세계적으로 두세 개의 기업만이 살아남고 나머지는 모두 도태해 버리고 만 것을 볼 수 있다. 자동차산업도 궁극적으로는 전 세계에서 오직 열 개 남짓한 기업만이 살아남을 것으로 전문가들은 예측하고 있다. 이와 같은 대규모화의 추세와는 대조적으로 컴퓨터산업이나 정보산업처럼 규모가 작지만 창의성이 두드러지는 기업들이 각광을 받는 경우도 있다. 한마디로 말해 앞으로 전개될 국제경제질서에서 어중간한 기업들은 살아남을 수 없다는 것이다.

우리나라의 재벌들은 거의 예외 없이 수많은 어중간한 기업들을 거느리고 있어 그 미래가 매우 어둡게 보인다. 우리나라의 재벌기업들은 국제경쟁에서 이길 방법을 찾지는 않고 안방을 차지하는 싸움에만 열중해

왔다. 석유화학산업, 자동차산업에서의 과잉투자는 바로 이러한 안방 차지의 다툼이 빚은 불행한 결과였다. 재벌그룹마다 모든 산업에 문어발식으로 진출해 있어 이 그룹과 저 그룹을 비교하기 힘들 정도로 비슷한 사업 내용을 갖고 있다. 그 결과 그룹의 전문성이 떨어지고 그 속에 속한 모든 기업들은 아무 특징도 없이 어중간한 성격을 갖게 된다. 보험회사에서 건설회사로, 그리고 다시 신문사에서 자동차회사로 자리를 옮겨가며 일해 온 임원이 어느 산업 하나에도 정통할 수 없음은 당연한 일이다.

그런데도 재벌들의 경쟁력이 문제되지 않았던 것은 그동안 안방 차지 싸움에서만도 상당한 이윤을 올릴 수 있었다는 데 그 이유가 있다. 빠른 속도로 경제가 성장하고 있는 상황에서는 웬만한 투자라도 모두 높은 수익률을 가져다줄 수 있다. 또한 재벌기업들은 생산성의 우위가 아닌 독과점적인 지위에 힘입어 상당한 수익을 올릴 수 있었다. 그러나 지금처럼 내수시장이 어느 정도 포화상태에 이르고 유일한 활로가 해외로 진출해 경쟁하는 것이라면 경쟁력의 높고 낮음은 기업의 사활을 좌우하는 중요한 변수가 된다. 그동안 안일한 태도로 경쟁력 배양에 등한히 해온 우리의 기업들은 머지않아 대량 도태될 위기에 처할지 모른다.

재벌들의 방만한 차입경영도 오늘의 위기를 가져온 직업적인 원인 중 하나였다. 그동안 재벌들은 정부에 끈질기게 금리인하를 촉구해 왔다. 우리 기업들의 금리 부담이 너무나 커 국제경쟁력이 떨어진다는 이유에서였다. 그러나 세계 유수의 기업치고 우리 재벌기업처럼 타인자본 의존율이 높은 기업은 찾아보기 힘들다. 미국 유력 기업들의 평균적 부채/자본 비율이 100%에 채 못 미치는 수준인 데 비해, 우리 재벌기업의 경우에는 400% 선을 넘는 엄청난 격차를 보이고 있다. 마구잡이로 빚을 얻어 확장을 일삼고 거기서 생긴 금리 부담이 무겁다고 아우성치는 것은 앞뒤가 맞지 않는 일이다. 우리 경제의 고금리가 결국 자신들이 너무나도 많은 자금을 꾸어다 쓴 결과였다는 것을 잊어서는 안 될 것이다. 무모한 차입경영의 결과 IMF 체제를 맞게 되었고 이제는 이자율을 내리고 싶어도 내릴 수 없는 처지에 빠지게 되었다.

지금 우리가 맞고 있는 위기는 그동안 우리 사회를 주름잡아 온 정치인, 경제관료, 재벌의 합작품이라고 결론지을 수 있다. 앞으로 우리 경제가 어떤 진로를 향해 나아갈 것인지도 역시 이들에게 달려 있는 것이 사실이다. 만약 이들이 구태를 벗지 못하고 구조개혁을 계속 방해한다면 우리는 앞날에 그 어떤 희망도 가질 수 없다. 무엇보다도 중요한 것은 이 철의 삼각형이 지배하는 구도를 타파하고 건전한 견제와 균형이 이루어질 수 있는 사회구조를 확립하는 일이다. 이를 통해 사회적 분위기를 일신하고 효율과 공평에 기반을 둔 새로운 질서를 수립하는 것만이 우리의 밝은 앞날을 약속해 줄 수 있다.

5. 맺음말

세계화된 경제질서 안에 무엇이 감추어져 있는지도 모르고 그 달콤함에만 현혹되어 이 흐름에 무모하게 뛰어든 결과 오늘의 위기를 맞게 되었다. 일단 위기의 불을 끈 다음에는 우리 앞에 놓인 두 갈래 길 중 하나를 골라야 하는 본질적인 선택의 문제에 직면하게 될 것이다. 하나는 세계화의 위험성을 자각하고 이 흐름에서 차츰 발을 빼는 방향으로 기본구도를 잡아가는 길이다. 외국과의 교류는 필요한 물자를 주고받는 최소한의 수준에 그치고 외국의 자본이 들어오고 나가는 것을 막는 방침을 고수하는 방향으로 나간다는 뜻이다. 또 하나 선택할 수 있는 길은 좀 더 현명한 자세로 세계화의 흐름에 계속 참여함으로써 이에서 나오는 이득을 최대화시키려고 노력하는 방법이다.

세계화의 흐름에서 발을 빼는 길을 선택하는 경우 외부적 여건에 의해 우리 경제의 기반이 흔들리는 것 같은 일은 피할 수 있을지 모른다. 그러나 이와 동시에 세계화의 흐름에 참여함으로써 얻을 수 있는 갖가지 이득도 함께 포기해야 한다. 빠른 경제성장과 이에 힘입은 생활수준의 현저한 향상 등은 이제 버려야만 하는 꿈이 되어버리고 만다. 그동안의 겉만 번지르르했던 고속성장에 많은 문제가 있었음은 분명하지만, 갑자기 거북이걸음이 되어버리고 만 성장 속도는 이보다 훨씬 더 많은 문제점을 만들어낼 것이다.

세계화의 흐름에 뛰어드는 것이 위험을 수반하기는 하지만 거기에서 나오는 이득 또한 너무 큰 것이 사실이다. 그렇기 때문에 여기에서 빠져나옴으로써 잃는 것이 얻는 것보다 더 크리라고 생각한다. 더군다나 이 시점에서 우리는 이미 너무나도 깊숙이 이 흐름에 발을 들여놓고 있기 때문에 이에서 빠져나오는 데는 극도의 희생이 뒤따르게 된다. 말하자면 세계화에 관한 한 우리는 벌써 오래전에 돌아올 수 없는 다리를 건넜다고 볼 수 있다. 따라서 우리는 세계화의 흐름에 참여하면서 적극적인 자세로 이에서 나오는 이득을 극대화하는 길을 모색해야 한다고 믿는다.

앞에서 지적한 것처럼 세계화된 자본은 조금이라도 비효율적이거나 불투명한 경제를 미련 없이 등져버리는 속성을 갖고 있다. 따라서 세계화된 경제질서에서 살아남기 위한 유일한 방법은 우리 경제와 사회 안에 누적되어 온 비효율성과 불투명성을 한꺼번에 쓸어내는 것밖에 없다. 다시 말해 총체적인 개혁만이 우리가 다시 일어설 수 있는 유일한 길인 것이다. 그런데 이와 같은 개혁은 오늘의 위기가 없었어도 이미 오래전부터 추진해 왔어야만 했던 일이다. 그런 개혁의 노력이 없었기 때문에 1인당 국민소득은 어느 정도 높아졌지만 후진성을 벗어나지 못했고, 급기야는 그동안 쌓아올린 모든 성과가 물거품이 될 위기까지 맞게 된 것이다.

그러나 바로 이 순간에도 우리 사회의 기득권층은 개혁에 미온적인 태도로 일관하고 있다. 대세에 밀려 겉으로는 개혁작업에 동참하는 척 하지만 기회만 있으면 훼방을 놓으려 하고 있는 것을 본다. 만약 우리가 개혁에 성공하지 못한다면 해외 자본은 계속 우리를 외면할 테고 그 결과 우리 경제는 빈사 상태에서 빠져나오지 못하고 허덕거릴 것이다. 라틴아메리카 여러 나라들의 경제가 지난 10여 년을 빈사 상태에서 보낸 '잃어버린 10년(lost decade)'이 우리에게도 찾아오지 말라는 법이 없다. 그동안 직장을 잃은 수많은 사람들이 거리를 헤매고, 우리 사회는 시기와 증오 그리고 범죄가 판치는 아수라장으로 변모하게 될 것이다. 앞으로 얼마나 더 충격적인 일이 일어나야 비로소 사태의 심각성을 깨닫게 될 것인지 걱정이 아닐 수 없다.

그렇지만 우리 경제의 앞날을 반드시 비관적으로 볼 필요만은 없다고 생각한다. 경제가 몰락 직전에 있다는 위기의식에 힘입어 과감한 구조개혁을 요구하는 분위기가 그 어느 때보다도 활기 있게 형성되고 있다. 만약 이 기회에 오랫동안 미루어왔던 개혁작업을 완수한다면 우리 경제는 더욱 강해진 체질로 새롭게 도약할 수 있는 기회를 맞게 될 것이다. 그렇게 된다면 우리가 그동안 치렀던 여러 가지 희생이 결코 헛된 것만은 아닌 셈이 된다.

지금 세계 여러 나라 사람들이 깊은 관심을 갖고 우리를 주시하고 있다. 이번의 위기를 계기로 정부의 주도적 역할을 특징으로 하는 일본의 경제발전 모형, 그리고 이에서 파생되었다고 볼 수 있는 동아시아의 발전 모형은 그 설득력을 잃고 말았다. 그러므로 세계의 지식인들은 이를 대체할 새로운 발전 모형, 즉 세계화된 경제질서에 알맞은 새로운 발전 모형을 찾으려고 부심하고 있다. 우리는 지금 이 새로운 발전 모형을 찾는 데 결정적인 공헌을 할 수 있는 기회를 맞고 있다. 우리가 슬기롭게 이 위기를 극복하고 새로운 발전 모형의 가능성을 제시해 줄 수 있다면 인류 역사에 하나의 큰 발자취를 남기게 되는 셈이다. 세계가 기대에 찬 시선으로 우리를 지켜보고 있다는 자부심을 갖고 위기 극복에 나서야 할 때라고 생각한다.

『철학과 현실』(1998년 여름)

이준구 서울대학교 경제학부 명예교수. 서울대학교 경제학과를 졸업하고, 미국 프린스턴대학교에서 경제학 석사 및 박사 학위를 받았다.

정치권력의 윤리적 정당성

서 광 선

정치라고 하는 것을 정의한다는 것은 쉬운 일 같으면서도 아주 어려운 일이다. 아주 넓게 정치를 정의한다면 인간이 타인과 가지는 모든 관계를 말한다고 할 수 있을 것 같다. 한 인간이 다른 인간과 말하고 대화를 하고 명령을 하고 복종을 하고 부탁을 하고 그 부탁을 들어주고 거절을 하고 다른 사람이 한 말에 찬동하기도 하고 반대하기도 하고, 한 사람이 다른 사람을 사랑하기도 하고 미워하기도 하고 사랑을 받기도 하고 거절하기도 하고 결혼하고 이혼하고 아이를 낳고 아이를 기르고 취직을 하고 돈을 벌고 소비하고 생산하는 모든 일 — 사회에서 다른 사람들과 가지는 모든 접촉을 정치라고 할 수 있을 것 같다. 한마디로 말한다면 정치란 모든 인간관계를 말한다고 할 수 있다는 것이다.

인간이 스스로 생각하고 스스로 말하고 혼자 있으면서 하는 일, 혼자 걷고 조깅을 하고 골프 연습을 하거나 음악을 듣거나 텔레비전을 시청하는 일들은 정치가 아니다. 그리고 인간이 땅을 파거나 꽃 손질을 하거나 농사를 짓거나 가구를 하나 만들거나 달을 쳐다보거나 별자리를 찾는 일들 역시 인간과의 관계나 교섭이 아니므로 정치라고 할 수 없다는 것이다. 정치란 개인으로나 집단으로 또 다른 인간과의 관계나 교섭에서 형성된다는 것이다.

그런데 인간관계를 정의하는 정치라고 하는 것은 인간관계를 있는 그대로 묘사하는 것으로 그칠 수 있다. 다른 말로 하면 인간관계는 이래야 한다든가 저래야 한다든가 하는 규범이나 당위를 제시하지 않을 수도 있다는 것이다. 이것을 가치중립적인 정치라고 한다. 인간이 사는 모습 그대로 놓아두는 것이 정치라고 한다면 사실 정치가 필요 없어진다 하겠다. 정치는 인간이 다른 인간과 관계를 가지면서 생활하는 그 한가운데서 발견되는 것이지만, 그 관계를 규정지어 주고 정당화시키고 일관성과 신뢰성을 구축하는 일을 담당한다 하겠다.

토머스 홉스가 생각했던 것처럼 원시적인 인간 사회의 모습의 서로가 서로를 해치고 잡아먹으려고 하는 이리떼들의 생활, 맹수들의 삶과 같은 인간관계에는 정치라는 것은 없었다고 말할 수 있을 것이다. 홉스의 맹수의 세계에는 정치가 없었다는 것이다. 그러므로 모든 인간관계에는 정치가 있고 정치는 모든 인간관계라는 말은 틀린 말인 것 같다. 결국 정치는 인간관계에 어떤 규범을 제시하는 역할을 한다는 것이다. 인간관계는 이리떼의 관계가 아닌 그 어떤 관계를 가져야 한다는 최소한의 규범이라도 제시하는 것이 정치가 하는 일이라는 것이다.

그러므로 정치는 가치중립적이라는 말은 역시 틀린 말인 것 같다. 정치는 인간의 관계가 어떤 것이어야 한다는 규범과 당위성을 제시하는 역할을 하고, 해야 한다는 것이다. 정치는 인간들이 가지는 인간관계를 인간다운 것으로 만드는 책임이 부여되었다는 말도 된다. 정치라는 것이 없으면 인간관계는 이리떼의 그것과 마찬가지가 될 것이라는 생각이 인간에 대한 불신과 비판에서 온 것이 사실이다.

인간이 기본적으로 선하다면 과연 정치란 필요 없는 것이었을까? 인간이 기본적으로 선했다면 정부라는 것이 필요 없었고 법이라는 것도 필요 없었던 것일까? 정치라든가 정부라고 하는 것은 인간이 기본적으로 악하다고 하는 것 때문에 생긴 '필요악'이라는 것인가? 최초의 인간들이 에덴동산에서 선악과를 따먹지 않고 있는 그대로 살았다면, 인간 사회에는 죄악도 없고 싸움과 문제가 없었을 것이고 결국 정치도 필요 없는 것이었을까? 정치라고 하는 것은 인간의 죄악과 인간관계의 부정과 불의와 싸움과 갈등을 전제로 하는 것인가?

정치라고 하는 것은 인간관계에 어떤 규범을 제시하는 역할을 한다 하겠다. 그리고 그 규범들은 인간들이 인간답게 바람직한 관계를 유지하게 하기 위한 것들이다. 그러므로 정치는 인륜을 제시하는 것이고 윤리를 제시하는 것이라고 할 것이다. 처음부터 정치는 윤리와 관계가 있는 것이고 윤리를 제시하지 못하는 정치는 정치가 아니라는 결론을 내릴 수 있을 것이다. 정치는 윤리이며 윤리는 정치의 일부분이라고 하는 아리스토텔레스의 말은 이러한 의미에서 타당한 말인 것이다. 정치는 인간관계의 규범, 즉 윤리를 제시한다. 그리고 그 인간관계의 규범을 유지하는 것이 곧 정치라는 것이다.

동양의 정치는 바로 삼강오륜이라고 하는 윤리적 규범을 인간관계에 제시하고 그것을 보수하는 역할을 맡아왔다고 하겠다. 인간관계를 다섯 가지로 구분하고 그 다섯 가지 인간관계에서 지켜져야 할 인륜, 즉 덕목을 가르쳤던 것이다. 다섯 가지 인간관계란 군신의 관계, 부자의 관계, 부부의 관계(남녀의 관계), 형제의 관계, 그리고 친구의 관계로 구분했고, 그 각각의 관계에 있어서 지켜야 할 윤리적 법도를 가르친 것이다. 군신의 관계와 부자의 관계는 충효라고 하는 인륜으로서 지배와 복종의 질서, 지배의 정치윤리를 확고하게 한 것이다. 부부의 관계, 남녀의 관계 역시 남성 중심의 지배와 복종의 정치윤리를 확인하는 것이었고, 형제라고 하는 장유의 관계 역시 연장자에게 우선순위를 부여하는 복종과 지배의 정치윤리에 기초를 두고 있는 것이다.

정치는 인간관계의 규범과 윤리를 제공한다고 하는 것은 인간관계의 질서, 다른 말로 하면 인간관계의 지배질서를 제시하고 그 지배의 논리를 유지하는 일을 한다 하겠다. 동양의 정치사상에 있어서 정치라고 하는 것은, 백성들은 봉건군주에 대하여 복종하게 하고 가족 사회 안에 갈등이 없이 자녀들이 부모에게 순종하고 아내와 여자들이 남자들에게 예속되고 연소자가 연장자에게 양보하면서 평화를 유지하도록 하는 것이라고 인식했던 것이다. 이러한 사회가 윤리적인 사회이며 이러한 사회는 윤리적인 군주의 뛰어난 도덕정치를 통해서만 성취되는 것으로 알았던 것이다.

오늘의 사회, 근대화하고 산업화한 현대사회의 인간관계에 있어서도 삼강오륜이라고 하는 정치질서를 유지할 수 있는가? 다른 말로 묻는다면 오늘의 정치에 있어서도 삼강오륜이라고 하는 정치윤리를 주장하고 요구할 수 있겠는가 하는 것이다. 가령 군신의 관계에 있어서 신민의 충성을 오늘에 있어서도 요구할 수 있겠으며, 남녀의 관계에 있어서도 여자의 남자에 대한 복종만을 요구할 수 있겠는가 하는 것이다. 우선 왕이라든가 황제라고 하는 정치제도가 없어지고 왕이 있다고 해도 그것은 세속적인 관습에 불과하고 애매모호한 신적 권위에 근거를 두는 것이 아니라고 한다면, 왕과 국민과의 관계는 충성이라고 하는 덕목이나 절대적복종을 요구할 수 없게 된다는 것이다.

오늘날 대통령을 왕처럼 생각하는 사람이 있다고 해도 대통령이 대통령이 된 것은 국민들의 투표에 의해서 선거되고 국민들의 통치권을 위임받은 것이므로 대통령과 국민의 관계는 왕과 신하의 관계와 달라지는 법이다. 대통령이 국민들로 하여금 충성을 요구하고 복종하게 하는 윤리는 성립이 되지 않는 것이다. 대통령을 국민이 선출하는 정치제도에 있어서는 그 인간관계가 달라지고 정치윤리가 달라진다는 것이다. 왕이 하늘의 뜻을 받았거나 받들어 국민을 다스린다고 할 때에는 하늘의 이름으로 지배하고 국민의 충성을 요구하였으나, 대통령이 국민의 투표에 의해서 선출될 때에는 국민을 지배하고 국민의 복종을 강요할 수 없게 된다는 것이다. 대통령이 국민에게 강요할 수 있는 내용은 국민과의 합의에 의해 형성된 헌법에 의해서 결정되는 것이고 대통령 개인의 생각으로 할 수 없는 것이다.

이러한 사회를 근대 민주주의 사회라고 한다면, 민주주의 사회의 인간관계를 규제하는 정치윤리는 무엇인가 하는 질문을 하게 된다. 봉건사회에 있어서의 정치윤리는 지배와 복종이었다면, 근대 민주주의 사회의 정치윤리는 한 인간이나 인간 집단이 다른 인간이나 인간 집단을 지배하고 복종시키는 것이 아니라는 것이다. 동등하고 평등한 인간관계를 가진다는 것이다. 대통령과 서민은 동등한 권리와 의무와 자격을 가진다는 것이다. 대통령이 시중의 한 시민을 노예로서 지배할 수도 없거니와 노예적 복종을 요구할 수도 없다는 것이다. 남자와 여자의 관계 역시 예속과 복종의 관계가 아니라 동등한 인간적, 사회적 관계를 가진다는 것이다.

인간이 인간마다 가지는 동등한 권리를 인권이라고 하지만, 인간으로서 인간만이 가지는 그 인권이 어디에서 왔으며 누가 주었으며 어떻게 가지게 되었는가 하는 질문이 있을 수 있다. 이 질문은 왕이 왕권을 주장하는 데 있어서 그 왕권이 어디서부터 왔으며 누가 주었으며 어떻게 가지게 되었는가 하는 질문과 같은 것이기 때문이다. 왕권신수설이 있었던 때가 있지만, 인권신수설, 즉 인간이 동등하다고 하는 생각, 동등한 인간으로서의 권리를 가지고 있다는 생각은 창조주인 신이 인간을 동등하게 창조했다는 사상과 연결되어 있다는 것이다. 왕권신수설과 인권신수설을 비교해 보면 인권사상이나 민주주의 정치윤리의 근원 역시 신학적인 면이 있다는 것을 부인할 수 없는 것이다.

왕권신수설 혹은 정치권력 신수설을 믿는 사람들에게 있어서, 혹은 절대권력의 신수설을 신봉하고 권력의 절대의식을 가지고 있는 사람들에게 있어서 인권의 신수설, 즉 인권의 천부설이라든가 인권의 절대성 같은 것은 이해되지 않을지도 모른다. 혹은 왕권이나 절대권력이라고 하는 것이 신에게서나 하늘, 즉 인간 이외의 초월적인 힘으로부터 온 것이 아니라 인간의 힘으로 쟁취했거나 세습적으로 얻은 것이라고 한다면 그 왕권이나 절대권력이 요구하는 복종과 지배와 권리의 윤리적 정당성이 없어지는 것이다.

왕권이나 정치적 절대권력이라고 하는 것은 하늘이나 신에게서 왔다고 주장하든지, 아니면 다른 초인간적 권위 혹은 자신 이외의 권위에 의해서 정당화시켜야 할 의무를 의식하게 된다는 것이다. 신이나 하늘이라고 하는 종교적이며 형이상학적인 신념이나 신앙이 없거나 희박해진 사회에 있어서는 정치적 권력의 정당성은 권력 자체가 만들어내든지, 아니면 세속적인 인간 집단의 동의에 의해서 생성해야 한다는 논리이다.

인권 역시 마찬가지의 논리를 따른다. 인권신수설, 모든 인간은 신 앞에 평등하다든가 신이 인간을 그의 형상대로 동등하게 창조했다든가 하는 사상 역시 창조주 신을 믿지 않는 사회와 정치 문화에서는 또 다른 정당성이 요구된다는 것이다. 근대 시민혁명이라고 하는 것은 '왕권신수설'에서 '인권신수설'에로의 전환으로만 정리할 수 없는 것이기 때문이다. 정치적 절대권력이 신으로부터 오는 것이 아니라고 선언할 때 우선 정치권력의 절대성을 부인하는 것으로 나타난다. 정치권력은 인민으로부터 오는 것이라는 대안은 인권을 선언하는 데서 가능한 것이다. 그런데 그 인권이 신으로부터 온 것이라고 선언한다는 것은 결국 인권이 위임한 정치권력 역시 신으로부터 왔다는 결론을 내릴 수 있다는 것이고,

따라서 신적 정당성을 확보하게 된다는 것이다. 그리고 그 정당성은 윤리적 정당성을 가진다는 것이다. '인권신수설'을 통해서 민주주의의 '정권신수설'이 성립된다는 결론이 나오게 된다는 것이다.

그러나 종교를 전제하지 않는 세속국가에 있어서 '정권신수설'은 문제가 있는 것이다. 종교적 전통이 없는 세속국가에 있어서 '인권신수설'은 설득력이 없는 것이라 하겠고 '정교 분리의 원칙'에 위배되는 것이라는 비난도 면하기 어려운 것이다.

그렇다고 한다면 인권 혹은 인간의 동등권은 어디에서 오는가 하는 질문을 가지게 된다. 인권은 민주주의 사회의 기본 윤리이며 인권에 입각한 동등권은 민주주의 정치의 기본 규범인 것이다. 그리고 인권은 모든 인간관계에 있어서 기본적인 윤리이다. 칸트가 채택한 황금률, 즉 남에게 대접을 받고자 하는 대로 남을 대접하라고 하는 순수 실천적 명령이 모든 정치와 인간관계의 기본적 명령법인 것이다. 인권의 신수설, 즉 인권이 인간 사회를 넘어서 초월적인 신비적 힘에 의해서 생겼다는 생각을 칸트는 하지 않은 것 같다. 칸트는 '인권신수설'을 말하지 않았다. 칸트의 황금률은 순수 실천 이성의 명령이며 창조주의 창조적 선물이 아니었던 것이다. 인권 사상은 실천 이성에서 온 것이고 인간 이성의 인식이라는 것이다. 그리고 인권의 권위나 정당성이라고 하는 것은 한 인간이 다른 인간을 인간으로 동등하게 대할 때, 수단으로서가 아니라 목적으로서 대할 때, 그리고 그때에만 성립이 된다는 것이다. 인권은 인간 상호 간의 문제라는 것이다. 인권은 위로부터 오는 것이 아니라 아래로부터 오는 것이고 신으로부터 수여되는 것이 아니라 인간들이 주고받는 것이라는 것이다. 그렇다면 인권은 인간과 인간, 인간 집단과 인간 집단의 공동 인식이나 계약과 상호이해에서 발생하는 것이며 어떤 천부적인 것이 아니라는 것이다. 그리고 인권은 존재론적으로 인식되는 것이 아니라 정치력에 의해서 보수해야 하는 가치라는 것이다. 인간 생존의 본능으로서 있는 생리학적 요소가 아니라 교육을 통하여 학습되고 사회적으로 요구되는, 그리고 정치적으로 강요되는 가치라는 것이다.

정치의 윤리적 정당성이라고 하는 것은 정치권력의 창출이라는 것이 인간의 동등성과 인권에 의하여 강압이나 폭력 없이 합의에 의하여 형성되었느냐의 기준에 의해서 규정된다고 하였다. 정당성이 없는 정치권력은 불의라고 비판하고 악하다는 윤리적 판단을 한다. 정치는 윤리적 정당성이라고 하는 규범에 의하여 윤리적 판단을 받고 정당성을 획득한다. 정치권력의 윤리적 정당성이라고 하는 것은 '왕권신수설'이 통하지 않는 사회에 있어서는 국민들의 합의와 위임에 있는 것이고, 그 합의가 강압이나 폭력에 의하여 얻어진 것이 아니라고 하는 윤리적 규범이 있는 것이다. 정치권력의 정당성이라고 하는 것은 그 자체가 윤리적이며 정치와 윤리의 관계는 순환적이다. 그리고 정당성이 없는 정치권력은 비윤리적이라는 비판을 받고 그 정치권력을 유지하기 위해서는 비윤리적인 방법을 사용하게 된다.

그런데 정치권력의 윤리적 정당성은 그 권력의 창출과정에서만 성립되는 것이 아니라 한 사회 공동체의 윤리적 가치의 창출에 있다 하겠다. 정치의 윤리성은 정치인의 수신제가나 개인적 수양이나 인격을 말하기도 하지만, 이러한 사적인 개인윤리의 차원을 넘어서 정치가 인권을 옹호할 뿐 아니라 사회 구성원의 생존권을 확보하고 물질적, 정신적 행복과 복지를 생산하느냐 하는 규범에 따라 결정된다는 것이다. 정치권력의 윤리적 정당성은 아리스토텔레스의 목적론적 규범에 의하여 평가된다는 것이다. 정치권력의 목적과 정치권력의 윤리성이 일치한다는 것이다. 정치권력이 인권을 보장하고 인권의 기본 요소인 생존권과 행복권을 증진하기 위한 것이라는 존재론적인 규범이 성립된다면 정치권력의 윤리성은 그 규범에 의하여 평가된다는 것이다. 사회 구성원의 인권과 행복과 복지와 관계없는 정치는 비윤리적이라는 판단이 내려진다는 것이다.

　최대 다수의 최대 행복이라고 하는 공리주의 정치의 목적에서 최대 다수라고 하는 양적 개념이 빈부의 격차와 계급 분화의 사회적 문제로 확대된다는 것을 인식하고 있다. 그리고 최대 행복이라고 하는 것을 양적으로 인식할 때 산출된 행복의 분배의 문제와 행복 생산의 방법의 문제 등이 윤리적 문제로 등장한다. 나아가서 행복의 질의 문제가 있다. 정치의 윤리성은 행복의 질과 양과 행복의 생산성과 분배의 문제를 둘러싼 정책과 행정에 따라서 규정된다는 것이다.

　정치가 행복을 산출하여야 하는 생산성에 있어서 윤리적인 규범을 가지게 되는 것은 인간 사회의 행복이라고 하는 것 그 자체가 윤리적인 판단의 대상이 되기 때문인 것이다. 정치는 탈윤리적일 수가 없는 것이 정치 자체가 행복을 규정하여야 하기 때문이다. 행복의 양뿐만 아니라 그 질까지도 국민적 합의를 보아야 한다는 것이다. 물론 그 폭은 다양할 수 있다. 사회 구성원 각자가 생각하는 행복을 각자의 능력대로 추구하도록 절대적 자유를 허용하는 자유주의 모델이 있을 수 있으며, 정치권력이 사회문화적 전통에 따라 행복의 차원과 수준을 규정하는 통제주의 모델이 있을 수 있을 것이다. 그러나 행복을 산출하는 데 있어서 동등권이 제한되는 것은 인권이라고 하는 기본 규범에 위배되는 것으로서 윤리적 규탄을 받게 된다. 사회 구성원 어느 누구도 정치권력에 의하여 행복의 추구와 생산을 제한받을 수 없다는 것이다. 그리고 행복의 분배에 있어서 인권이 유린되어서는 안 된다는 것이다. 인간이 생존권과 인간이 노동한 대가에 대한 정의로운 분배가 이루어지지 않을 때 정치권력의 윤리적 정당성이 문제가 된다는 것이다. 정치권력은 한 사회의 행복의 생산과 분배의 윤리적 책임을 지고 있다는 것이다.

　자유라는 개념이 윤리적인 기준이 되는가 하는 문제가 있을 수 있다. 아리스토텔레스와 칸트는 자유를 윤리의 기반으로 생각했지만 자유를 의무로 본 것 같지는 않다. 인간은 자유로운 존재이므로 자신의 선택에 윤리적 책임을 지게 된다는 것이다. 인간이 자유롭지 못한 상태에서 선택한 것은 선택이라기보다는 강요이므로 윤리적 책임을 질 수 없다는 것이 아리스토텔레스의 생각이었다. 칸트는 인간의 자유를 윤리의 형이상학적 기반으로 요청했던 것이다. 그러나 현대 정치사상에 있어서는 자유라고 하는 것은 인권과 함께 거의 절대적인 가치를 가진다. 시민의 자유는 윤리를 위한 형이상학적 기반이 아니라 하나의 윤리적 규범이 되었다는 것이다. 자유는 인권의 기본 요소이므로 행복과 마찬가지로 정치권력의 윤리적 정당성은 개인의 자유의 양과 질과 관계가 있다는 것이다. 개인이 자유로운가 하는 것은 그 사람의 행복과는 관계가 있지만, 그 사람이 옳은 사람인가 하는 도덕적 판단과는 관계가 없다. 그러나 정치사회에 있어서 한 개인이 자유로운가 하는 것은 복지와의 문제도 되고 또한 그 정치의 윤리성과 관계가 있다는 것이다. 한 사회의 구성원이 자유롭지 못하다고 주관적으로나 객관적으로 판단될 때 그 사회의 정치는 윤리적인 비판을 받는다는 것이다. 자유의 질과 양은 정치의 윤리성을 규정하는 규범이 된다는 것이다. 특히 인간의 기본 권리를 정치의 윤리성의 기본 규범으로 규정할 때, 그리고 그러한 사회에 있어서 인간의 자유는 윤리적 가치가 있는 것이다. 인간 자유의 양과 질은 정치권력의 윤리성을 판단하는 기준이 된다는 것이다. 정치권력이 개인의 자유의 양을 줄이면 줄일수록, 자유의 영역, 자율의 영역을 감소시키면 시킬수록 개인의 인권과 행복권을 줄일 수밖에 없고, 그렇게 하기 위해서는 정치권력을 과다하게 사용하게 되고, 그러는 과정에서 인권을 침해하고 억압하게 된다. 이러한 정권은 윤리적 정당성이 감소되고 비판과 저항의 대상이 된다는 것이다.

정치와 정치권력의 윤리성은 또 다른 윤리적 가치, 즉 정의에 의하여 판단된다. 정치와 정치권력의 목적이 최대 다수의 최대 행복의 산출에 있다고 할 때, 그 목적 수행에 있어서 그 방법과 수단이 정당하여야 한다는 것이다.

최근 한국사회의 정치적 비리의 문제를 여러 가지로 분석할 수 있겠지만, 그 대부분이 행복과 치부의 수단과 방법의 문제라고 할 수 있을 것 같다. 불법이라고 하는 초보적인 도덕성을 거부한 것도 문제이지만 보다 기본적으로 생산의 수단과 방법에 있어서는 윤리성이 배제된다는 비윤리적, 탈윤리적 사고에 문제가 있는 것이다. 정치는 탈윤리적이고 권력의 속성이나 특성은 탈윤리적인 것이라고 하는 냉소주의적 사고방식이 정치와 정의 혹은 정의로운 정치가 웃음거리로 되게 한 것이다. 여기에서 정치인의 윤리의 문제가 발생하는 것이다. 세금을 포탈하고 정부를 속이는 사람, 금전거래가 분명하지 않고 상거래에 있어서 신용을 지키지 않는 사람, 약속을 지키지 않는 사람, 정직하지 않은 사람, 이런 사람이 도덕적으로 옳고 바른 정치를 잘할 수 있다고 생각하는 것은 오산이다. 이것이 일반적인 신념인 것이다. 정직하지 못한 사람이 정치를 하게 되면 권력을 남용해서 치부하게 되고 약속을 지키지 않을 수 있다는 것이다. 신용이 없는 인간에게 정치와 나라를 맡길 수 없다는 단순한 논리인 것이다. 개인적으로 악하고 불행한 사람에게 선하고 정의로운 정치를 맡길 수 없다는 것이다. 정치는 인간이 하는 것이기 때문이다.

그러나 개인이 선하고 깨끗하다고 해서 그 사람이 하는 정치가 반드시 정의롭거나 윤리적인 것이 되는 것은 아니다. 이에 문제가 심각해지는 것이다. 그러나 그렇다고 해서 정치는 탈윤리적이고 비윤리적이라고 말할 수 없는 것이다. 그리고 정치윤리는 개인의 윤리성과는 관계가 없다고 말할 수 없는 것이다.

여기서는 정치와 정치권력에도 윤리성이 있어야 한다는 것을 논한 것이고 정치권력의 윤리성을 규정하는 몇 가지 규범이 엄연히 있다는 것을 제시한 것이다. 여기서 제시한 규범들이 전부라고 생각하지 않을뿐더러, 여기에 제시한 규범들에 대해서 충분히 논의했다고도 생각하지 않는다. 다만 정치는 윤리이며 정치행위는 윤리적 행위라는 것과 정치와 정치권력은 윤리적 규범에 의하여 판단을 받는다는 것, 그리고 정치는 탈윤리적일 수가 없다는 것을 분명히 하고 싶었던 것이다.

『철학과 현실』(1991년 여름)

서광선 이화여자대학교, 홍콩중문대학교 명예교수. 미국 로키마운틴대학교에서 철학을 공부하고, 뉴욕 유니언 신학대학원에서 신학 석사학위를, 밴더빌트대학교에서 철학 박사학위를 받았다. 1980년 제5공화국이 출범하던 때 4년 동안 대학을 떠난 적이 있으며 이 시기에 목사 안수를 받았다. 세계 YMCA 회장(1994-1998)을 역임했고, 미국 뉴욕 유니언 신학대학원, 드류대학교 신학대학원 및 홍콩중문대학교의 초빙교수로 활동했으며, 홍콩 주재 아시아 기독교고등교육 연합재단의 이사 및 부회장을 역임했다. 저서로『종교와 인간』,『기독교 신앙과 신학의 반성』,『지성, 세속 신앙』,『악령의 시대』,『현대사회와 종교』(공편),『철학하는 방법』등이 있다.

신한국 창조와 '문화민주주의'

이 진 우

1. '신한국 창조'는 무엇을 의미하는가?

"인간의 행위를 직접적으로 지배하는 것은 '이념'이 아니라 (물질적, 이념적) '이해관계'이다. 그러나 이념들을 통해 만들어진 세계상은 종종 일종의 전철수(轉轍手)와 같이 인간 행위를 움직이는 역동적 이해관계의 궤도를 결정하였다." 새 정권의 출범과 더불어 유행어처럼 되어버린 '신한국(新韓國)'이라는 말은 막스 베버의 말을 떠올리게 한다. 민주화의 과정에서 너무나 심한 산고를 겪고 탄생한 문민정치 시대이기에 국민이 김영삼 대통령에게 거는 기대는 유난히 남다른 것 같아 보인다. 이런 국민의 기대에 부합하여 김영삼 대통령은 산업화와 민주화의 과정에서 산출된 부정적 현상들을 '한국병'으로 규정하고, 강력한 정부를 통해 이를 치유하여 신한국을 건설하겠다고 공언해 왔다. 물론 김영삼 대통령이 줄곧 내세우고 있는 신한국 건설이 한국사회의 전면적 탈바꿈을 열망하고 있는 국민의 기대와 맞아떨어지고 있는 것은 사실이다. 그러나 신한국 창조가 "변한다고 더 좋아질지 모르지만 어쨌든 변해야 한다"고 말하는 단순한 변혁지상주의의 소산이 아니라고 한다면, 변혁을 통해 성취하고자 하는 사회가 어떤 모습을 가질 것인가에 관해서 구체적인 방향을 제시해야 한다.

그렇다면 신한국이 도대체 무엇이며, 어떻게 신한국을 이룩할 수 있는 것인가? 또 변혁을 통해 도래하게 될 새로운 시대를 밑받침할 수 있는 근본이념은 과연 무엇인가? 신한국의 구체적인 실상은 아직도 베일에 가려 있지만, 신정권은 한국병을 치유하고 신한국을 건설하기 위해 '안정 속의 개혁'을 추진하겠다고 밝히고 있다. 여기서 필자는 '안정'과 '개혁'이 현재 국민이 가지고 있는 가장 일반적인 이해관계라고 생각하고, 이를 중심으로 한국병의 본질과 신한국의 근본이념을 나름대로 제시하고자 한다. 말머리에서 인용한 막스 베버의 명제가 말해 주고 있듯이 정치적 행위를 결정하는 것은 개인이 가지고 있는 이념적, 물질적 이해관계이다. 이런 관점에서 보면 김영삼 정권을 탄생시키는 데 기여한 물질적 이해관계는 '경제적 안정'이고, 이념적 이해관계는 문민정치를 열망하는 '민주주의의 실현'이라고 할 수 있다. 그뿐만 아니라 한국의 현대화 과정은 실제로 경제적 안정을 추구한 '산업화'와 정치적 개혁을 추구한 '민주화'로 압축된다. 즉 안정은 경제적 현대화의 수단이었고, 개혁은 정치적 현대화의 수단이었다. 해방 후 한국의 역사를 돌이켜보면 경제적 성장과 민주주의의 실현은 각각 '안정'과 '개혁'이라는 방식을 통해 보수주의와 진보주의를 가름하였다. 세계 자본주의 체제에 뒤늦게 편입된 우리 사회는 한편으로 현대화의 발전 전략을 효율적으로 실행할 수 있도록 사회적 안정을 보장할 수 있는 '강력한 정부'를 요청하였으며, 다른 한편으로는 이로 인해 파생된 사회적 갈등과 고통을 해결할 수 있는 '민주주의'를 요청하였다.

일반적으로 경제적 위기는 안정을 요구하지만, 권위주의적 체제에 의

한 안정의 절대화는 개인의 자유와 권리를 침해하는 정치적 위기를 초래한다. 또한 정치적 위기는 민주화를 요구하지만, 개인 권리의 절대화는 극단적 이기주의를 산출함으로써 효율적 산업화를 저해한다. 그렇기 때문에 산업화를 효율적으로 실행하려면 민주화를 유보하고, 민주화를 적극 추진하려면 산업화를 어느 정도 포기해야 하는 것으로 인식되어 왔다. 실제로 해방 후 한국의 역사는 안정을 필요로 하는 산업화와 개혁을 요청하는 민주화의 모순관계에 의해 지배되어 왔다. 이승만 정권은 안정과 개혁이 모두 없었던 시대였으며, 장면 정권은 경제적 안정 없이는 사회의 민주화가 불가능하다는 사실을 역설적으로 증명한 시대였다. 1961년 군사 쿠데타로 시작한 군부통치 시대 중에서 박정희 정권과 전두환 정권 시기에는 경제적 안정의 실현이라는 명분 때문에 민주화가 희생되었고, 1987년 민주화 투쟁으로 인해 들어선 노태우 정권은 진정한 민주화 없이는 경제적 성장도 불가능하다는 사실을 역설적으로 증명한 군부통치 시대의 퇴락기였다. 그렇다면 김영삼 정권의 역사적 과제는 아무래도 안정과 개혁, 산업화와 민주화를 조화롭게 발전시키는 데 있을 것이다.

실제로 후기 자본주의는 민주화가 오히려 산업화의 추진력으로 작용할 수 있는 사회적 질서를 요구한다. 단순히 이윤만을 추구하는 기업을 중심으로 하는 경제성장에 한계가 있듯이, 권력의 획득과 사용의 제도적 절차를 규정하는 형식적 민주주의만으로는 사회의 민주화를 실현할 수 없다. 사회의 전 영역이 민주화될 때에 오히려 우리가 가지고 있는 잠재력을 경제화할 수 있을 것이다. 이런 관점에서 우리는 산업화와 민주화의 모순관계를 극복해야 한다는 시대적 요청에서 신한국의 역사적 의미를 찾아야 한다. 또한 필자는 경제적 안정이 민주화에 기여하고 동시에 사회의 민주화가 경제적 성장의 기반이 될 수 있는 미래사회의 근본이념은 바로 '문화민주주의'라고 생각한다. 흔히 사람들은 국민의 일반

의지에 의해 정치적 정당성을 보장받았다는 점에서 김영삼 정권과 더불어 '문민(文民)정치 시대'가 열렸다고 평가한다. 그러나 확고한 정치적 정통성을 토대로 하고 있는 강력한 정부의 '역사적 정당성'은 안정과 개혁, 경제성장과 민주주의를 조화시킬 수 있는 문화민주주의의 실현 여부로 판가름 나게 될 것이다.

2. 한국병의 근원은 '유교적 연고(緣故)주의'이다

신한국 창조는 한국사회가 '무엇으로부터' 탈피하여 '무엇으로' 발전해 갈 것인가에 대한 철저한 역사의식을 전제로 한다. 신정권은 우리 사회의 위기 현상을 '한국병'으로 진단하고 있다. 일반적으로 경제성장의 둔화, 근로정신의 해이, 과소비와 배금주의, 부정부패의 만연, 지역이기주의 등으로 표현되는 한국병의 증상은 산업화와 민주화의 과정에서 파생되는 부정적 현상이다. 만약 우리가 겪고 있는 한국병이 현대화에 필연적으로 수반되는 일시적 부대 현상에 지나지 않는다고 하면, 문제는 그렇게 심각하지 않다. 왜냐하면 오늘의 문제는 현대화가 더욱 진전된 내일에는 해결될 수도 있기 때문이다. 그러나 한국병은 왜곡된 사회구조로 말미암아 발생하는 사회병리적 현상이다. 이런 관점에서 필자는 보편적으로 받아들여지고 있는 상식적 견해를 수정하여 한국병이 근본적으로 '산업화와 민주화의 모순관계'에서 기인한다고 생각한다. 따라서 우리는 한국병의 원인을 안정과 개혁의 모순관계를 야기한 구조적 요소에서 발견해야 한다.

한국의 근대화에 원동력이 되고 동시에 한국병의 원인으로 작용한 것은 바로 '유교적 경제윤리'이다. 자연의 지배를 추구하는 서양의 합리주의와는 달리 유교는 자연에 대한 순응을 가르치기 때문에 경제발전에 장애가 된다는 막스 베버의 말은 이제까지 보편적 인식으로 받아들여졌다. 그러나 한국과 더불어 유교권에 속하는 대만, 싱가포르, 홍콩의 발전 모델은 서양의 모방은 단지 종속적 빈곤을 야기할 뿐이라는 도식을 깨뜨림으로써 유교에 대한 인식을 새롭게 하는 계기가 되었다. 즉 모방을 통한 산업화가 일단 시작되면, 유교적 사고방식은 경제발전을 가속화하는 데 적극적인 역할을 한다는 것이다. 산업화에 기여하는 유교주의적 사고방식은 대체로 근면을 토대로 하는 '노동윤리', 집단의 이익을 위해서 개인을 희생할 줄 아는 '공동체 의식', 그리고 자신의 행위가 사회에 미칠 수 있는 영향과 결과를 고려하는 '책임의식'의 세 가지로 압축될 수 있다. "오늘 우리가 희생해야 내일 우리의 자식이 잘살 수 있다"는 희생정신이 없었다면 현재 우리가 누리고 있는 경제발전은 실제로 불가능했을 것이다. 부모의 희생 없이는 자식의 교육을 생각할 수 없고, 노동자의 희생 없이는 기업의 발전을 생각할 수 없다. 권위주의 체제를 통한 안정의 뒷받침이 경제적 성공을 가져왔다면, 이는 또한 일정한 수준의 경제성장을 위해 민주화의 보류를 감내하는 국민의 희생정신이 있었기 때문에 가능한 것이었다. 그런데 본래 사회적 차원에서 공동체주의를 지향하는 유교주의가 경제성장의 발전 전략으로 수단화됨으로써 오히려 공동체주의를 파괴하는 결과를 초래하였다는 사실에서 우리는 한국병의 원인을 찾아야 한다.

유교적 경제윤리가 한국 발전의 원동력이 되었다는 사실을 고려하면, 한국인이 앓고 있는 가장 심각한 병은 '유교적 연고주의'이다. 유교적 연고주의는 인간관계에 있어 의리(義理)를 중시하는 유교사상이 기득권 세력의 권력 유지와 권력 확장의 수단으로 이용하는 권위주의적 이데올로기를 의미한다. 능력과 원칙보다는 정실에 따라 관직을 배분하는 유교적 연고주의가 혈연, 지연, 학연이라는 망국병을 유발하였다는 것은 이미 주지의 사실이다. 한국의 전통사회에서 국가계급은 주로 행위규범과 사회질서를 구성하는 유교교육을 받은 양반 세력이었다. 전통사회에서는 토지를 소유하고 있는 사람만이 좋은 교육을 받아 과거를 보았고, 과거 시험에 급제하면 높은 관직을 얻었으며, 권력을 통해 다시 토지 소유를 확대할 수 있었다. 이렇게 국가권력은 유교적 이데올로기를 근거로 '소유–교육–권력의 순환관계'를 배타적으로 독점함으로써 유지되었다. 인간관계를 이용하여 존립하고 있는 기존 권력의 배타적 순환관계에 편승하고자 하는 '유교적 연고주의'는 한국인의 심성구조에 깊이 뿌리를 내리고 있다.

그런데 한국의 현대화 과정에서 이러한 권력의 배타적 순환구조가 전혀 해체되지 않았다는 데 문제의 심각성이 있다. 오히려 자본주의 체제에 뒤늦게 편입한 상태에서 산업화를 효율적으로 수행하기 위해서는 소규모의 주도세력을 집중적으로 양성할 수밖에 없었다. 산업화는 안정과 효율성을 전제로 하는 까닭에 경제우선주의는 결국 전통적으로 존립하고 있던 '배타적 권력구조'를 심화시키는 결과를 초래하였다. 현대화 과정에서 생산수단을 사적으로 소유하지 않고서도 전체의 생산과정을 통제하는 특권을 보유하는 '국가계급'이 발생한 것이다. 이들은 개발 전략을 독점적으로 결정하고 실행하였을 뿐만 아니라, 국가계급의 구성원이 될 수 있는 자격 요건을 스스로 결정함으로써 정치적 의사결정과정을 독점하는 정치적 잉여가치를 획득하였다. 이미 합병증의 증세를 보일 정도로 한국병이 심각한 이유는 바로 유교적 연고주의가 배타적 권력구조와 맞물려 있기 때문이다.

유교적 연고주의의 폐해를 가장 극명하게 보여주고 있는 것은 두말할 나위도 없이 '지역갈등의 문제'이다. 여기서 우리는 지역갈등의 문제가 한국병의 원인이 아니라 오히려 배타적 권력구조의 결과임을 분명히 인식해야 한다. 이런 사실을 우리는 '부산기관장회의'에서 행한 김기춘 전 법무부장관의 말에서 명확하게 읽어낼 수 있다. 한편으로 그는 "정권을 가지고 있으면 특혜는 못 받아도 억울한 일을 당하면 손해는 안 본다"고 정권의 이점을 설명하고, 다른 한편으로 그는 신라시대부터 시작하여 현재에 이르는 '국가경영의 경험'을 토대로 영남인에 의한 정권 독점의 당위성을 역설하고 있다. 실제로 국가경영을 독점하는 폐쇄적 권력구조가 가시적인 특권의 부여보다 더욱 심각한 것이다. 이런 점에서 지역갈등의 문제는 근본적으로 특정한 지역 출신이라는 이유만으로 국가경영의 계급에 속하게 되고, 또 특정한 지역의 출신이기 때문에 국가적 의사결정과정에서 배척되는 권력의 메커니즘에서 비롯한다. 따라서 지역갈등을 근본적으로 해결하기 위해서는 권력의 배타적 순환구조를 해체해야 한다.

유교적 연고주의에 기인하는 한국병이 지역갈등이라는 외상(外傷) 외에도 창의성의 억압이라는 내상(內傷)을 유발하였다. 특히 후기 자본주의 사회에서는 경제성장을 위해서는 창의성의 계발이 시급히 요청된다는 점에서 이는 심각한 문제이다. 창의성이 개인의 자유로운 활동을 토대로 문화의 접촉과 교류를 통해서 계발될 수 있다고 한다면, 또 다른 배타성을 야기하는 폐쇄적 권력구조는 바로 창의성을 억압하는 장본인이라고 할 수 있다. 한국의 현대화를 주도한 정권이 3대에 걸쳐 대구 출신 대통령에 의해 지배되었다는 사실은 호남 출신의 김대중 씨를 중심으로 하는 반대세력을 구축하도록 하였다. 예컨대 배타적 지역성으로 말미암아 특정한 집단의 사람들에게 참여의 기회가 박탈된다면, 우리는 창의성을 계발할 수 있는 중요한 잠재력을 잃는 것이다. 아무리 노력해 보았자 권력의 주변부에서 맴돌 수밖에 없다는 소외감과 좌절감이 지배한다면, 창의성의 계발은 요원한 일이다. 우리는 철저하게 소회된 계층은 결국 소외의 책임을 자신에게 돌리는 패배주의에 빠진다는 것을 잘 알고 있다. 그뿐만 아니라 권력의 승계가 연고주의에 의한 '줄타기'로 이루어진다면, 권력 밖에 있는 사람들은 자신의 이익을 쟁취하기 위해서 어쩔 수 없이 '줄대기'의 부정을 저지를 수밖에 없음은 당연한 일이다. 이렇게 한국병의 표면적 현상인 부정부패의 만연, 집단이기주의, 창의성을 저해하는 패배주의는 모두 배타적 권력구조에 기인하는 것이다. 따라서 김영삼 정권은 유교적 연고주의에 바탕을 둔 폐쇄적 권력구조가 공동체 의식을 파괴하는 한국병의 주요 원인이라는 점을 명확히 인식하고, 권력구조를 개방화하여 창의적 개인의 참여를 적극 유인하겠다는 확고한 정책의지를 가져야 한다.

3. 신한국의 개혁은 민주주의의 생활화이다

종래의 정권은 현대화를 효율적으로 수행하기 위하여 기존의 배타적 권력구조에 의존함으로써 산업화와 민주화의 모순관계를 산출하였다. 그런데 자본주의와 마찬가지로 민주주의도 역시 자생적으로 발전되지 않고 수입된 까닭에 처음에는 우리의 삶과 '외면적인 관계'에 있었다. 민주주의에 내재하고 있는 합리주의적 문화를 내면화하지 않고 민주주의를 단지 외면적인 제도로만 인식하였던 것이 유교적 연고주의가 자본주의적 형태로 답습되는 주요 원인이 되었다. 따라서 민주화는 주로 '정치적 민주화'로 이해되었다. 정치의 민주화는 국민의 합의로 창출된 국가권력의 획득과 사용을 합리적으로 규제하는 제도적 장치의 확립을 의미한다. 민주주의를 유일하게 물리적 폭력을 독점하고 있는 국가로부터 개인의 자유와 권리를 보장하는 제도로 이해한다면, 이와 같은 정치적 민주주의의 기반은 1987년의 민주화 운동과 이에 따른 노태우 정권에 의해 마련되었다고 할 수 있다. 그러나 사회의 민주화로 이어지지 않는 형식적 민주주의의 실현은 결국 배타적 집단이기주의라는 부정적 현상을 막지 못하였다. 집단이기주의는 근본적으로 정치적 민주화가 사회적 이익과 고통의 분배에 도움이 되지 않는다는 인식에 바탕을 두고 있다. 그러므로 현재 요청되고 있는 개혁은 민주주의를 생활화함으로써 겉돌고 있는 삶과 민주화의 괴리현상을 극복하는 방향으로 추진되어야 한다.

민주주의의 생활화는 민주주의에 내재하고 있는 합리주의 문화를 모든 생활 영역에서 수용하고 계발하는 것을 의미한다. 만약 적극적인 의미에서의 민주주의가 '개인의 자율적 발전'을 촉진시키는 사회구성의 원리로 이해될 수 있다면, 민주주의의 생활화는 우선 개인의 창의적 자기계발을 저해하는 사회적 불평등과 차별화의 장치를 제거함으로써 성취될 수 있다. '무엇이 나에게 바람직한 삶인가'를 스스로 결정할 수 있는 자율성과 창의성은 민주주의의 생활화에 필연적 전제조건이다. 인간다운 삶을 보장하는 물질적 생활수단이 '외면적 문화'라고 한다면, 자신의 삶의 형식을 스스로 계발할 수 있는 계몽주의는 '내면적 문화'라고 할 수 있다. 사회적 이익과 고통을 분배하는 방식이 왜곡되었다면, 우리는 개인의 창의성과 자율성을 계발할 수 있는 민주적 사고방식을 기대할 수 없다. 그 역(逆)도 마찬가지다. 이런 점에서 개인이 자율적으로 삶을 기획하고 살아갈 수 있도록 물질적 생활수단의 분배방식을 합리적으로 규정하는 신한국의 사회질서는 '문화민주주의'가 되어야 한다고 필자는 생각한다. 만약 유교적 연고주의가 권력계급의 폐쇄적 자기충원구조를 통해 창의성을 저해하였다면, 거꾸로 창의성을 계발할 수 있는 여건을 조성함으로써 유교적 연고주의를 타파할 수 있을 것이다. 여기서 필자는 권력구조의 개방화를 통해서만 국민의 자발적인 참여와 창의를 유발할 수 있다는 관점에서 정치, 경제, 문화의 영역에서 다음과 같은 정책방향을 제시하고자 한다.

1) 지역의 정치화보다는 정치의 지역화를

줄타기와 줄대기로 표현되고 있는 지역적 연고주의는 이제까지 정치적 수단으로 이용되어 왔다. 권력의 폐쇄적 구조가 타파되지 않은 상태에서는 합법성만으로는 권력이 결코 정당화되지 않는다. 왜냐하면 기존 권력은 다수를 조작함으로써 무엇이 합법적인가를 결정할 수 있는 정치적 잉여가치를 이미 가지고 있기 때문이다. 권력의 불평등구조가 그대로 존속한다면, 형식적 합법성은 오히려 지역의 정치화를 은폐하는 수단에 불과할 것이다. 그렇다면 사람들이 가질 수 있는 의견, 신념, 성향과 상관없이 정치적 '다수'를 획득할 수 있는 평등한 기회를 보장할 수 있는 구체적인 방법은 무엇인가? 견제와 균형의 원리에 입각한 삼권분립이 권력의 불평등을 타파하는 데 역부족이라고 한다면, 우리는 권력의 악순환을 끊을 수 있는 방법을 다른 곳에서 구해야 한다.

현대사회는 철저하게 평준화되고 다원화된 사회이다. 모든 사람이 서로 다른 이해관계와 이념을 가지고 있다는 사실을 감안하면, 국민의 일반의사는 특정한 사회계습이나 집단에 의해 대변되는 것이 아니라 오히려 다양한 사회세력들 사이의 갈등과 충돌을 통해 형성된다고 할 수 있다. 그렇기 때문에 민주화는 모든 사회제도를 수직관계에서 수평관계로 전환시키는 작업이다. 의회민주제도가 가지고 있는 문제점과 모순을 고려할 때 현대사회에서의 민주화는 한편으로 '권력분산'을 통한 권력의 통제와, 다른 한편으로는 개인의 자발적 정치참여로 압축될 수 있다. 그런데 정치에서 나타나는 중앙집권주의는 권력통제를 위한 기존의 제도적 장치를 무의미하게 만들고, 국민의 정치적 무관심을 초래하고 있다. 이런 관점에서 김영삼 정부는 중앙집권주의의 관점에서 지역을 정치화하는 대신에 정치의 지역화를 추구해야 할 것이다.

현대사회의 다원적 현상은 모든 사람이 자신의 몫을 찾기 위하여 자기주장을 절대화하는 과정에서 야기된다. 그러나 이런 다원주의적 사회현상을 단지 부정적인 무정부상태로 파악하고 사회질서와 안정을 확립하기 위하여 권력을 집중하고 절대화한다면, 아마 이것보다 더 시대착오적인 발상은 없을 것이다. 자신의 권리는 어떤 이유에서도 침해될 수 없다는 의식이 이제는 보편화되었다. 그렇기 때문에 현대 정치는 한편으로는 기득권 세력의 폐쇄적 권력구조를 개방시키고, 다른 한편으로는 자율적인 개인의 정치적 참여를 유도할 수 있는 제도장치를 마련해야 한다. 이 두 가지 과제를 효율적으로 실현할 수 있는 제도가 바로 '지방자치제도'이다. 현대사회가 발전하면 할수록 기술관료가 파악할 수 있는 범위는 축소되기 마련이다. 특정한 기술적인 지식을 토대로 입안되는 정책은 시민들이 가지고 있는 구체적인 욕구와 괴리되기 때문에 탁상공론에 그치는 경우가 허다하다. 여기에서 우리는 시민들이 구체적으로 생활하고 활동하는 정치적 공간에 부합하는 의사결정과정이 필요함을 간파할 수 있다. 지방자치제도는 따라서 특정한 지역에서 생활하는 시민들의 경험을 토대로 바람직한 사회질서를 창출해 가는 민주화 과정의 효율적 수단이라고 할 수 있다. 다시 말해 다양하게 분출되는 국민의 구체적인 욕구와 기술관료의 전문적인 지식을 결합할 수 있는 방향으로 정치는 지역화되어야 한다.

2) 선진기술의 모방보다는 창의성의 경제화를

초기 자본주의 시대의 국제적 관계는 자원과 판매시장을 확보하기 위한 고전적 제국주의에 의해 결정되었다면, 후기 자본주의는 기술과 정보에 의해 국제적 종속관계가 결정되는 '기술제국주의' 시대이다. 한국의 근대화는 권위주의적 국가권력에 의해 보장된 사회적 안정을 토대로 서구의 발전 모델을 모방함으로써 이루어졌다. 그러나 모방을 통한 현대화 전략은 현재 심각한 문제에 봉착해 있다. 서구의 선진국들은 유교적 경제윤리를 토대로 이룩한 동아시아의 괄목할 만한 경제성장을 견제하기 시작하였다. 선진국들은 자국의 경제적 우위를 유지할 수 있는 범위 안에서만 기술을 제공하고 시장을 개방하고 있다. 그렇기 때문에 선진기술의 모방은 단지 기존의 경제적 종속관계를 고착하는 데 그칠 뿐이다.

그렇다면 새로운 시대를 열고자 하는 신경제는 사고의 대전환을 실행해야 한다. 정보와 기술을 토대로 국제적 신질서가 재정립되는 과정에서 기업 스스로가 변화되어야 한다. 모방경제를 추구하였던 종래의 기업활동은 주로 내수산업과 조립 중심의 수출산업 위주로 되어왔다. 또한 경제활동의 성공 여부는 어떻게 하면 빠른 시간 내에 선진기술을 효율적으로 모방할 수 있는가에 달려 있었다. 그렇기 때문에 기업이 모방에 관련된 모든 지식과 정보를 수집하고 생산활동을 통제하는 중앙집중식으로 조직되었음은 주지의 사실이다. 그러나 정보의 수집, 생산, 분배를 중앙에서 통제하는 경영방식은 급격한 환경 변화에 효율적으로 적응할 수 없다. 따라서 신경제는 급속도로 변화하는 경제질서에 능동적으로 대처할 수 있는 탄력적 구조로 재편되어야 한다.

여기에서 우리는 신경제 건설을 위해서도 개인의 자발적 참여를 유도할 수 있는 제도적 장치가 필요함을 분명히 인식할 수 있다. 모방경제의 한계를 극복하기 위해서는 우리의 창의성을 국제적 안목으로 경제화할 수 있는 여력을 길러야 한다. 예컨대 상품을 수요하는 현지의 성향과 패션 감각을 정확히 분석하지 않고서는 우리 문화가 가지고 있는 창의성을 상품화할 수 없다. 개인이 가지고 있는 창의성은 이를 받아들이고 발전시킬 수 있는 제도적 장치가 없는 곳에서는 결코 발견되지 않는다. 마찬가지로 폐쇄적이고 내부지향적인 사고방식은 결코 창의적일 수 없다. 자기폐쇄적인 보수주의 성향이 강한 도시에서 우리는 국제적 패션을 기대할 수 없으며, 패션의 국제화 없이 섬유산업의 활성화는 근본적으로 불가능하다. 따라서 창의성을 경제화할 수 있기 위해서는 우선 '생각은 세계적으로, 행동은 국지적으로' 하는 개방적 태도의 전문가 정신이 요청된다고 할 수 있다. 현대화의 과정에서 우리는 사회의 변화를 주도하

는 사회집단을 가져왔다. 모방경제를 추구하였던 1960년대에는 '군인'
들이 경제성장의 토대가 되는 사회적 안정을 구축하였으며, 1970년대에
는 '관리'가 경제성장의 목표와 방향을 결정하였다. 정치적 안정을 토대
로 1980년대에는 '기업인'이 사회의 국제화를 추구하였다면, 이제 1990
년대에는 '창조적 전문인'이 국제적 정보와 창의성을 바탕으로 신경제
실현에 앞장서야 할 것이다.

3) 문화의 생활화와 생활의 문화화를

현대는 다양한 문화가 동시에 공존하는 문화적 상대주의 시대이다.
전통문화와 외래문화가 혼합되어 있고, 고급문화와 대중문화가 거의 구
별할 수 없을 정도로 혼재하고 있다. 아마 우리가 앓고 있는 심각한 병
중의 하나는 생활과 문화를 이원적으로 생각하는 것일지도 모른다. 그
런데 민주화 과정은 모든 문명권에서 확인할 수 있듯이 고급문화의 대중
화 과정으로 인식될 수 있다. 우리 사회는 자본주의의 자생적 발전과정
을 거치지 않고 외세에 의해 강제로 자본주의 체제로 편입됨으로써 두
가지의 심각한 피해를 겪고 있다. 하나는 자본주의에 내재하고 있는 합
리주의 문화를 생활화하지 못하였다는 것이며, 다른 하나는 우리가 가
지고 있는 전통문화를 대중화하고 경제화하는 데 실패하였다는 것이다.
우리와는 반대로 일본은 선진기술을 도입하여 일본의 토양에 맞게 철저
히 소화함으로써 자국의 전통문화를 경제화하는 데 성공하였다. 급속하
게 변화하는 현대사회에서 일회적 상품판매의 전략은 실패할 수밖에 없
다. 상품에 내재하고 있는 문화적 성향과 색채를 동시에 판매할 수 있을
때에야 비로소 판매시장을 안정적으로 확보할 수 있는 것이다.

현대사회는 근본적으로 문화권력의 시대이다. 선진국은 기술과 더불
어 이에 연관되어 있는 문화를 판매하고 있다는 것은 이미 주지의 사실

이다. 우리는 부지중에 서구적 감각과 생활방식을 가지고 있는 자신을 보고 문득 놀라기도 한다. 그러나 문화가 이미 국제화되고 있는 현시점에서 외래문화에 대한 배타적 태도는 시대착오적인 발상이 아닐 수 없다. 오히려 한 국가의 문화적 성숙도는 얼마만큼 외래적 이질문화를 수용하여 소화할 수 있는가 하는 탄력성에 비례한다고 할 수 있다. 물론 문화의 발전이 다른 문화와의 접촉을 통해 이루어진다고 할지라도, 외래문화의 수용은 항상 민족문화의 정체성이 보장되는 한에서 조정되어야 할 것이다. 그러나 한 가지 분명한 사실은 우리의 문화가 생활화되지 않았다면, 그만큼 우리 사회가 외래문화에 감염될 수 있는 확률이 높다는 점이다. 결국 정체성을 계속적으로 유지하면서 우리의 '고유문화'를 발전시킬 수 있는 구체적인 방법은 문화를 생활화하는 길이다. 여기서 고유문화는 꼭 전통문화를 의미하지 않는다. 문화는 생활수단을 '어떻게' 생산하느냐 하는 물질적 측면도 의미하고, 동시에 자신의 삶에 의미를 부여하는 것이 '무엇'이냐 하는 이념적 측면도 포괄한다. 따라서 문화를 생활화한다는 것은 생산활동도 역시 자신의 삶의 일부라는 생각에서 의미 있는 방향으로 끊임없이 개혁해 가는 것을 의미한다.

이제까지 우리는 문화를 단순히 문학, 예술과 같이 이념적 차원에서만 이해하여 구체적 생활과는 이질적인 관계에 있는 것으로 파악하여 왔다. 그러나 문화는 인간의 이념적, 물질적 활동을 모두 포괄한다. 다시 말해 문화는 우리가 어떻게 생활하는가 하는 '삶의 형식'으로 이해할 수 있다. 우리가 자신의 삶까지도 창조의 대상으로 생각할 때, 즉 생활을 문화화할 때 비로소 타인의 삶과 외래문화에 대해 개방적인 태도를 가질 수 있다. 이런 관점에서 우리는 자신의 삶을 문화적 관점에서 조명할 수 있는 기회의 확대를 통해 문화적으로 성숙한 신한국을 건설해야 할 것이다. 동일한 맥락에서 신정권은 일반 국민이 쉽게 접근할 수 있는 '문화적 소생활권'을 다양하게 건설하는 데 힘써야 할 것이다. 예컨대 생활이 점차 기술화되어 가고 있는 현대사회에서 몇 시간 걸려야 향유할 수 있는 대공원보다는 가까운 곳에서 쉴 수 있는 녹색 공간(biotope)이 훨씬 의미 있는 것이다. 마찬가지로 문화적 소생활권의 개발은 궁극적으로 지역을 정치화하고 창의성을 경제화함으로써 생활을 문화화하는 데 기여할 것이다.

4. 신한국의 근본이념은 '문화민주주의'이다

후기 자본주의 사회는 철저하게 다원화된 사회이다. 우리는 끝으로 신한국이 추구해야 할 '문화민주주의'의 위상을 다원주의의 관점에서 개진함으로써 안정과 변혁의 올바른 관계를 정립하고자 한다. 과거에 우리는 산업화를 효율적으로 실행하기 위하여 다양하게 분출되는 욕구를 중앙에서 선택한 목표에 부합하도록 억압하였다. 효율성을 추구하는 발전 전략은 강력한 국가권위주의를 통해 결국 '다른 것'을 용납하지 않는 사회의 획일화를 가져왔다. 즉 안정의 절대화는 다양성을 억압하는 것이다. 이런 맥락에서 민주화는 주로 국가의 권력에 대해 개인의 자유와 권리를 보장하는 '정치민주주의'의 실현으로 이해되었다. 그렇지만 엄밀한 의미에서 정치민주주의는 다양한 관직이 개인의 능력과 공정한 원칙에 따라 분배됨으로써 국가계급의 폐쇄적 '자충(自充)구조'가 개방화될 때에 비로소 완성된다고 할 수 있다. 반면에 사회민주주의는 협동의 결과로 산출되는 사회적 이익과 고통이 공정하게 분배되는 평등사회를 추구한다. 그러나 개인의 능력과 사회적 기여도를 무시하는 평등주의는 결국 개인의 사회적 참여를 위축시키는 결과를 초래한다는 잠재적 위험성을 내포하고 있다. 즉 평등원칙을 척도로 하는 개혁의 절대화는 개인의 자율성을 억압하는 것이다. 이런 관점에서 보면 정치와 경제의 모순, 즉 민주화와 산업화의 갈등은 '안정 속의 개혁'을 통한 신한국 건설의 직접적인 동기라고 할 수 있다.

다원주의 사회의 안정은 개인의 다양한 욕구를 고려하지 않고서는 구축될 수 없다. 따라서 다원주의 사회에서 요청되는 '강력한 정부'는 국민의 다양한 욕구를 조화시킬 수 있는 문화공간을 성취할 수 있는 정책의지를 가져야 한다. 물론 민주주의의 생활화를 통해 우리는 권위주의적 사고방식을 지양하고 개방적, 창의적, 합리적 사고방식으로 전향할 수 있다. 그러나 유교적 연고주의를 타파할 수 있는 의식운동이 소정의 성과를 거두기 위해서는 국가계급 자체에 의해 실행되는 '제도적 여건의 변화'가 수반되어야 한다. 권력구조의 개방화와 창의성의 경제화를 선도할 수 있는 유일한 방법은 교육제도의 혁신적인 개혁뿐이다. 왜냐하면 교육은 한국사회에서 국가적 권력계급으로 진입할 수 있는 자격 요건을 규정할 뿐만 아니라 동시에 창의성을 계발할 수 있는 가장 효율적인 제도이기 때문이다. 그러나 현재 서열화되어 있는 대학교육은 오직 배타적 국가계급의 충원 요건을 결정할 뿐 창의성의 계발은 철저하게 배제하고 있다. 이념과 정보의 생산수단을 독점적으로 장악하고 있는 서울의 대학은 상대적 우위감으로 '문화적 자위행위(cultural masturbation)'에 만족하고 있고, 지방대학은 상대적 박탈감과 소외감으로 자신의 능력을 인식하고 계발하는 것을 처음부터 포기하고 있다. 따라서 개인의 자율적 능력 계발을 처음부터 봉쇄하는 교육제도의 전면적인 개혁 없이는 배타적인 권력구조는 타파할 수 없을 것이다.

김영삼 정권의 역사적 정당성은 바로 문화민주주의를 실현할 수 있는 제도적 개혁을 통해서만 비로소 정립될 수 있다. 우리는 흔히 김영삼 대통령을 의리 있는 사람이라고 평한다. 그런데 그의 정권 획득이 여전히 지역성에 토대를 두고 있다는 사실을 생각하면, 과연 그가 의리의식에 토대를 두고 있는 폐쇄적 권력구조를 깰 수 있는 확고한 개혁의지를 가지고 있는가에 대해서 회의하게 된다. 아마 이와 같이 폐쇄적 권력구조로 말미암아 발생한 불신을 제거하는 것이 신한국 건설의 첫걸음일 것이다. 왜냐하면 권력의 자충(自充)구조는 문화적 자위행위를 야기하여 궁극적으로 사회적 발전을 저해하기 때문이다. 결국 김영삼 정권은 '안정보다는 개혁'을 통해서만 역사적 정당성을 확보할 수 있다. 민주화의 조정 국면에서 발생한 위기를 보고 국민이 강력한 정부, 안정된 경제를 요구하면 할수록 김영삼 정권은 오히려 유교적 연고주의를 타파하고 신뢰의 사회를 구축해야 한다. 이런 의미에서 우리는 다시 한 번 국가발전의 원동력이 되었던 유교정신을 되새겨본다. 공자는 주지하다시피 좋은 정부가 되기 위해서는 "식량을 충족히 하고 군비를 충족하게 하여 백성이 믿게 하여야 한다"고 말하였다. 그러나 공동체의 삶에 경제적 안정과 사회적 안정, 정치적 신뢰가 필수적이지만 부득이한 경우에는 정치적 신뢰에 제일의 우선성을 부여해야 한다고 덧붙여 말하고 있다. 만약 신한국 창조가 신뢰사회의 건설이라면, "백성의 믿음이 없으면 나라가 서지 못하는 법"이라는 공자의 말을 문화민주주의의 척도로 삼아야 할 것이다.

『철학과 현실』(1993년 봄)

이진우 포항공과대학교 인문사회학부 석좌교수. 계명대학교 철학과 교수 및 동대학 총장, 한국니체학회 회장, 한국철학회 회장을 역임했다. 독일 아우크스부르크대학교에서 철학 박사학위를 받았다. 저서로『의심의 철학』,『니체의 인생강의』,『테크노인문학』,『니체의 차라투스트라를 찾아서』,『니체, 실험적 사유와 극단의 사상』,『프라이버시의 철학』,『지상으로 내려온 철학』,『이성정치와 문화민주주의』,『이성은 죽었는가』,『도덕의 담론』 등이 있다.

한국의 기술주권과 국제화 전략

김 진 현

1. 세계 초강대국의 정책 변화

냉전체제의 한쪽 맹주였고, 아직까지도 정치, 군사, 경제, 외교 등 종합적인 국력에서 세계 강대국의 면모를 유지하고 있는 미국의 기술정책이 크게 변하고 있다.

부시 행정부는 냉전체제(Cold War)를 종식시켜 민주 시장경제 진영의 승리를 이룩하였으나, 내부의 경쟁력 강화에는 치밀하지 못했다. 그당시 국방첨단연구사업단(DARPA: Defense Advanced Research Projects Agency)의 단장이었던 크레이그 필즈(Craig Fields) 박사는 국방첨단연구사업단이 민간 수요 기술인 고선명 TV(HDTV)와 반도체 등의 연구개발을 지원한다는 이유로 부시 대통령에 의해 해임당하였다. 그리하여 그는 1974년부터 16년 동안 몸담아왔던 국방첨단연구사업단을 떠나 1990년 7월 민간 기업들이 모여 만든 정밀전자 및 컴퓨터 기술조합(MCC: Micro-electronics and Computer Technology

Corporation)의 회장으로 자리를 옮겼다.

그러나 1993년 1월 20일 취임한 클린턴 대통령은 거의 정반대의 길로 방향을 선회하였다. 더불어 필즈 회장은 텍사스주 오스틴시의 MCC사 근무보다 워싱턴의 새 행정부 정책 자문하기에 더 바빴다. 부시 행정부 시절에 크레이그 필즈 박사가 단장으로 있었던 국방첨단연구사업단에서 국방(defense)이라는 단어가 사라졌다. 국방뿐만 아니라 민간 기술의 개발지원까지도 함께 담당하는 첨단연구사업단(ARPA: Advanced Research Projects Agency)으로 탈바꿈한 것이다.

그것만이 아니었다. 1993년 3월 10일에는 '과학우주 에너지 기술부 설치안'이 공화당의 워커(Robert S. Walker) 의원과 민주당의 브라운(G. Brown) 의원에 의해 공동 제안되었다. 이 법안의 목적은 연방정부의 연구개발 활동에 대한 종합 조정기능을 강화하고 분산된 과학기술 관련기관을 효율적으로 운영하기 위하여, 백악관의 과학기술정책실(OSTP), 국립항공우주국(NASA), 국립표준기술원(NIST), 국립과학재단(NSF), 해상기상청(NOAA), 국립기술정보원(NISI) 등을 통합하자는 것이다. 1993년 11월 23일에는 클린턴 대통령이 국가과학기술위원회(NSTC: National Science and Technology Council)를 설립하는 행정명령에 서명하였다. 이 기구는 과학기술 투자에 대한 명확한 목표를 설정하고 과학, 우주 및 기술 정책을 강화하기 위해 설립된 것으로서, 대통령이 의장이 되고 부통령, 대통령과학기술보좌관, 상무장관, 국방장관, 에너지장관, 국무장관, 내무장관 등 16명으로 구성되었다.

클린턴 행정부의 변신은 여기에 그치지 않고 있다. 과학정책(science policy)만 존재해 왔던 미국 정부에 기술정책(technology policy)을 과감하게 도입하였다. 이에 따라, 1993년 2월 22일 정보고속도로(Information Super Highway) 건설 계획을 발표한 데 이어 1993년 9월 15일에는 국가정보유통기반구조(NII: The National Information

Infrastructure) 계획을 발표하였다. 이 계획은 28개 대기업의 참여 아래 1998년까지 500억 달러를 투입하여, 미국 전역을 하나의 정보고속도로망으로 연결한다는 구상으로서, 고어 부통령에 의해 주도되고 있다. 1993년 9월 30일에는 자동차 분야에서 30년 전의 아폴로 계획에 버금가는 구상이 백악관에서 설계되었다. 일본 회사들에게 압도당해 온 미국의 자동차 시장을 미국의 자동차 회사들이 힘을 합쳐 탈환하자는 결의였다. 이 자리에는 클린턴 대통령과 고어 부통령 이외에도, 제너럴 모터스(GM), 포드, 크라이슬러 등 빅 3의 사장들이 참석하였는데, 연료효율이 현재의 갤런당 평균 28마일보다 3배 이상 높은 차세대 승용차를 앞으로 10년 안에 개발하기로 합의하였다. 이런 국가적 차세대 자동차 기술 연구개발을 위해 미국자동차생산협회에서 혼다, 토요타 등 일본 현지 생산자들은 제명하기로 했다. 국민의 세금을 들여 추진하는 연구계획에 외국 기업을 포함해서는 안 된다는 논리이다.

이상의 몇 가지 예시들은 지금 미국 정부가 60여 년만의 재건을 위하여 기술 뉴딜(Technology New Deal) 정책을 과감하게 펼치고 있음을 극명하게 보여주는 데 충분하다. 이것은 오늘날 국력을 유지, 발전시키는 원초적인 힘이 기술에 있음을 보여주는 단면이기도 하다.

2. 이 시대의 마지막 주권은 기술주권

우루과이라운드(UR) 협정의 타결로 성숙된 국제화 시대는 많은 부문의 무국적화를 가속시키고 있다. 군사주권은 집단방위체제에 의해, 경제주권은 가트(GATT) 및 세계무역기구(WTO)와 지역 내 블록과 다국적 기업에 의해, 문화주권은 정보통신혁명에 의해 각각 자취를 감추고 있다. 이러한 세계화 추세에 따라 국가라는 틀 자체를 부정하는 학자들도 나타나고 있지만, 민족의 정통성과 역사의 창조성을 지속하기 위해서는 기술주권을 확립하는 것 이외에는 특별한 대안이 없는 시대가 되었다.

특히 지구상에서 유일무이하게도 일본, 중국, 미국, 러시아라는 세계 4대 강국에 둘러싸여 있는 한반도의 지정학적 위치는 독자적인 주권의 확립을 강하게 요구하고 있다. 이들 4대 강국에 근대화 이후 100여 년 동안 거의 일방적 영향을 받아온 우리 민족사에 비추어볼 때, 독자적인 기술력 확보는 아무리 강조해도 지나침이 없을 것이다.

사실 한국의 근대사를 통해 세 번째의 세계적인 질서 개편을 맞이한 우리는 민족의 생존과 독립을 향한 의지가 강렬해야 한다. 구한말에는 세계 조류의 흐름을 제대로 파악하지 못하고 쇄국정책을 무모하게 고집하다가, 일본의 속국으로 전락하는 과오를 저질렀다. 반세기 전 1945년에도 강대국의 변화에 대응할 능력이 없어서, 남북으로 분단되어 아픔을 거듭하고 있다. 그러나 우리 앞에 찾아온 세 번째 기회를 상실하면 우리는 근대 민족국가, 시민국가 형성과정에서 한 번도 주권을 가져본 적이 없는 민족이요 시민으로 전락하게 될 것이다. 주변 4대 강국을 모두 압도할 수 있는 힘은 아닐지라도, 최소한의 독립적 협상력은 가져야 한다.

결국 기술주권의 확립이야말로 마지막 민족주의 열정과 에너지를 투입할 수 있는 대상이라는 사실을 유념해야 하겠다.

3. 우리나라 기술주권의 실상과 대내적 장애물

정부의 계산에 의하면, 우리 과학기술은 1981년의 세계 21위에서 1988년에는 18위로 올라섰고, 지난해에는 세계 15위 수준으로 발전하였다 한다. 비록 대만(12위)에는 뒤지지만 덴마크(17위)나 스페인(19위)보다는 앞서서, 경제협력개발기구(OECD) 회원국의 중간 수준에 자리 잡고 있다는 평가이다. 투자의 회임기간이 절대적으로 길고 과거의 축적이 절실한 과학기술 분야에서, 불과 30여 년 만에 이렇게 발전한 것은 경이로운 결과임에 틀림없다.

그러나 독창적인 원천기술이 거의 없다는 점에서 가장 취약하다. 세계 6대 생산국으로 올라선 자동차와 세계 2대 수출국으로 올라선 메가디램 반도체 기억소자에서조차도, 제조원가의 30%를 기술료와 핵심부품, 첨단소재의 수입에 지불하고 있다. 캠코더는 50%, 주문형 반도체는 70%에 이르고, 노트북 컴퓨터는 75%나 되는 것으로 알려지고 있다.

이와 같은 원천기술의 취약에 따라 국내 기업의 몸살은 날로 심해져 가고 있다. 1990-93년의 4년 동안 국내 6대 전자회사가 특허권을 침해했다는 이유로 외국 기업으로부터 경고장을 받은 것이 220건, 제소를 당한 것이 13건이었다. 그리하여 총 233건의 특허분쟁에 휘말렸다. 그래도 이 정도는 양호한 편에 속한다. 갑술년의 새해가 밝기가 무섭게 미국의 보스턴 지방의 연방법원에서는, 일진(日進)다이아몬드가 미국 제너럴 일렉트릭(GE)의 영업비밀을 도용하여 공업용 다이아몬드를 생산했다는 이유로, 일진에 대해 7년간 다이아몬드 생산 금지 명령을 내렸다. 그뿐만이 아니다. 그 기술로 만든 제조용 대형 압력기 20대를 파괴하든가, 아니면 제너럴 일렉트릭 측에 인도하라고까지 판결하였다. 이것은 지극히 이례적인 결과로서, 원천기술의 중요성을 절감하게 해준 동시에, 우리의 독자적인 기술력 강화의 절대 필요성을 강조해 주고도 남았다.

원천기술과 첨단기술을 독자적으로 개발할 능력이 우리에게는 아직도 부족하다. 이것이 더 큰 문제이다. 원천기술의 기반이 되는 기초과학이 미국의 86분의 1, 세계 27위 수준에 불과하다. 더 큰 원초적인 문제는 연구개발에 투입되는 자금, 인력 및 정보가 선진국에 비하여 질적으로 경쟁이 되지 않는 규모라는 점이다. 전체 연구개발비는 세계 9위 규모이지만, 연구원 1인당 연구개발비는 18위에 지나지 않는다. 연구원 수도 세계 7위로 올라섰지만, 인구 만 명당 연구원 수는 21위에 머물러 있다. 또한 연구의 생산성에 직결되는 정보는 95% 이상을 선진국에 의존하고 있는 실정이다.

이것이 국제화 시대에 우리 스스로 해결해야 할 대내적인 과제인 것이다.

4. 기술주권 확립을 가로막는 국제적 장애물

날로 심화되는 기술전쟁 속에서 중진국은 후발자의 이익이 아닌 불이익을 가중당하고 있다. 이것은 세계의 핵심기술을 독과점하여 추격의 실마리를 제공하지 않으려는 선진국과 다국적 기업의 치밀한 전략에 의한 것이다.

첫 번째 유형은 선진국 간의 계획적인 국제공동연구개발사업이다. 부시와 미야자와(宮澤喜一) 미일 수뇌는 1992년 1월 9일 발표한 '미일 동경 선언'에서 세계의 과학과 기술에 대한 양국의 지도적 위치를 강화하기로 합의하고, 차세대 유도무기용 덕트형 로켓엔진 연구사업 등의 공동연구를 본격적으로 추진하고 있다. 지난 1984년부터 기술공동체를 형성하여 온 유럽에서는 1994-98년의 제4차 연구개발계획의 연구개발비를 제3차 연구개발계획의 66억 ECU보다 약 2배나 많은 120억 ECU로 확정하고, 산업에 파급효과가 큰 기반기술과 거대과학 등에 집중 투입하고 있다.

국가 간의 공동연구는 산업기술이나 국방기술 분야에 국한되고 있지 않다. 기술의 원천을 일구는 기초과학에서까지도 활발하게 추진되고 있다. 그와 같은 전략을 구사하는 대표적인 나라는 일본과 미국이다. 일본은 생명과학연구사업(HFSP)을 선진국 간의 국제공동연구 형태로 추진하여 취약한 기초과학 지식을 해외로부터 얻고 있다. 1994년에도 22억

9천 5백만 엔이 투입되는 이 연구사업은 일본 열도가 아닌 프랑스에 사업본부를 두고 있다. 미국은 다른 나라의 재정 지원을 받기 위한 목적으로 기초과학 국제공동연구사업을 전개하고 있다. 그 대표적인 사례가 지금은 일시 중단된 초전도 초대형 가속기(SSC) 건설 사업이다.

미국의 초전도 초대형 가속기 건설 사업에는 우리도 일부 참여를 약속하였지만, 다른 국가 간 국제공동연구사업에는 완벽하게 배제되어 있기 때문에 기술선진국 대열 진입을 지향하고 있는 우리의 앞날에 어두운 먹구름으로 작용하고 있는 것이다.

둘째, 다국적 기업 간의 국제공동연구는 날이 갈수록 더욱 활발하게 확대되어 가고 있다. 컴퓨터 분야에서는 일본 소니와 미국 벨의 노트북 컴퓨터 개발 및 공급, 반도체 분야에서는 미국 IBM, 일본 도시바 및 독일 지멘스의 256메가디램 반도체용 셀(Cell) 공동개발, 통신 분야에서는 미국 선마이크로시스템즈와 러시아 알비스의 휴대용 통신장비 공동개발, 항공 분야에서는 미국 보잉과 유럽 에어버스의 차세대 여객기 공동개발, 그리고 자동차 분야에서는 독일 벤츠와 일본 미쓰비시의 자동차 부품 공동개발 등이 대표적인 사례로 꼽힌다.

우리나라의 대기업들도 최근에 접어들어 외국 기업과 기술제휴나 공동연구를 늘려나가고 있지만, 그 내용에서는 아직은 크게 제한되어 있다. 전자 분야에서 삼성전자가 미국 텍사스 인스트루먼트 및 일본의 도시바와, 금성사가 일본의 히다찌와, 현대전자가 후지쓰와 각각 반도체 관련 기술의 공동개발에 나섰을 정도이다.

이와 같은 다국적 기업 간 공동연구개발사업의 확대도 일류 기업만의 일류화 현상을 유지, 고착시키고 있는 것이다.

셋째, 선진국들은 후진국들의 기술 추격까지도 원천적으로 봉쇄하기에 이르렀다.

경제협력개발기구(OECD)는 1991년 6월에 개최된 각료 이사회에서,

기술개발에 대한 정부 지원의 차등이 국제무역질서를 왜곡시키는 원인이라고 규정하고, 기술개발 지원과 지적 소유권에 대한 국제규범의 제정을 강력히 추진하여 왔다.

선진국들의 이러한 노력은 1993년 12월 15일 체결된 우루과이라운드(UR) 협정에서 구체화되었다. 우루과이라운드 협정 중의 하나인 '보조금 및 상계수단에 관한 협정(Agreement on Subsidies and Countervailing Measures)'에서는 산업기술개발에 관한 정부 지원의 한도를 명시하고 있는데, '기초적인 산업기술 연구(industrial research aimed at discovery of new knowledge)'에 대하여는 전체 연구비의 75%, 파일럿 플랜 이전까지를 지칭하는 '경쟁 전 단계의 개발(pre-competitive development activity)'에 대하여는 전체 개발비의 50%까지로 한정하였다.

UR 타결 이후 미국은 이미 노동, 독과점, 환경, 특허와 더불어 기술을 다음 세계 협상의 대상으로 선언하고 있다.

또한, 선진국들은 지구환경 문제를 후진국에 대한 기술 및 통상압력 수단으로 이용하고 있다. 몬트리올 의정서에 의한 프레온가스(CFC) 사용금지 시한을 당초의 1999년 말로부터 1995년 말까지로 4년 앞당기는 동시에, 대체 프레온가스(HCFC)의 사용금지 시한도 1999년 말까지로 새로 설정한 바 있다. 그뿐만 아니라, 1992년 6월 3-14일 브라질의 리우데자네이루에서 열린 유엔환경개발회의(UNCED)를 통하여 이산화탄소(CO_2) 배출물질의 사용규제에 대한 원칙적인 방향에도 합의하였다. 이러한 조치들은 우루과이라운드 이후의 환경 라운드(GR) 개막을 예고하고 있다.

군사 관련 기술의 세계적 확산 방지라는 명분 아래에서도 후발국에 대한 산업 관련 첨단기술의 이전이 제한되고 있다. 1992년 3월 31일부터 4월 3일까지 바르샤바에서 개최된 원자력공급국회의(런던 클럽)는 국제적인 확산규제 대상기술을 종래의 핵물질, 원자로 등 원자력 전용품 중심에서 수치제어 공작기계, 정밀측정장치 등 65개 관련 범용품으로 확대한 바 있다. 또한, 탈냉전의 여파로 인하여 지난 44년 동안 운영되어 왔던 '대공산권 수출통제위원회(COCOM)'가 1994년 3월 31일 정식 해체되고, 기존의 선진 17개국에 러시아를 끌어들여 새로운 기구로 출범하는 계획이 추진되고 있다. 이 새 기구는 핵확산금지조약(NPT) 저촉국과 유엔 결의 제재국에 대한 전략물자 및 고도기술의 수출규제 등을 감시해 나가게 될 것이라고 밝히고 있으나, 군사용과 산업용이 불분명해지는 최신 기술에 대한 선진국의 독점사용 현상은 계속 유지될 전망이다.

넷째, 4대 강국에 둘러싸여 있는 우리나라는 일본과 중국에 의해 앞과 뒤에서 협공당하는 또 하나의 특수한 제약조건 속에 처해 있다. 세계 제1의 기술대국인 일본이 우리에게 주는 영향은 새삼 되풀이 언급하지 않아도 충분할 것이다.

지금 이 시점과 앞으로 중요성을 높여가고 있는 나라는 중국이다. 중국은 1차 산업과 경공업 분야에서만 우리를 압박하고 있는 것은 아니다. 항공, 우주, 신소재 등의 응용기술뿐만 아니라, 물리와 같은 기초과학 분야에서도 우리를 앞서 있다. 첨단기술에 대한 연구개발사업도 대단히 계획적으로 추진되고 있다. 중국에서는 첨단기술개발을 위한 토치 플랜(Torch Plan)이라는 연구개발 프로그램이 지난 1988년부터 추진되어 왔는데, 1993년까지 4,146개 사업을 추진하였고 2000년까지 12,000개 사업을 추진할 계획으로 있다. 또한, 중국과학원과 연구소, 대학에서는 각각 기술개발공사를 설립하여 기술의 상업화와 판매에 주력하고 있는데, 1993년 9월 4일에는 '연구기관의 외국무역에 관한 잠정조치'를 발표하여, 일정한 자격 요건을 갖춘 연구기관에게도 국제무역에 종사할 수 있는 자격을 일반 무역회사와 동등하게 부여한 바 있다.

따라서 머지않아 장래에 국제분업이라는 경제학 용어가 무색할 정도로, 우리나라의 모든 산업과 기술은 일본뿐만 아니라 중국에게도 압도당할 처지에 놓여 있다.

5. 기술주권 강화를 위한 연구개발 노력의 강화

무한경쟁의 시대에서 이 나라의 생존과 독립을 기술력 강화를 통해 확보하기 위해서는, 무엇보다도 국내의 연구개발 노력이 체계화, 조직화되어야 한다. 접근방식도 종합화, 다면화, 다층화되어야 한다.

첫째, 연구원과 교수들의 의식과 자세가 개혁되어야 한다. 그들 스스로 창의적인 연구개발에 혼과 정성을 바쳐야 한다. 자기들이 이룩한 업적에 대한 외부의 평가에 승복할 줄도 알아야 한다. 연구개발의 능력이 쇠잔해지면 후배들에게 자리를 내주는 아량도 가져야 하며, 자신의 연구 결과가 미흡할 경우에는 불이익도 기꺼이 감수해야 한다. 그래야만 능력 있는 연구원들이 우대받는 풍토가 조성될 수 있다. 이러한 차원에서 서울대의 공대(1992)와 물리학과(1993), 그리고 연세대(1994) 교수들의 변신의 몸부림은 높이 평가받아도 좋을 것이다.

둘째, 연구기관 차원에서도 새롭게 출발하여, 국가의 기술주권 확립에 대한 사명감을 가져야 한다. 운영방식을 개선하여 간접비를 최소화하는 동시에, 연구개발 풍토를 쇄신하여야 한다. 우수한 연구원과 그렇지 않은 연구원이 엄격하게 구분되는 제도적 장치를 갖추어야 한다. '악화가 양화를 구축'하는 기관운영은 이제 완벽하게 근절되어야 한다. 특히, 정부출연 연구소의 전문화와 운영 활성화는 앞으로 더욱더 중요해질 것이다. 우루과이라운드의 협정에서와 같이 민간에 대한 정부의 기술개발 지원이 제약받게 될 경우에는, 국립연구소에 준하는 정부출연 연구소의 운영에 있어 근본 설립 취지를 살리고 재정의 묘미를 살리면

연구개발 결과를 산업계에 이전시키는 방식이 위력을 발휘할 수도 있다.

셋째, 정부 차원에서도 보다 체계적인 정책 추진이 요구된다. 무엇보다도 중요한 것은 정책의 일관성 유지이다. 연구개발사업은 5-10년 정도의 장기간에 걸쳐 추진되는 것이 일반적이기 때문에, 연구개발정책을 자주 바꿀 경우에는 아무것도 얻을 수 없게 된다. 따라서 정책결정과정에서 산업계, 학계, 연구계의 의견을 광범하게 수렴하여 반영하되, 일단 정책이 결정된 후에는 특별하게 중대한 상황 변화를 제외하고는 지속성 있게 추진해 나가야 한다. 과학기술처뿐만 아니라 상공자원부, 체신부 등이 공동으로 참여하여, 2001년까지 11개의 핵심기술을 개발하려고 1992년에 착수한 선도기술개발사업(G7 프로젝트)은 그 대표적인 사례일 것이다.

연구개발 예산에서 5년 정도의 장기 할당제도를 도입하여 연구의 재원 안정성을 확보해야 한다. 정부의 할 일은 여기에 그쳐서는 안 된다. 연구개발 추진에 필요한 예산 지원을 획기적으로 늘려야 한다. 다행스럽게도 1994년에는 일반회계 예산의 평균 19.9%보다도 높은 30%의 증가율로 과학기술 예산이 증액되었다. 이러한 추세가 적어도 2001년까지는 이어져야 한다. 또한 우수한 과학기술 인력의 양성과 확보에도 큰 노력을 기울여야 한다. 과학기술력은 결국 과학기술 인력에 의해 좌우되기 때문이다. 그 밖에도, 정부에서는 과학기술 혁신에 필요한 각종 하부구조를 강화하고, 국민의 과학기술 이해의 저변도 확충해야 된다.

6. 과학기술 혁신의 국제화 전략

과학기술 혁신의 국제화는 연구원 차원, 프로젝트 차원, 연구기관 차원 등 다원적으로 활성화시켜야 한다.

첫째, 연구원 차원에서는 해외의 고급 과학기술자를 국내로 초빙하거나 현지에서 적극 활용해야 한다. 민족적 비극의 산물이기는 하지만, 우리에게는 미국, 일본, 유럽, 중국, 러시아, 캐나다 등지에 4만여 명의 교포 과학기술자가 있다. 이들은 우리와 피로 맺어진 사람들이기에 더욱 귀중한 자산이다. 따라서 이들을 단기 또는 장기로 국내에 초빙하여 활용하거나, 연구개발비를 송금하여 현지에서 활용하는 방법을 강화해야 하겠다.

또한, 순수 외국인 과학기술자를 활용하는 노력도 확대되어야 한다. 냉전체제 붕괴 이후 소련과 동구에서는 수만 명의 젊고 유능한 과학기술자가 대거 반실업 상태에 놓여 있다. 이러한 여파는 원자력 이용정책의 변화 등과 어우러져 미국, 영국, 스웨덴 등지에서도 나타나고 있다. 이들은 일자리를 찾기 위해 해외로 이주할 준비가 되어 있다. 여기에 발 빠르게 대응하는 나라도 역시 서방 선진국들이다. 연구개발 인력이 가장 풍부한 미국에서조차도 러시아 종합물리연구소 연구원 100여 명을 활용하여 쌍방향 케이블 TV(CATV)와 고선명 TV(HDTV)의 핵심기술인 광파이버와 광디바이스를 개발하는 계약을 체결하였다고 한다. 우리나라에서도 1992년부터 러시아 과학자 활용제도를 실시하여 그해에 95명, 1993년에 116명을 초빙하였고, 금년에는 150명으로 늘릴 계획이라 한다. 중국과도 관계를 강화하여 1993년에 12명을 초청, 활용한 데 이어 1994년에는 25명으로 늘릴 예정이라 한다. 그러나 이러한 규모로는 국내 기술 인력의 한계를 돌파하는 데 턱없이 부족하다. 좀 더 파격적으로 늘려야 하겠다.

한편, 우리의 연구원이 선진기술의 원천지로 나가 근무하면서 국내의 기술문제를 지원하는 방법도 유효하다. 일본이 전략적인 대상국가의 하나이다. 일본 총무청에서 실시한 '과학기술연구조사'에 의하면, 일본에서는 2005년까지 이학계 13.1만 명, 공학계 29.6만 명 등 총 48.1만 명의 연구개발 인력이 부족할 것으로 전망되고 있다. 또한 일본과학기술 정책연구소의 분석에 따르면, 1987년부터 일본의 이공계 대학 진학자의 수가 빠르게 감소되고 있는 것은 물론, 이공계 대학 졸업자 중 제조업에 취업하는 비율도 1987년의 50% 수준에서 1991년에는 40% 수준으로 급속하게 하락하였다는 것이다.

일본의 이와 같은 연구개발 인력 부족 현상을 우리가 메꾸어주면, 상호간 연구개발협력의 매체도 강화되어, 양국 간의 원활한 기술정보 교류와 실질적인 공동연구개발이 활성화될 것으로 기대된다.

둘째, 해외의 연구기관과 국제공동연구를 활성화시켜야 한다. 여기서 크게 강조되어야 할 국제공동연구는 단순한 지식 전수나 전문가 활용 차원의 형식적인 국제공동연구가 아니다. 상대 기관과 우리 기관이 동일한 연구개발과제의 연구개발비를 공동으로 분담하고, 일정 기간 동안 동일한 장소에 집결하거나 서로 역할을 분담하여 연구개발을 수행한 후, 그 결과를 공동으로 이용하는 형태의 실질적인 국제공동연구가 필요하다. 이제 분야에 따라서는 우리의 과학기술도 어느 정도 발전하였기 때문에, 적극적인 의지만 있으면 그 폭이 넓어질 것으로 생각된다. 이렇게 접근해야만 선진국으로부터의 일방적인 기술지배체제에서 벗어날 수 있을 것이다.

여기에 한 가지 덧붙여, 우리보다 수준이 떨어지는 개발도상국과의 국제공동연구도 적극적으로 추진해야 한다. 기술이 주도하는 세계질서가 성숙됨에 따라 그 국가들도 과학기술 확보 우선 전략으로 국가정책의 흐름을 바꾸어나갈 것이고, 그에 따라 과학기술 우호국과의 외교적 거리도 가깝게 유지할 것으로 확실시된다. 따라서 세계 각국들이 권역별로 블록화되어 가고 있는 지금, 일본, 중국, 한국이 주축이 되어야 할 동아시아 지역은 역사적 상처로 인하여 쉽게 다자간 블록으로 묶일 가능성이 적다는 점을 인식하고, 가능한 한 많은 나라와 양국 간 협력체제를 강화하는 고리로 과학기술을 활용하는 지혜가 필요한 것이다.

특히, 문화적 역사의 맥락을 상당 부분 공유해 온 중국과의 공동연구는 쉽게 추진될 수 있을 것이다. 양국 간 문화재 공동발굴이나 동양의학의 공동연구 등을 적극 추진할 경우에는, 서양에서는 감히 이루어낼 수 없는 신물질 특허를 확보하고, 독특한 의약품과 신소재를 창출할 수 있을 것이다.

셋째, 조직적인 차원에서는 해외의 현지에 우리의 연구소를 설립, 운영하는 방안이 적극 추진되어야 한다. 지금도 국내의 일부 대기업에서 미국 등지에 현지 연구소를 두고 있지만, 대부분이 기술정보의 수집기능에 머물러 있는 실정이다. 연구개발을 수행하는 경우에도 소규모이거나 지역적으로 제한되어 있다.

그러나 이런 수준으로는 외국의 연구개발 자원을 최대로 활용할 수 없다. 해외 10개국에 18개의 연구개발센터를 두고 있는 스위스의 네슬레, 해외 7개국에 15개의 연구개발센터를 두고 있는 스위스의 로쉬사를 눈여겨보아야 한다.

7. 맺는 말

지금 일고 있는 국제화, 세계화의 물결은 구한말의 서세동점과 마찬가지로 우리로서는 역류할 수 있는 것이 아니다. 그렇다고 그 파도에 맡기기만 하면 되는 것은 더욱 아니다. 그 파도를 타고 넘어 선진국의 대열에 합류하는 방법만이 우리에게 부여된 선택이다. 일방적으로 수세적이거나, 일방적으로 개방하는 자세로는 안 된다. 그렇게 되면 1세기 전에 버금가는 실수를 또다시 범하게 된다. 따라서 밖으로 진출하는 데 역점을 두어야 한다.

과학기술의 국제화가 촉진되기 위해서는 해야 할 일이 너무나 많다.

과학기술자뿐만 아니라 정부와 연구기관의 의식이 활짝 깨어야 한다. 제도와 관행도 국제적 규범에 맞추어 크게 개선, 변화되어야 한다.

후발자가 선발자를 따라가고 이기는 법칙이 있다. 첫째는 철저한 모방이다. 대강대강 모방하는 것으로는 기술의 원리를 알 수 없다. 철저히 모방하는 데서 기술의 근본에 이른다. 둘째는 모방의 첫 단계부터 단순히 모방에 그치지 않고 창조적 모방을 거쳐 반드시 언젠가는 선발자를 따라잡겠다는 경쟁의 결의가 있어야 한다. 경쟁의식, 경쟁의 자세가 없으면 영원히 뒤따라가는 자가 된다.

셋째는 철저한 국제화이다. 앞선 기술과 노하우는 세계 어디에서도 배우고자 하는 정보수신의 안테나를 전 세계에 열어놓고 세계 최고와의 궁극적 경쟁 극복을 목표로 해야 한다. 넷째는 우리 공동체의 사회적, 경제적 필요를 충족하고 공급하는 기술개발의 목표와 사회성에 충실해야 한다. 자기 문제, 자기 필요, 자기 수요에 충실하려 할 때 그 문제 해결의 방법을 세계에서 찾게 되고 자기 기술의 특수성을 보편성으로 전환시킬 수 있다.

앞으로 50년이나 100년 후에 후손들에게 책망받는 선조가 되느냐의 여부는 바로 지금부터 우리가 어떻게 하느냐에 달려 있다.

『철학과 현실』(1994년 봄)

김진현 세계평화포럼 이사장. 과학기술처장관, 유니세프 한국위원회 부회장, 세종연구소 이사, 한국경제신문 회장, 서울시립대학교 총장, 한국과학기술기획평가원 이사장, 문화일보 대표이사 회장을 역임했다. 서울대학교 사회학과를 졸업하고, 미국 하버드대학교 니만 펠로십을 받았다. 저서로『한국주식회사』, 『한국의 선택』, 『한국 경제학의 제문제』 등이 있다.

서구화, 국제화 그리고 세계화

김 여 수

국제화와 국제신사

외국물을 좀 먹었다는 '국제화'된 사람들의 비판적 시각에 종종 걸려드는 한국 사람들의 못마땅한 습성 중의 하나는 짙은 색 정장에 흰색 면양말을 신은 모습이다. 짙은 색 양복에 짙은 색 양말을 신는 것이 신사의 기본 소양이며, 따라서 '촌스럽고' '창피하다'는 것이다. 이왕 양복을 입을 바에야 서양 사람들의 복장 예절에 따라 머리끝에서 발끝까지 제대로 입어야지, 그렇지 않으면 '어설픈 서양 신사'가 돼 웃음거리밖에 되지 않는다는 것이다. 짙은 색 양말을 신어야만 완벽한 신사, 완벽한 '서양 신사'로서의 자격증이 부여될 수 있는 것이고, 그래야만 '촌티'를 벗은 '국제신사'가 될 수 있는 것이다. 백여 년 전 상투가 잘려 나가고, 갓이 중절모자로 바뀌고, 짚신이 구두로, 두루마기가 외투로 바뀌어가는 오랜 '개화'의 과정에서 흰 양말은 어쩌면 백의민족적 정서의 마지막 보루일지도 모른다. 굳이 흰 양말을 벗어야만 '국제신사'가 될 수 있나? 또, 흰 양말을 벗으면서까지 굳이 '국제신사'가 되어야 할 이유가 무엇인가? 요즘 일부 여성 디자이너들이 고구려 벽화에 나오는 모티브나 한복의 속치마 선을 따온 의상을 국제무대에 선보이고 있듯이, 청결을 상징하는 흰색 양말을 '국제신사'의 기본 소양으로 승격시켜 보면 어떨까? 그렇지 않으면 이왕 서양 신사가 되어가는 김에 양말마저도 갈아 신는 것이 상책일까?

흰 양말에 대한 우리의 태도가 이중적일 수밖에 없듯이 요즘 크게 유행하고 있는 국제화, 개방화, 세계화, 지구화, 심지어는 우주화와 같은 말들에 대한 우리의 태도도 역시 유보적 측면이 있다(우선 이 말들의 뜻이 분명치 않다). 물론 모두가 우리 국가와 민족의 장래를 위해서 바람직하고도 필요한 것 같으면서도 어디엔가 함정이 있을 것 같은 말들이다. 국제화와 세계화 또는 지구화는 모두 같은 뜻을 가진 말들인가? 또 개화, 서양화, 근대화와 같은 우리의 최근 백 년의 격동기를 점철해 온 말들과의 관계는 어떤 것인가? 그것이 단순히 상투와 갓에서부터 시작해서 흰 양말에 이르는 단선적 서양화 과정의 여러 단계를 표현하는 말들에 불과한 것인가? 또는 기본 소양의 근본적 수정을 수반하는 질적 변화에 대한 요구인가? 이들 말들이 던지는 문제들은 너무도 많다.

국제화와 무한경쟁

국제화를 주장하는 사람들은 흔히 이런 논지를 편다. 세기말을 맞이하는 오늘의 세계는 무한경제경쟁의 시대에 돌입했다. 오늘날의 경제는 국경이 없다. 우루과이라운드(UR) 협상이 적나라하게 보여주었듯이 이제 자본, 공산품, 농산품을 포함한 모든 상품은 전통적 국경을 아랑곳없이 보다 많은 이익을 추구하면서 종횡무진하고 있다. 이러한 적자생존의 무한경쟁 속에서 우리 국가와 민족의 생존과 번영을 확보할 수 있는 유일한 길은 기업의 국제경쟁력을 높이는 일이다. 그러나 이것은 단지 경제행위의 제도와 규범을 국제적 기준과 관행에 알맞게 수정하는 것만으로는 충분하지 않다. 우리 사회를 구성하는 개개인의 언어능력이나 사고방식에 있어서의 국제화가 그 바탕이 되어야 한다. 따라서 우리 기업뿐만 아니라 외국 기업이 자유롭게 창의력을 발휘할 수 있도록 모든 규제를 풀고, 도쿄에 가든, 뉴욕에 가든, 런던에 가든 불편 없이 편안하게 행동하고 거래할 수 있는 '국제신사'를 길러낼 수 있는 교육개혁이 이루어져야 한다.

이러한 논지는 초기 경제성장시대의 근대화 논의와 맥을 같이한다. 이러한 맥락에서 어떤 사람들은 요즘의 국제화 논의를 19세기 말의 개화 논쟁, 1960년대에 본격화되기 시작한 수출 중심의 외향적 경제발전에 이은 제3의 개국 논쟁이라고 한다. 사실 국제화란 일차적으로 근대화의 경우와 같이 그것이 자율적이든 타율적이든 간에 서양 세계에 의해서 조성된 경제, 사회, 문화 질서를 규정하는 규칙과 제도들을 수용하고 내면화해 가는 과정이다. 16세기를 시발점으로 하여 유럽의 문화는 중국이나 오스만 제국 중심의 이슬람 문화, 인도 내륙의 문화 등 한때 찬란했던 경쟁적 문화권들을 압도하면서 그 세력을 확장해 나갔다. 과학기술을 토대로 한 산업혁명을 바탕으로 하여 서양 세계는 정치적 민주주의와 사회정의, 그리고 경제적 풍요를 축적해 나가고 있었으며, 이 문화의 물질적, 정신적 설득력은 그 어느 경쟁 문화권의 그것과도 견줄 수 없는 막강한 것이었다. 바로 이 때문에 여러 국가와 사회들은 그들의 관습적 진리와 가치, 그리고 생활양식을 포기하고 근대화 또는 서양화의 대열에 기꺼이 또는 강제에 의해서 끼어들게 되었던 것이다.

국제화와 근대화

백여 년 전 우리의 상투가 잘려 나갈 당시 세계는 이미 하나가 되어 있었다. 세계는 서부 및 중부 유럽의 몇 나라, 유럽 문화의 연장인 미국으로 구성된 서양 제국에 의해 지배되고 있었다. 그리고 그 주변에는 보다 앞서 서양화를 표방하고 나선 일본이나 러시아와 같은 '명예' 서양 나라들이 유럽의 제국주의 행태를 흉내 내고 있었다. 여타의 세계는 서양 제국의 식민지 아니면 보호령 또는 사실상의 속국에 불과했다. 이들은 거의 모두가 산업화라는 서양화만이 그들에게 보다 밝은 미래를 보장해 줄 수 있는 유일한 선택이라고 인식하고 있었을 뿐 아니라, 서양화의 척도에 따라 그 나라의 문명과 미개, 발전과 퇴행을 가늠하고자 했다. 우리의 국제화, 즉 서양 제국에 의해서 형성된 국제질서로의 편입과정은 서양 문화의 변두리 나라에 의한 서양식의 정치 예속으로 참혹하고 굴욕적으로 시작된 것이었다. 국제화에 대한 우리의 태도가 이중적일 수밖에 없는 것은 바로 이러한 시작과 결코 무관하지 않다.

어쨌든 우리는 19세기 후반의 궁핍하고도 당혹스러운 상황으로부터 20세기 말까지 1세기에 걸친 민족자존의 회복과 절대빈곤으로부터의 해방을 위한 처절한 투쟁과정에서 서양으로부터 교훈과 영감을 구하고자 했다. 특히 1960년대 이후 본격화되기 시작한 경제발전의 과정에서 서양, 보다 정확히 말해서 미국에 의해서 보강되고 변질된 세계질서에 철저하게 함입되면서 엄청난 속도의 경제발전을 이룩하게 된다. 30여 년의 짧은 기간 동안 우리는 세계에서 가장 가난한 나라의 위치에서 세계 10위권의 무역대국으로 성큼 뛰어올라, 20세기에 들어 후진국에서 이른바 선진국의 문턱에까지 진출한 거의 유일한 나라가 될 수 있었다. 이러한 급속한 변화가 가능했던 가장 중요한 이유는 우리의 마음이 문화적 백지 상태가 되어 있었다는 점일 것이다. 냉전체제가 시작되면서 우리 민족의 역사적 삶의 터전인 아시아 대륙이 우리의 직접체험의 영역에서 사라져버렸을 뿐 아니라, 유교문화를 바탕으로 하는 전통문화는 조선왕조의 명예롭지 않은 몰락과 주권 상실과 불가피하게 연결되어 있었다.

이러한 상황 속에서 우리에게 상대적 풍요와 새로운 자신감을 가져다준 산업사회의 규범과 제도는 적극적으로, 때로는 무분별하게 수용되면서 내면화되고 있었다.

적실성의 퇴조

이러한 근대화 및 국제화 과정에 반성적 계기를 제공한 것은 1970년 대에 본격적으로 제기되기 시작한 환경파괴, 자원의 관리, 지역 간의 빈 부의 격차, 마약 등 이른바 지구적 문제군에 대한 인식이다. 이들 문제들 은 모두 한 나라의 차원에서 극복될 수 있는 것들이 아니고, 전 지구적 공동 노력에 의해서만 그 해결이 가능하다는 인식은 새로운 형태의 국제 질서의 필요성을 제기했다. 또한 이들 문제들은 모두가 한때 서양 산업 문명의 융기와 발전의 바탕을 이루면서 원동력이 되어왔던 일련의 가치 와 관념들의 피할 수 없는 귀결이라는 인식이 대두되기에 이르렀다. 오 늘날 경제주의 모형에 내재하는 확장주의적 동력은 그것에 토대하여 구 축된 문명을 파멸로 이끌 수 있는 힘으로 작용하고 있다는 인식이 보편 화되기에 이른 것이다. 이들 가치와 관념들은 이제 한때 자명했던 적실 성과 타당성을 잃어가고 있는 것이다. 민주주의와 사회정의, 그리고 경 제적 풍요와 함께 인간의 품위를 추구했던 선진 서양 사회들은 그들의 빛나는 성취에도 불구하고 오늘날 정체와 쇠퇴의 징후들을 드러내고 있 다.

세계화의 당위성

1980년대 후반 냉전체제의 종식은 인류가 얼핏 하나의 세계로 회귀하 는 계기를 마련해 주는 듯했다. 널리 알려진 대로 일본계 미국인인 후쿠

야마는 자유민주주의 시장경제체제의 최종적 승리를 선언하고, 따라서 보다 인간적인 삶의 틀에 대한 탐구과정으로서의 '역사'는 종언을 맞았다고 말했다(Francis Fukuyama, *The End of History and the Last Man*, 1992). 냉전의 종식은 UR 협상이 명료하게 보여주고 있듯이 경제관계에 있어서의 국경 철폐라는 세계화의 가속화를 가져오고 있고, 이러한 의미에서 백 년 전의 그것보다 높은 차원에서의 하나의 세계로의 회귀가 현실로 나타나고 있는 듯 보인다. 사실 환경, 인구, 자원관리 등 오늘날 인류가 당면하고 있는 긴급한 문제들을 두고 볼 때 세계화의 당위성은 그 어느 때보다도 크다.

그러나 세계를 하나의 지구촌으로 만들어주고 있는 통신혁명이나 지구적 문제군의 심각성 등 세계화 명제의 절실한 당위성에도 불구하고 오늘날 인류사회의 정치문화는 급속한 파편화의 길로 치닫고 있다. 냉전의 종식은 하나의 세계로의 복귀 대신 오히려 애초에는 서양 유일체제의 압도적 위력 속에서, 그리고 냉전의 구도 속에서 숨죽여오던 문화, 종교, 인종 간의 해묵은 반목과 분쟁들을 다시 역사의 전면으로 부각시키는 뜻밖의 결과를 가져오게 된 것이다. 구소련에서의 민족 분열, 유럽에서의 외국인 배척운동 등 헤아릴 수 없을 정도로 많은 파편화 현상의 단면들이 세계 도처에서 드러나고 있다. 그리고 이러한 현상은 한갓 세계의 주변 지역에만 국한된 것이 아닌 듯하다. 구소련의 붕괴에 따른 민족 분열 현상은 아직도 그 끝이 보이지 않는다. 그뿐만 아니라 탈냉전시대의 중국의 경우도 분열의 잠재력은 매우 높은 것으로 전문가들은 평가한다. 그리고 미국의 경우도 그 분열의 형태는 다르지만 한때 미국 문화라는 거대하고 강력한 용광로 속으로 다양한 민족들을 용해하여 '미국 시민'을 만들어내던 흡인력은 더 이상 존재하지 않는다. 지배적 문화의 퇴조와 다문화주의로 표현되는 오늘날 미국의 상황은 미국사회의 원자화를 급격하게 촉진시키고 있다. 탈냉전시대의 유일한 초강대국으로서의 미국의 군사력과 정치력이 세계 도처에서 도전받고 있다는 사실도 결코 우연이 아니다.

파편화의 논리

세계화 명제의 절실한 당위성에도 불구하고 오늘날 인류사회의 정치 문화가 급속한 파편화의 길로 치닫고 있는 가장 큰 원인은 바로 지난 1 세기 동안 서양 세계가 제시해 왔던 가치와 관념, 제도와 규칙, 생산과 소비의 방식 등으로 구성되는 문화종합의 붕괴에 있다. 그리고 그것을 대체하여, 한때 그것이 향유했던 설득력과 흡인력을 가진 기존의 문화 종합이 존재하지 않고, 또 새로운 문화종합이 형성되고 있지 않다는 사실에 있다. 문화의 '보편성' 자체가 오늘날 도처에서 공격이 대상이 되고 있고, 한때 '보편적' 가치로 받아들여져 오던 개인주의, 자유주의, 인권, 자유, 평등 등 여러 관념과 제도들은 서양 문화 제국주의의 산물로 조소의 대상이 되곤 한다. 이러한 상황 속에서 많은 사람들이 지금까지 서양문명의 압도적 위세 속에서 잊히고 억압되어 왔던 전통적 문화가치, 종족적 유대감, 신앙의 형식, 즉 보다 원초적 차원의 과거지향적, 특수주의적 문화종합에서 새로운 활력을 찾고자 하는 것은 관점에 따라서는 매우 자연스러운 현상이라고도 할 수 있겠다. 최근 국내에서 무성한 국제화 논의 거의 대부분의 공통된 특징은 그것이 무엇이든 다른 문화에 '끌려가는 것'이 되어서는 안 되고 우리 문화와 연결된 것이어야 한다는 것이다. 이러한 주장들이 의미하는 것은 무엇인가? 그것은 무엇보다도 정체성의 물음이다. 앞으로의 국제화나 세계화는 과거의 그것처럼 타율적으로 주어진 세계질서의 무차별적 수용과 내면화가 될 수도 없고 되어서도 안 된다는 인식의 표현이다. 우리는 탈냉전시대의 유일한 이념적 냉전의 성으로 남아 있다. 그러나 민족분단의 역사는 서서히 그 대단원을 향해서 움직이고 있다. 그 형태가 어떤 것이든 우리가 다시 통일된 하나의 민족으로서 21세기를 맞이할 수 있으리라는 전망은 그 어느 때보다도 높은 설득력을 갖는다. 국토와 민족의 통일이 이루어졌을 때 우리는 영국이나 프랑스 또는 독일과 영토의 크기나 인구에 있어 엇비슷한 규모의 민족국가로서 역사에 새롭게 등장하게 될 것이다. 특히 남북한 인구에 중국, 일본, 미국, 구소련 땅에 흩어져 있는 우리 핏줄들을 합치면 우리 인구는 7천만이 넘게 되며, 어느 누구도 결코 쉽사리 넘볼 수 없는 민족국가로서의 기본조건을 갖추게 될 것이다.

자주적 상호작용의 토대

역사와 운명에 의해서 규정된 이러한 조건들은 우리 국가와 민족의 생존과 번영을 위한 필요조건이다. 그러나 그것만으로 영국이나 프랑스 또는 독일이 한때 세계사적 주역의 위치에 서서 지난날 서양적 세계질서의 형성과정에서 주도적 역할을 해왔듯이 새로운 세계질서 형성에 주도적 역할을 보장해 주는 충분조건이 확보되는 것인가? 아니, 그것만으로 우리의 생존 자체가 보장될 수 있는 것인가? 통일된 한국의 삶을 규정하는 가장 두드러진 특징은 두말할 것도 없이 우리가 세계에서 가장 힘센 나라들에 둘러싸여 있다는 사실이다. 서쪽으로는 세계에서 가장 많은 인구를 지닌 중국, 북쪽으로는 세계 땅의 6분의 1을 가진 러시아, 동쪽으로는 세계 최강의 경제력을 가진 일본, 그리고 태평양을 사이에 두고 있으면서도 지난 40여 년간 우리와는 가장 가까운 이웃이었던 미국, 1세기 전 우리의 상황을 재론할 필요도 없이 모두가 힘든 이웃임에 틀림없다. 이제 우리의 미래는 우리의 선택과는 무관하게 이들 나라들과의 직접적 상호작용 속에서 펼쳐질 수밖에 없다. 우리가 모든 측면에서 이들 주변 나라들과 능동적으로 그리고 개방적으로 적절하게 상호작용할 때에만 우리의 생존과 번영이 가능하다. 우리의 역사적 체험은 이들 어느 나라의 패권이 등장해서는 안 된다는 것을 말해 준다. 지난 30여 년간의 우리의 체험은 국제화만이 생존과 발전을 위한 필수조건임을 보여주었다. 냉전시대가 종식되고 우리의 전통적 활동무대의 일부였던 북방이 다시 열리고 있다고 해서 세계화의 필요성은 조금도 감소되지 않는다.

그렇다면 우리가 주변의 큰 나라들과 개방적으로 그리고 자주적으로 상호작용할 수 있는 토대는 무엇인가? 그것을 과거의 문화 전통이나 지리적 조건, 또는 현재의 경제적 득실의 차원에서 찾고자 했을 때 그것은 쉽게 불행했던 과거의 뒤풀이로 이어질 수밖에 없다. 역사의 교훈을 배우지 못한 자는 그것을 반복하도록 단죄되어 있다. 우리 주변의 큰 나라들, 더 나아가서 세계화의 개방적이고도 자주적인 상호작용의 토대는 지역적 조건이나 자연이나 운명에 의해서 규정되는 원초적이고 과거지향적인 토대 이상의 것을 요구한다. 우리의 세계화는 보다 미래지향적이고 문화적인 접근을 통해서 이루어져야 한다. 지난 수백 년 동안 서양 사람들에 의해서 형성된 세계질서의 바탕이 되었던, 이제는 노후화한 문화종합을 지구화 시대에 적실한 새로운 세계질서의 바탕이 될 수 있는 새로운 문화종합으로 바꿔놓는 작업에 우리가 앞장서야 한다. 사람들의 일상생활에서 생동적으로 작용하고 있는 관념과 가치, 믿음과 태도, 관습과 행동양식, 제도와 규칙들을 미래의 삶의 조건에 비추어 새롭게 조명하고, 수정하고, 확장해 나가는 일에 우리가 앞장서야 한다.

문화종합의 작업은 그것이 성공적일 때 한 공동체의 성원에게 세계 인식의 공통적 기반을 제공하고, 개개인뿐만 아니라 사회 전체의 목표를 설정해 줄 수 있는 기반이 되고, 도덕성의 기준을 제공해 줄 수 있을 것이다. 이들 관념과 가치 그리고 실천이 하나의 역동적이고 정합적인 체계로 응집되었을 때 그 사회는 참으로 창의적이고 독창적인 문화종합을 이룩하게 되는 것이다. 우리 사회가 이러한 문화종합에 바탕하고 있을 때 우리 사회의 모든 구성원들은 거기에 몸과 마음을 위탁하고 신명 나게 일하고 보람 있는 삶을 이룩해 갈 수 있을 것이다. 그것은 동시에 가까운 그리고 먼 곳에 있는 이웃 나라들에게 하나의 모형과 모범을 제공함으로써 그들과의 생산적 상호작용의 바탕이 될 수 있을 것이다.

그것은 또한 한 문화의 가치, 즉 인간다운 삶의 실현을 위한 진전을 측정하고 평가할 수 있는 잣대의 구실도 할 수 있을 것이다. 이러한 문화 종합이 이루어질 때에만 세계는 각 사회의 현실적 삶에 뿌리박고 있으면서도 핏줄이나 지리의 우연성, 역사나 언어의 특수성을 뛰어넘을 수 있는 이념의 공동체로 이어질 수 있다. 문화적 보편주의란 그 이상도 그 이하도 아니다. 참된 의미의 세계화는 이러한 문화적 보편주의에 바탕하여야 한다.

『철학과 현실』(1994년 봄)

김여수 서울대학교 철학과 명예교수. 국제철학단체연합 부회장, 한국철학회 회장, 유네스코 철학윤리국장, 유네스코 한국위원회 사무총장을 역임했다. 교육부장관표창을 수상했다. 미국 하버드대학교 철학과에서 학사학위를, 독일 본대학교 철학과에서 박사학위를 받았다. 저서로 *A Common Framework for the Ethics of the 21st Century*, 『근대화』(공저), 『철학개론』(공저), 『언어와 문화』 등이 있다.

보수와 진보의 바른 만남

안 병 영

1.

　지난번 대선을 고비로 세상이 빠르게, 그리고 구조적으로 변하고 있음을 쉽게 감지할 수 있다. 진보적 성향이 강한 50대, 고졸 출신, 재야 경력의 새 대통령의 등장은 우리 사회의 변화의 방향을 얼마간 예시하고 있다. 그에 더하여 인수위원회 및 청와대 비서진의 구성과 새 각료 충원의 윤곽에서, 국정목표와 국정과제의 성격과 방향에서, 그리고 새 대통령의 언술에서 변화의 모습이 점차 더 확연히 드러나고 있다. 이미 노인 정치 시대가 종언을 고했고, 보수 성향의 노장(老壯) 세대가 엄청난 무력감과 소외감에 빠졌는가 하면, 명문학교 출신의 명망가, 엘리트주의, 그리고 정(政), 경(經), 관(官)의 기득권 구조가 무너지는 소리가 요란하다. 반면 젊은 세대의 목소리가 커지고, 어제까지 비제도권, 비주류였던 진보세력이 크게 부상하는가 하면, 그들의 가치관과 생활양식이 점차 사회구조의 변화를 견인하고 있는 느낌이다.

구조적 변화의 시기에는 어차피 얼마간의 이념적 갈등이 불가피하다. 특히 보수세력과 진보세력 간의 첨예한, 그리고 무분별한 갈등은 엄청난 국론의 분열과 사회적 비통합을 야기하며, 국기(國基)를 통째로 흔들 수 있다. 그렇다면 보수와 진보의 바른 만남은 어떤 것이며, 그것은 어떻게 이룰 수 있을까?

2.

보수와 진보는 무엇인가? 대체로 보수주의는 전통과 기성의 질서를 중시하며 역사의 연속성을 강조한다. 반면 진보주의는 변화의 맥락에서 미래를 조망하며, 그런 의미에서 얼마간의 역사의 단절도 불사한다. 따라서 보수와 진보의 구분은 변화의 완급에 따라 나누어질 수 있다. 그런데 인류 역사가 어차피 연속과 변화의 두 가지 측면을 가지고 있다는 사실을 인정한다면, 실제로 보수와 진보는 어느 쪽도 절대가치를 주장할 수 없다. 다만 그 나라, 그 시대가 처한 상황에 따라 시계의 추가 양자 중 어느 쪽으로 더 기울어질 수 있을 뿐이다.

보수와 진보의 차이를 자유와 평등이라는 이념적 측면에서 본다면, 대체로 극단적 보수주의자들은 자유라는 가치의 수월성을 최우선으로 하는 데 반해, 극단적 진보주의자들은 자유에 앞서 평등 가치를 크게 앞세운다. 그러나 어차피 인류의 행복을 위해 자유와 평등, 어느 것도 소홀히 할 수 없다는 사실을 인정한다면, 자유와 평등, 어느 쪽도 그 하나만으로는 절대가치를 주장할 수 없다. 그런 의미에서 보수와 진보의 만남, 자유와 평등의 변증법은 불가피하다. 그러므로 보수와 진보는 일견 대척적 관계에 있고, 상호간의 갈등을 빚는 게 사실이나, 실제로 양자는 서로를 필요로 하며, 자유와 평등의 변증법은 보다 승화된, 값진 질서를 창출할 수 있다.

우리가 급진적이며 파괴적인 혁명을 원하지 않는 이상, 보수와 진보는 이념적 스펙트럼의 가운데에서 서로 만나야 한다. 이 중간 영역을 비교적 폭넓게 잡으면, 그 오른쪽, 즉 중도우파는 자유와 평등을 다 얼마간 중시하되, 자유에 더 역점을 두는 세력이며, 변화의 시계는 좀 느린 편이다. 그 왼쪽, 즉 중도좌파는 양자를 다 얼마간 중시하되, 평등 가치에 더 비중을 두는 세력이며, 변화의 속도는 상대적으로 빠른 것을 원한다. 실제로 중도우파와 중도좌파 간의 이념적 거리는 그리 멀지 않다. 따라서 양자 간에는 대화와 타협, 제휴와 연립도 가능하다. 따라서 안정된 정치사회의 경우, 대부분의 정치적 상호작용은 중도우파와 중도좌파 간에 이루어진다.

그러나 극좌와 극우는 각각 자유, 평등 중 어느 한 가치만을 절대시하기 때문에 양자 간에는 이념적 거리가 멀며, 따라서 서로 간에 뛰어넘을 수 없는 심연이 있다. 따라서 이념적 양극화가 두드러지는 경우, 정치세력 간의 갈등의 증폭과 대결 구조 속에서 정치사회의 통합성은 훼손되며, 자칫 정치경제의 기본 질서가 위협받게 된다. 따라서 안정된 민주주의는 상대방을 인정하며 서로를 존중하는 중도정치 속에 꽃필 수 있다고 본다.

3.

그런데 최근 우리 사회에서 이념적 양극화 현상이 점차 심화되는 경향이다. 주요 쟁점에 관해 여론이 보수와 진보로 갈라지며 양측은 대화와 타협을 통한 사회적 합의를 추구하기보다는 힘겨루기와 맞대결을 통해 '완승(完勝)'을 겨냥하는 추세가 두드러진다. 따라서 걸핏하면 제로섬 게임 상황이 연출된다. 이들은 한결같이 상대방을 '적과 동지', '그들과 우리'의 관계로 파악하고, 극복의 대상으로 삼는다.

이념적 갈등이 가장 확연하게 드러나는 것이 남북관계이다. 김대중 정부의 이른바 '햇볕정책' 이후 '남남 갈등'이 심화된 것이 사실이다. 바로 내일, 3월 1일이면 한쪽에서는 반핵 반김정일 자유통일대회가 대규모로 준비되고 있는 가운데, 다른 한편에서는 3·1 민족대회가 북측 참석자 100명과 함께 진행될 예정이다. 해방 직후 좌우파의 대결이 재판되는 분위기이다.

한국 정치사회의 과도한 이념성은 정치과정에 참여하는 많은 이들의 뇌리 속에 교조와 환상, 거짓 신화와 허위의식, 절대가치와 진리 독점을 심어놓는다. 그리고 정서의 과잉 분출과 비(非)합리, 반(反)이성이 판을 친다. 이러한 정치의 양극화 현상은 정치적 관용과 타협, 점진적 개혁과 실용주의를 추구하는 중간 집단의 대두를 어렵게 만든다. 그런 가운데 극단적인 양측에 대해 비판을 가하면 양비론(兩非論)으로 폄하되기 일쑤이고, 중도세력은 손쉽게 기회주의자로 낙인찍힌다. 결국 정치사회는 첨예한 갈등의 소용돌이 속에 빠지고, 사회적 통합성은 위험수위 이하로 떨어진다.

이러한 양극화 현상은 엄혹한 권위주의 시대에는 불가피했다. 정치가 '민주 대 반민주'의 치열한 대결 구조 속에서 전개되었으므로, 그 마당에서 이른바 '중도통합론'은 으레 권위주의 지배세력이 투입한 '트로이의 목마'였다. 그러나 민주화가 요즘만큼 진척된 세상에 한국 정치의 양극화, 원심화 현상은 병리일 수밖에 없다. 실제로 서구 선진 민주주의 국가의 민주주의 전개과정을 살펴보면, 민주화가 진행될수록 좌우의 극단적 입장은 급속히 퇴조되고, 이들은 점차 정치과정에서 배제된다. 이들 나라의 경우, 이념과 정책의 갈등은 있으나, 그 진폭이나 심도가 절제된 가운데 전개된다.

우리의 경우, 보수와 진보 간의 갈등은 비단 남북문제뿐만 아니라, 실제로 우리의 주요한 생활 영역 곳곳에서 표출한다. 그동안 산업화 과정에서 보여주었던 노사관계를 비롯하여 '세계화' 논쟁이나, '친일' 논쟁, 그리고 '고교평준화' 문제가 그러하다. 이처럼 이념적 갈등 영역은 넓고, 한 번 불이 붙으면 곧바로 양극화로 치닫는 경우가 많다. 이처럼 사회적 쟁점을 둘러싸고 양극으로 갈라지는 현상은 기본적 가치에 대한 사회적 합의를 중시하는 민주주의의 도정에 어두운 그림자를 드리운다.

그런데 따져보면, 이처럼 드러난 현상만을 갖고 이념적 양극화를 운위하는 데는 문제가 있다. 추정하건대, 실제로 우리 사회 내의 다수는 오히려 좌우로 펼쳐지는 이념적 스펙트럼의 중간지대에 밀집해 있으리라고 생각한다. 따라서 이들 중간 집단, 침묵하는 건강한 다수를 해면 위로 끌어내는 것이 중요하다.

그렇다면 이들 다수의 중간 집단이 여론의 주도세력으로 부상하지 못하고 침묵하는 이유는 무엇인가? 문제는 우리 사회 내에 (1) 우리 사회의 기본적 가치에 대한 사회적 합의가 부족하고, (2) 사회적 합의 형성을 위한 제도나 관행이 정착되지 못했을 뿐만 아니라, (3) 합의 형성을 위한 중요 정치 행위자의 의지와 노력이 부족하기 때문이 아닌가 한다. 하나하나 간략히 논의하고자 한다.

이 땅의 대부분의 국민은 겉으로는 우리 정치경제의 기본 질서인 다원적 민주주의와 자유시장경제를 긍정적으로 받아들이고 있다. 그러나 그것이 많은 국민 계층의 경우, 정치사회화 과정을 통해 내면화된 정치적 신념의 수준이 아니라고 본다. 예를 들어보자. 1989년 소련 및 동구에서 현실사회주의가 종언을 고하고, 온 지구촌이 세계화의 격류에 휩싸였던 바로 그 시점에, 한국에서는 자유민주주의의 극복을 겨냥하는 급진적 좌파 변혁 세력이 최극점에 달했고 민족주의 열풍이 온 사회를 압도하는 기세였다. 이처럼 '세계의 시계'와 '한국의 시계'가 극명하게 방향을 거꾸로 했던 때가 불과 10여 년 전이다. 지금도 이 땅에는 현실적이며 실용주의적인 시각을 떠나, '어떤 통일'인가를 묻지 않는 통일지상주의가 많은 이의 마음을 뜨겁게 달구고 있다. 좌파든 우파든, 보수든 진보든 우리 사회가 지향하는 기본가치가 자유민주주의 체제이어야 한다는 것에 대한 흔들림 없는 신뢰가 무엇보다 중요하다. 물론 같은 자유민주주의 체제 내에서도 신자유주의적 가치를 지향할 것인가, 아니면 사민주의적 가치를 지향할 것인가는 앞으로 정치과정에서 국민적 합의를 거쳐 결정할 일이다.

다음 우리의 경우, 사회적 합의를 창출하는 민주적 제도나 관행이 아직도 제대로 정착되지 못한 형편이다. 정치개혁이 아직도 중요한 현안이며, 정부 형태 및 선거제도 등 기본적 정치제도에 관해서도 아직도 저마다 이견이 분분하다. 서구의 몇몇 작은 나라들, 예를 들면 스위스나 벨기에, 네덜란드 등은 종교적, 계급적으로, 혹은 인종적으로 이질적이고 단편적인 사회임에도 불구하고, 비례대표제, 연립정부, 상호비토권 및 하위체제의 자율성 등의 제도적 장치를 통해 이른바 '협의민주주의'를 발전시켰다. 이들 나라들은, 승자(勝者)가 모든 것을 독식하기보다는 다수의 소수자가 함께 참여하여 권력을 공유하고, 타협을 통하여 갈등을 해결하는 정치 양식을 제도화한 것이다. 실제로 따지고 보면, 우리나라의 경우 지역별, 계층별 혹은 세대별 갈등이 있다고는 하나 이들 나라에 비해 훨씬 동질적인 정치문화를 갖고 있다. 현 단계에서 가장 시급한 일은 대의정치의 본산인 국회를 참된 공론(公論)의 장으로 만들어 그 갈등 조정 기능을 강화하는 일이라고 본다.

그런가 하면, 주요한 생활 영역 내에 이익 갈등을 해결하고 사회적 합의를 촉진할 수 있는 제도 및 중재 장치를 마련하는 일도 매우 중요하다. 주지하듯이 선진 민주주의 국가들은 노사 간 혹은 노사정 간의 사회협약을 통해 임금조정, 사회복지개혁, 노동시장의 유연화 등 사회경제적 난제를 해결하기 위해 이른바 '코포라티즘(corporatism)'을 발전시켰다. 일종의 '계급 타협'이라고 할 수 있는 코포라티즘은 서구 산업사회의 위기관리와 복지국가 발전의 불가결의 조건으로 간주되었다. 김대중 정부의 '노사정위원회'가 바로 그 예인데, 노사정 모두의 '공공성' 추구 노력의 부족으로 최근 '부동성(不動性, immobilism)'의 위기에 허덕이고 있어 안타깝다. 시행착오를 거듭하더라도 우리는 사회적 합의 형성의 제도와 관행을 계속 만들고 정성스레 가꾸지 않으면 안 된다.

건강한 중도의 목소리를 키우며 사회적 합의문화를 정착시키는 데 제도나 관행 못지않게 중요한 것은, 주요한 정치 행위자들의 결의와 노력이다. 여기서는 대통령, 언론, 시민사회 및 지식인의 경우를 논의하고자 한다.

한국의 정치과정에서 대통령의 위치는 실로 막강하다. 이른바 '제왕적 대통령' 논의가 끊이지 않는 것도 그 때문이다. 사회적 합의 형성을 위해서는 대통령이 중심을 잡고, 좌우 어느 쪽으로도 크게 편향되지 않는 균형된 마음의 자세를 가질 필요가 있다. 따라서 그에게 필요한 것은 '균심(均心)'과 '공심(公心)'이다. 대통령은 자신의 이념적 정향을 넘어 공의(公義)의 차원에서 다른 목소리도 귀 기울여야 하며, 보수와 진보를 함께 포용해야 한다. 만약 그가 한쪽으로 편향되어 국정을 운영하면, 곧바로 반대편의 치열한 반격을 야기한다. 결국 양극화는 심화되며, 이에 식상한 중도는 침묵의 길을 택한다.

언론의 자유와 다원적 가치를 존중하는 정치사회적 조건과 정론(正論)을 추구하는 언론의 자세가 중요하다. 오늘 한국의 경우, 언론 매체들의 지나친 이념적 편향성은 합의문화 형성에 큰 장애가 되고 있다. 몇몇 강력한 보수언론과 그 반대편에 서 있는 진보언론 및 인터넷 신문 간의 대척적, 대결적 관계는 자칫 국론을 분열시키고, 중도적 여론 형성을 어렵게 만든다. 따라서 미디어의 '정론(正論) 회복'이 무엇보다 중요하다.

민주화가 진척될수록 시민사회의 영향력은 강화된다. 바람직한 시민단체의 대(對)정부 관계는 사안에 따라 공공성의 차원에서 때로는 협력하고 때로는 비판하는 '창조적 긴장' 관계이다. 그러나 시민단체가 정치권력에 의해 동원되거나 그와 야합하는 경우, 혹은 시민단체들 간에 첨예한 이념적 갈등이 빚어지는 경우, 공론 형성의 기반은 오히려 약화된다.

'비판적 지성' 또한 사회적 합의의 요람이다. 정치권력으로부터 자유롭고, 역사에 대해 책임을 통감하는 지식인의 존재가 중요하다. 이들이 장기적 조망과 공공선의 관점에서 과도한 이념적 편향성을 극복해야 하고, 실용주의적 시각에서 자유와 평등의 변증법을 지향해야 한다.

4.

보수와 진보는 우선 마음의 창을 열고, '완승'을 기하기보다는 함께 이기는 '윈윈 게임'을 겨냥해야 한다. 그러자면 그들은 스스로 사회적 합의를 추구하며, 중간지대로 다가가서 함께 문제를 풀어야 한다. 이들이 움직이면 침묵하던 다수도 스스로 부상한다. 그러기 위해서는 과도한 이념의 거품을 거두고 우리 사회는 모든 중요 쟁점에 대해 공론화(公論化)를 촉진할 수 있는 제도와 관행, 그리고 그를 위한 마음의 밭을 더욱 열심히 일구지 않으면 안 될 것이다.

『철학과 현실』(2003년 여름)

안병영 연세대학교 행정학과 명예교수. 교육부장관(1995-1997), 교육인적자원부장관 및 부총리(2003-2005), 아시아사회과학연구협의회 회장, 한국사회과학연구협의회 회장, 한국행정학회 회장을 역임했다. 연세대학교 정치외교학과를 졸업하고 서울대학교에서 행정학 석사학위를, 오스트리아 빈대학교에서 정치학 박사학위를 받았다. 저서로 『현대공산주의 연구』, 『자유와 평등의 변증법』, 『한국의 공공부문』(공저) 등이 있다.

반미 자주화 논리의 허구성

전 상 인

1. 서론

최근 우리 사회는 의제(議題)와 담론(談論)의 극단적 양극화를 경험하고 있다. 이들을 조절하고 통제할 수 있는 중간지대나 완충지역은 도무지 보이지 않는다. 마치 두 개의 거대한 블랙홀이 있어 그 사이에 존재하는 모든 사물을 빨아들이는 형국이다. 이른바 '강정구 교수 사건'도 예외가 아니다. 교수 한 사람의 언행이 국가정체성 논란으로까지 이어졌다는 점에서 오히려 그것은 극한적 이념 논쟁의 전형일 것이다.

지난 7월 말, 동국대 사회학과 강정구 교수는 한 인터넷 매체에 "6·25는 통일전쟁이며 미국이 개입하지 않았다면 전쟁은 한 달 이내에 끝났을 것"이라는 내용의 칼럼을 기고했다. 그로부터 한 달이 못 가 23개의 보수적 시민단체는 그를 국가보안법 위반 혐의로 고발했다. 그리고 이틀 만에 경찰은 강 교수에 대한 사법 처리 방침을 표명했다. 그렇지 않아도 강 교수는 3년 전 8·15 축전 방북(訪北) 때 발생한 소위 '만경대방명록 사건'의 장본인이기도 했다.

강 교수는 이번 사건으로 인해 경찰로부터 세 차례 소환 조사를 받는 동안에도 자신이 펴왔던 종전의 주장을 공개적으로 되풀이했다. 그는 해방 직후 한국사회는 국민 대다수의 뜻을 받들어 공산사회주의 체제를 선택했어야 했고, 주한미군은 평화와 통일을 가로막는 실체일 따름이며, 통일 역시 굳이 평화적이거나 자본주의적인 방식에 의존할 필요는 없다고 주장했다. 바로 이런 와중에 경찰은 강 교수에 대한 구속 의견서를 검찰에 제출하였고, 이에 대해 법무부장관은 불구속 수사 지휘권을 발동하기에 이르렀던 것이다.

법무부장관에 의한 헌정 사상 초유의 불구속 수사 지휘권 행사를 놓고 검찰총장은 사표를 제출하였고, 아니나 다를까 이 사건은 그 이후 심각한 정치적 쟁점 내지 이념적 논쟁의 핵심으로 급부상하였다. 야당 측에서는 "자유민주주의 국가체제를 지키기 위한 구국운동 불사"를 선언하면서 "국민이 일어나야 한다"고 성토했고, 이에 대해 여당 측에서는 "선거로 뽑힌 대통령을 사상검증하려는 난데없는 색깔론"이라고 되받았다. 그 이후 강정구 교수 사건은 그 파장이 전 사회적으로 확대되고 있다.

강 교수 사건은 다양한 각도에서 접근되고 해석될 수 있다. 그것은 학문의 자유에 대한 새삼스러운 성찰을 요청하기도 하고, 법치주의와 민주주의의 상관성에 대한 진지한 분석을 요구하기도 한다. 하지만 여기서 보다 근본적으로 짚고 넘어가야 할 사항은 이번 강정구 교수 사건이 오늘날 우리 사회에서 뜨거운 논쟁과 논란의 대상이 되고 있다는 사실 그 자체이다. 이는 물론 과거 군사권위주의 시절 이번 강 교수 류(類)의 언행에 대해 우리 사회가 취했던 단호하고도 일사불란한 광경이 바람직해서가 결코 아니다. 우리 사회가 지금까지 나름대로 이룩하고자 노력해 왔던 사상의 다원성과 이념의 다양성은 기필코 존중되어 마땅하기 때문이다.

그러나 사상적 다원성 혹은 이념적 다양성이라는 명분이 모든 주장과 논리에 대해 학문적 의미와 담론적 가치를 자동적으로 부여하는 것은 아니다. 그럼에도 불구하고 언제부턴가 우리 사회에는 '학문의 탈을 쓴 정치'가 진보라는 이름의 간판을 걸고 학계 내부에서 어엿한 시민권을 행사하고 있다. 그리고 그것은 다양한 방법의 지적 '호객행위'를 통해 일반 대중들 사이를 깊이 파고들어 가고 있다. 말하자면 이념적 진보도 진보 나름이고 문화적 다양성도 다양성 나름일 텐데, 우리의 경우 애초에 학문적 논쟁이 될 수 없는 내용이 반지성적 방식을 통해 사회 전체의 극단적 양극화를 촉발하고 있는 것으로 보인다. 그 가운데 가장 대표적인 것이 반미 자주화 사조(思潮)가 아닐까 싶다.

2. 탄생과 계보

1980년 광주는 우리나라 지성사에 있어서 '진보적 학문의 공식화'를 잉태한 역사적 기점이 되었다. 그 이후 1980년대는 사회과학과 국사학 분야를 중심으로 하여 좌파적 시각과 민중적 지향이 양적으로 폭발하고 질적으로 성장한 시기였다. 그것은 단순한 민주화 운동을 뛰어넘어 기존 권력과 기성 체제에 대한 정면 도전을 의미하였고, 이념적 무기로서 사회주의와 주체사상에 쉽게 그리고 빠르게 경도(傾倒)되었다. 이러한 학계의 조류는 1987년 6월 항쟁 직후 다양한 학술 영역을 포괄하는 하나의 학문 공동체로 조직화되고 제도화되기에 이르렀다.

1980년 광주에 기반한 이른바 '5월의 지식권력'은 '진보'와 '비판'을 키워드로 하여 학문을 사회적 실천의 도구 혹은 변혁운동의 수단으로 간주했다. 역사와 민족에 대한 주체적 관점이 강조되었을 뿐 아니라 민중의 계급적 각성을 통한 급진적 체제 변동에 최대한의 역량이 결집되었다. 이런 맥락에서 한편으로는 북한에 대한 '올바른' 이해가 중요한 과제로 부상하였다. 그 결과 이른바 '내재적 접근법'을 통해 북한의 입장에서 북한의 역사와 사회를 이해하려는 노력이 일대 성황을 이루었다. 북한은 오직 북한의 잣대로 파악해야 하며, 만약 북한을 북한의 척도로 인식할 경우 북한에는 하등 비판의 여지가 없다는 결론이야말로 사실상 처음부터 예고된 것이었다.

다른 한편으로, 1980년대에는 이른바 한국 현대사 연구가 흥행하였다. 1980년 광주의 봄으로 표출된 한국 현대사의 농축된 모순과 응축된 갈등은 그것의 역사적 원죄로서 1940-50년대 해방과 전쟁의 시기를 지목했다. 그 이전까지 거의 불모지 상태로 남아 있던 국내의 한국 현대사 연구는 때마침 소개된 수정주의(revisionism) 역사학의 영향력에 무차별로 감염되었다. 어떤 의미에서 그 무렵은 우리나라 학계 전체가 '커밍스 신드롬(Cumings syndrome)'의 열풍에 휩싸였다고 해도 과언이 아니다. 냉전의 기원과 분단의 책임은 졸지에 소련과 북한으로부터 미국과 남한으로 넘어오게 되었다. 특히 1980년대에는 해방 이후 사회적 금기로서의 반미(反美)가 마침내 깨졌다. 광주 사태에 대한 미국의 일부 책임이 쟁점화되면서 1982년 3월에는 부산 미국문화원 방화사건이 발생하였고, 반미가 점차 대중화되기 시작한 가운데 반미주의는 1980년대를 거치며 일종의 시대정신으로 자리 잡았다.

자주, 반미를 지향하는 한국 현대사 연구는 나아가 우리나라 역사학 전체에 커다란 영향을 미쳤다. 1960년대 이후 한국 사학의 유력한 기풍으로 자리 잡았던 한국 민족주의는 1980년대를 거치며 일종의 '민족지상주의' 내지 '국수주의(國粹主義)'로 심화되었다. 그 결과, 한국 사학계에서는 민족주의가 비판이 일체 허용되지 않는 성역으로 정착되었고 국사학 특유의 일사불란한 시스템에 의해 학문적 연구는 점차 민족주의를 위한 이데올로기적 도구로 타락할 가능성을 안게 되었다. 말하자면 민족을 절대시하는 '헤겔의 유령(Hegel's ghost)'이 학계를 지배하는 가운데 '일본 패기'와 '미국 때리기'가 마치 국사학의 본령(本領)인 듯 되고 말았던 것이다.

3. 학문과 이데올로기

1980년대를 풍미한 반미 자주화 논리는 그러나 학문적 엄밀성도, 시대적 당위성도, 또한 사실적 객관성도 모두 결여한 가상과 허구의 산물로 드러났다. 가령 커밍스의 『한국전쟁의 기원』(1981)으로 대표되는 수정주의적 한국 현대사 연구는 1990년대에 들어와 급속하고도 철저한 위상 추락을 경험했다. 역사에 대한 목적론적 해석, 자료의 선택적 활용과 함께 특히 상이한 잣대를 통한 남북한 비교와 평가의 불공정성은 사실상 학문적 기본기(基本技)마저 의심케 하는 것이었다. 남북한 가운데 분단체제 수립을 선행한 쪽은 역시 소련 점령 하의 북한이 분명했고 한국전쟁의 개전 주체와 책임 역시 공산 측에 있다는 사실 또한 확고해졌다. 해방공간을 계급갈등이나 사회혁명으로 충만한 시기라고 단정할 만한 근거도 취약할 뿐 아니라, 점령군으로서의 미국과 해방군으로서의 소련을 서로 대비하는 것도 결코 적절치 않은 것으로 판명 났다.

국내외 학계의 노력에 의해 학문적 좌절을 경험하게 된 커밍스 류(類)의 수정주의는 그러나 그 이후 보다 뚜렷하게 반한 친북 노선으로 접어들었다. 말하자면 오류 지적에 대한 시정이 아니라 자기주장에 대한 자아도취가 더욱더 심해진 것이다. 『양지(陽地)의 한국』(1997)이라는 책에서 커밍스는 북한이 고립과 쇄국이라는 한국사의 유산을 적절히 계승하고 있다고 주장하고 나섰다. 비슷한 맥락에서 그의 눈에는 북한의 김일성 부자 세습이 과거 조선시대의 주자학적 왕조 전통을 계승하는 일로 비쳐졌다. 또한 그는 해방 직후 한국의 사회혁명을 이해하지도 용납하지도 않았던 미국의 단견(斷見)을 안타까워하고 있을 뿐만 아니라, 향후 한반도가 풀어가야 할 최대의 과제로서 반미와 민족자주를 주장한다.

커밍스의 최신 저서『또 하나의 국가: 북한』(2004)에 의하면 북한은 토머스 모어(Thomas More)의 유토피아와 같이 만인이 평등한 나라이다. 북한의 강제수용소를 폭로한 강철환과 피에르 리굴로(Pierre Rigoulot)의 책『평양수족관(The Aquariums of Pyongyang)』(2001)으로부터도 커밍스는 결코 전체주의 체제의 질곡을 읽지 않는다. 대신 그에게는 이 책의 주인공이 수형생활에도 불구하고 가족과 더불어 평양의 상류사회로 진출하고 대학에 진학하고 있다는 사실이 더욱더 중요하다. 사실 커밍스에게는 강제수용소를 가진 북한보다는 흑인 청년의 25%가 감옥에 있는 휴스턴, 그리고 9·11 이후 병영국가로 변모하고 있는 미국이 훨씬 더 문제이다.

이와 같이 반한, 반미, 친북, 자주 논리로 가득 찬 커밍스는 지금까지도 국내 진보학계에서 상당한 수의 동조자와 지지자를 확보하고 있는 것으로 보인다. 사실상 그의 저작은 대부분 우리말로 신속히 번역되어 일반 대중들이 쉽게 접근할 수 있기도 했다. 여기서 보다 중요한 사실은 커밍스 류의 수정주의 사관(史觀)이 결과적으로 볼 때 현재 우리나라 국사학계의 일부 대중적 원로들이 주도하고 있는 역사 해석과 상당 부분 일치하고 있다는 점이다. 우리나라 역사학계에는 언제부턴가 '실제로 있었던 일(what actually happened)'을 기술하고 분석하는 대신, 역사를 특정한 이념적 명분과 이데올로기적 지향에 꿰어 맞추는 일이 성행하고 있다. 말하자면 자주와 통일 그리고 민중을 내세운 역사학만이 평가받고 대접받는 세상이 된 것이다. 이로써 반미 자주화의 논리는 토착적 역사학 분야에서마저 학문의 영역과 범위를 점차 벗어나게 되었다.

4. 지식과 권력의 동업

그렇다면 왜 이처럼 사실에 대한 왜곡과 현상에 대한 편견으로 가득
찬 반미 자주화 논리가 한편으로는 보란 듯이 '학문의 사유'를 구가하고
다른 한편으로는 막강한 '정치적 효과'까지 발휘할 수 있을까? 이에 관
련하여 우선 김대중–노무현 정부로 이어지는 소위 진보적 정치권력의
연속적 출현을 지적할 수 있다. 김대중 정부는 이른바 '햇볕정책'을 통
해 역대 어느 정부보다도 적극적인 대북 유화(宥和)정책을 구사했으며,
노무현 대통령은 후보자 시절 "반미면 어때?"라고 말하며 '반미불사론
(反美不辭論)'을 공개적으로 개진한 인물이기도 했다. 앞에서 언급한 수
정주의 역사학자 브루스 커밍스는 노 대통령의 취임식에도 직접 참석한
것으로 알려졌다.

둘째, 1990년대 후반 이후 우리나라에는 미국사회와 미국 문화의 부
정적인 측면을 의도적으로 소개하는 일련의 도서들이 쏟아져 나왔다.
주로 단기 체류 아마추어 지식인들에 의해 쓰인 일종의 신종 '미국 견문
록'들 가운데는 아예 책 제목을 『나는 미국이 싫다』라든가 『미국이 망해
야 한국이 산다』로까지 붙인 것도 있었다. 이와 함께 최근 몇 년 동안에
는 한미관계에서도 각종 '악재(惡材)'가 빈발했다. 한국전쟁 당시 노근
리 양민학살사건의 공식 확인을 위시하여 매향리 미군 사격장 문제, 미
군기지 독극류 방류 문제 및 미군 장갑차에 의한 여중생 압사 사건이 그
대표적 보기이다. 정확하게 말하면 이런 종류의 악재 자체는 항상 존재
해 왔다. 달라진 점이 있다면 그것이 사회적 이슈로 공론화되기 시작했
다는 점이다.

셋째, 반미 자주화 논리가 이처럼 사회적으로 여론화되고 대중적으로
파급력을 확보하게 된 것에는 1990년대가 이룩한 시민사회의 성장과 함
께 특히 인터넷 등을 매개로 한 정보화 사회의 도래가 지대한 역할을 담

당한 것으로 보인다. 지식 생산양식의 대중화 및 지식 생산구조의 민주화에 편승한 이른바 지적 포퓰리즘이 성행함에 따라, 전문 지식인의 판단과 식견이 아닌 단순한 수적 다수가 곧 진리로 통하는 중우정치(衆愚政治, mobocracy)의 시대가 우리 사회에 열리고 있는 것이다. 아니나 다를까, 한국의 전통적 지식인은 김대중 정부 시절에 개진된 이른바 '신지식인론'을 통해 집단적 위상 저하를 이미 경험한 바 있다. 게다가 우리나라 학계의 구성 자체도 최근에 들어와 386세대의 진입에 따라 세대교체를 빠르게 경험하고 있는 실정이다.

넷째, 반미 자주화 논리의 배후에는 냉전체제의 역사적 붕괴와 남북관계의 점진적 개선이 전통적 한미동맹에 대한 현실적 수요를 상대적으로 감소시킨 측면이 작용하고 있다. 이와 함께 정치적 민주화의 진전에 따라 미국에게 기대되던 한국 민주주의의 후견자 역할도 약화되었다. 더욱이 1988년 하계 올림픽의 성공적 유치와 2002년 월드컵 한일 공동 개최 및 4강 진출은 1990년대 중반 1인당 국민소득 1만 달러 시대의 개막과 함께 민족적 자부심을 한껏 고무시킨 요인들이었다. 언필칭 한미 간의 대등한 관계를 말하고, 분단과 통일의 문제를 자주적으로 풀어나가겠다는 주관적 의지는 어느 정도 이와 같은 객관적 상황을 반영하는 것이라 볼 수도 있다.

하지만 가장 중요하게는 반미와 자주, 민족과 민중을 매개로 하여 이루어지는 정치권력과 지식권력 간의 동업자적 관계를 지적하지 않을 수 없다. 1982년 부산 미국문화원 방화사건의 주역 문부식은 얼마 전 그 당시를 회고하면서 반미주의의 민중적 진정성(眞正性, authenticity)을 직접 의심한 바 있다. 말하자면 반미라는 것이 그때나 지금이나 겉으로는 대중노선을 표방하면서 사실은 소수 정예의 정치운동에 가깝다는 주장이다. 이는 우리나라의 반미 자주화 논리가 사실상 일부 정치세력의 강력한 이념적 무기가 되어 있다는 사실을 의미하는 것이다. 나아가 그것은 특정한 지식권력에 의해 학문의 이름으로 포장되고 재생산되는 지적 공정을 거치고 있다. 386 운동권에 의한 대학 접수, 전교조에 의한 교육 현장 장악, 그리고 반미적, 반시장적 교과서를 통한 후대 양성 등이 지속적으로, 그리고 체계적으로 진행되고 있는 것이다.

5. 결론

강정구 교수 사건은 따라서 우연히 발생한 에피소드나 해프닝이 결코 아니다. 그러므로 반미 자주화 논리에 내재한 허구나 모순, 혹은 편견 따위를 지적하고 비판하는 정도의 일로서는 문제 해결이나 상황 개선에 별반 도움을 줄 수 없다. 그들의 입장에서는 이념적 극단이나 극단적 담론의 제기 그 자체가 정해진 목적이자 예기된 수순(手順)이기 때문이다. 그러므로 반미 자주화 논리에 대응하는 이 시대의 지식인은 자신의 책무를 협의의 학문적 논쟁에 국한시켜서는 안 된다. 지금 필요한 것은 보다 근본적인 차원에서 우리 사회가 직면하고 있는 지성의 총체적 위기와 대결하는 것이다.

사회학자 퓨레디는 이렇게 말했다 "나는 대중에게 지식과 문화의 당의정을 먹이려는 온정주의적 계획에는 반대한다. 포용과 참여는 그 자체로는 가치가 거의 없다. … 나는 대중의 진정한 참여를 확대하기 위한 전제조건으로서 사회가 기준을 제공해야만 하고, 최고의 기준을 미리 준비해야 한다고 주장할 것이다."(『그 많던 지식인은 다 어디로 갔는가』, 2005) 이 시대를 살아가는 지식인이라면 누구나 한 번쯤은 생각해 봐야 할 대목이다.

소설가 홍상화는 이렇게 경고한다. 오늘날 "남한 지식인 사회에서 좌경세력의 존재는 남북 간의 화해에 도움을 주는 수준을 넘어 북한 당국의 오판을 불러일으킬 가능성이 있는 위험 수준에 이르렀다."(『한국문

학』, 2005년 가을 참조) 이 시대를 살아가는 대한민국의 지식인이라면
특히 한 번쯤 귀 기울일 대목이다.

『철학과 현실』(2005년 겨울)

전상인 서울대학교 환경대학원 교수(사회학 전공). 연세대학교 정치외교학과를
졸업하고, 미국 브라운대학교에서 사회학 석사 및 박사 학위를 받았다. 저서로『고
개 숙인 수정주의: 한국현대사의 역사사회학』,『세상과 사람 사이』등이 있다.

한류의 문화철학과 세계화

윤 평 중

1. 한류를 어떻게 볼 것인가?

1990년대 후반부터 오늘에 이르기까지 계속되고 있는 한국 대중문화의 동아시아 지역으로의 유통과 확산을 우리는 한류라 부른다. 즉 한류는 21세기 동아시아에 흐르고 있는 한국 대중문화의 조류를 총칭하는 개념으로서, 1990년대 말 중국과 일본으로부터 시작해서 근래에는 베트남, 태국과 말레이시아에 이르기까지 한국 대중음악과 TV 드라마, 그리고 영화가 주목받고 유행하는 현상을 일컫는다.

원래 한류(韓流)라는 말 자체가 중국의 베이징 청년보(靑年報)가 한국 대중문화와 스타들에 빠져 있는 자국의 젊은 세대들에게 경종을 울리는 뜻에서 음이 같지만 의미는 부정적인 '한류(寒流)'를 내포하는 용어로 사용한 사실이 자못 흥미롭다. 그러나 이제 한류는 'Hallyu', 또는 할리우드에 대비되는 대중문화의 거점으로서의 'Hallyuwood'로까지 격상되어 국제 게임 시장에까지 진출함으로써 범아시아적 맥락에서의 시민권을 획득하였다. 항상적 문화 수입국이었던 한국이 경제성장과 함께 문화 수출국으로 전환하는 이런 사태에 대해 남으로부터의 인정(認定)에 목말라 있는 한국인들이 흥분하는 것은 자연스러운 일이다. 이런 맥락에서 한류는 일정한 자긍심을 고취하기도 하지만, 또 다른 한편으로 대중사회의 부박한 세태나 세계화의 엄중함을 입증하는 증거로 비판받기도 하면서 주목의 대상이 되고 있다.

한류에 대한 지식사회의 반응은 크게 세 가지로 나타난다. 첫 번째 입장은 한류를 한국과 한국 문화에 고유한 역동성이 문화상품의 형태로 성공적으로 현현된 것으로 본다.[1] 반세기 만에 민주화와 경제발전을 동시에 성취한 세계사에 드문 사례인 한국의 발전상이 문화의 힘으로 전환되고 있는 징표라는 것이다. 이 입장은 우리 사회에서 가장 널리 받아들여지고 있는 생각이며 대중매체의 한류 보도 역시 이 궤도 위에 서 있다. 이 입장의 주된 논리는 문화평론가 이어령에 의해 제시되는데, 그에 의하면 한류는 한국이 문화 수신국에서 송신국으로 전환하는 일대 문명사적 사건이며, 21세기가 요구하는 새 문법, 즉 글로컬리즘(glocalism: globalization과 localism의 유기적 결합)의 성공적 사례이다. 한류는 조셉 나이 식으로 얘기하면 한국형 소프트 파워(soft power)의 폭발적 분출이라는 것이다.

흥미로운 것은 이 입장에 문화민족주의와 신자유주의적 시장논리가 결합되어 있다는 사실이다. 세계화의 경제적 추동인자가 신자유주의이고 태생적으로 민족주의가 세계화의 흐름에 그리 호의적일 수 없다는 사실을 감안하면 기묘한 동거인 셈이다. 나아가 나는 이 입장이 정태적이고 소박한 실체적 문화관에 머무르고 있어서 복합적 현실에 걸맞은 입체

---

[1] 예컨대 유상철 외, 『한류 DNA의 비밀』(생각의 나무, 2005) 참조. 이 책에서 한류의 주 성 공 요인은 영상 서사 능력, 호환성, 역동성 등의 특징으로 정리되고 있다. 같은 책, p.70.

적 인식을 보여주고 있지 못하다고 생각한다.

한류에 대한 두 번째 입론은 한류의 정체성에 대해 매우 비판적이다. 한류가 기본적으로 문화산업적 세계화와 국제금융자본의 산업적 세계화가 이중나선의 형태로 얽힌 일차원적 문화상품이라는 근거에서이다. 이런 시각에서 보자면 한류는 온전한 한국 문화의 반영이 아니라 상업적이고 소비중심주의적이며 일탈적인 하위 잡종문화에 지나지 않는다. 여기서 가장 중요한 개념은 문화산업으로서, 한류는 미국, 서구, 일본을 중심으로 한 세계 문화산업이 스타 시스템과 범지구적인 유통 배급망 장악이라는 인프라에 기초해 아시아적으로 변용시킨 미국 문화제국주의의 첨병이라는 것이다. 결국 한류는 세계체제를 견인하는 초국적 문화자본의 하위 지역 체제이며, 국제금융자본과 결탁한 문화산업의 전진기지로 정의된다.[2]

기본적으로 유물론적이라 할 수 있는 두 번째 입장은 한류의 정체성을 설명하는 데 있어 나름대로의 과학적 체계성을 과시한다. 그러나 나는 이들의 설명 방식이 문화에 대한 정신주의와 뒷전에서 기묘한 방식으로 결합함으로써 설명 패러다임의 설득력과 일관성을 크게 떨어뜨리고 있음을 '한류의 문화철학'에서 입론하려 한다.

한류에 대한 세 번째 관점은 앞의 두 시각들의 장단점을 통합한다. 한류의 문화산업적 시각을 경계하면서도 그것이 한낱 자본의 욕망 분출에 그치지 않는 측면을 적극적으로 발굴하려 하는 것이다. 이 관점은 탈식민주의적이고 탈상업주의적인 맥락에서 앞서 개진된 한류의 설명 틀을 재해석하면서 한류가 동아시아 지역의 문화소통과 상생의 논리에 기여할

---

2) 대표적으로 장수현 외, 『중국은 왜 한류를 수용하나』(학고방, 2004), p.393 참조. 따라서 당연한 결과지만 한류에는 타자와의 연대도, 세계화에 대한 저항도, 한국인의 삶도 제대로 녹아 있지 않다는 것이다. 같은 책, p.399. 그러나 나는 한류에 한국인의 삶이 반영되어 있지 않다는 이들의 주장은 피상적이며 단선적인 것이라 본다. 여기서 문화에 대한 유물론자들의 기묘한 정신주의적 편견, 즉 변형된 문화관념론의 잔재가 드러난다. 이는 아래의 2절 '한류의 문화철학'에서 자세히 논구된다.

수 있는 가능성을 천착한다. 한류가 아류(亞流) 문화제국주의의 속성을 과감하게 탈피해 동아시아 주민들의 공동 존재적 연대감 증진에 기여할 수 있다는 것이다. 이런 문화적 연대감에 입각해 동아시아 지역 협력체가 조직되고 이것이 한 단계 더 높은 동아시아 지역 공동체로 상승해 감으로써 세계화의 파고에 저항하는 단초로 작동할 수 있으리라는 것이다.[3]

이 제3의 시각은 처음의 두 관점보다 전향적이고 균형 잡힌 것이라 할 수 있다. 하지만 기존의 논의에는 한국 지식인의 주관적 기대가 과도하게 개입하여 한류의 함의에 대한 냉철한 객관적 인식을 저해하는 측면이 있으므로 이 점을 보완해 좀 더 탄탄한 이론으로 재정립할 필요가 있다. 다음 절에서 논구되는 한류의 문화철학은 그 시도이다. 여기서 나는 한류에 대한 지금까지의 소론들을 입체적으로 아우름으로써 단순한 절충주의를 넘어 현실론/규범론의 공소한 대립을 극복하고 한류의 정체성과 문화철학적 성격을 일반이론의 차원에서 정초하게 될 것이다. 이어 마지막 절에서는 매우 다층적인 세계화의 함의를 고려하면서 세계화와 한류가 갖는 상관성의 문화정치적 의미를 집중적으로 분석함으로써 한류의 바람직한 미래를 형상화하려 한다.

2. 한류의 문화철학

영혼과 감성의 도야의 산물이라는 고전적 문화 개념은 뿌리 깊은 것이고 오늘날에도 강력한 영향력을 갖는다. 문화가 인간을 인간답게 만드는 정신적인 것의 한 정화(精華)로서 이해되어 온 것이다. 서양에서 고대 이후 19세기까지 통용되어 왔고, 유교적 명분론의 유산이 엄존하는 한국사회에서도 아직 지배적인 이 같은 문화관, 즉 문화적인 것과 비문

---

3) 백원담, 『동아시아의 문화선택: 한류』(펜타그램, 2005), p.308 참조.

화적인 것 사이의 경계를 분명하게 가르고 문화의 핵심을 고답적이고 정신적인 데서 찾는 태도는 오늘날에도 사라지지 않았다.

한류에 대한 두 번째 입장, 즉 유물론적 시각은 이런 문화정신주의의 이면에서 작동하고 있는 은폐된 이데올로기의 동역학에 주목한다. 문화정신주의가 인간이 영위하고 있는 구체적이고 일상적인 삶의 현장으로부터 문화를 분리시키는 경향이 있기 때문이다. 즉 일상의 삶을 가능하게 하는 물적 조건들과는 독립된 어떤 고매하고 추상적인 지평에 문화를 위치 짓는다는 것이다. 문화유물론이 문제 삼는 문화정신주의 또는 문화관념론의 역사는 이처럼 장구하지만 사실 문화의 자기정체성을 묻는 담론들은 산업화의 결실이 본격화된 19세기에 가장 분명한 형태로 출현했다. 과학기술이 삶의 형태를 크게 변화시키는 데 충격 받은 인문주의 지식인들이 주도한, 문명과 문화를 분리시키려는 노력이 그 소산이다. 또한 19세기는 전 유럽에 근대 정치혁명의 결과가 파급되어 신분제적 위계질서가 무너지고 산업혁명의 여파로 전통적 가치관이 붕괴하던 총체적 변혁기였다. 한마디로 대중사회가 본격화한 것이다. 정치사회적 발언권과 경제적 구매권을 갖게 된 대중이 문화 영역에서도 자연스럽게 자신들에 걸맞은 문화 향수권을 주장하기 시작한 것이다.

대중사회와 함께 등장한 대중문화는 도시의 출현에 물질적 근거를 둔다. 도시 주변에 모여 살기 시작한 수많은 산업노동 인구와 상업적 중산층, 즉 대중들은 인류 역사상 최초로 보통교육제도의 혜택을 받고 일정한 여가를 누릴 수 있게 된 익명의 다중들이었다. 다중이 문화를 향유하는 주체가 되는 대중문화의 지평에서는 문화생산자와 문화소비자가 분리된다. 또한 기술적 대량복제를 통해 문화소비자에게 판매할 수 있는 형태인 상품으로서 문화가 대량으로 창출, 유통되고 소비되는 양상을 보인다. 상품과 산업으로서의 문화현상이 일반화되는 것이다.

문화관념론자들이 볼 때 대중문화는 미학적으로 저급하며 심리적으로 천박한 대중에 영합하는 문화이며, 변덕스러운 대중들의 취향 자체를 자본의 논리로 조정하고 제어하는 상업적 계산에 의해 철저히 지배되는 문화이다. 대중문화가 이렇게 규정될 때 문화의 성찰적 본질을 고수하려는 지식인들이 대중문화의 잠재적 반문화성에 주목하게 되는 것은 자연스러운 결과일 것이다. 대중문화에 대한 인문주의적 비판의 극점은 문화산업론으로 형상화된다.

아도르노가 주창한 문화산업론 테제는 다음과 같이 압축된다.[4] 문화 생산의 전 과정이 산업화되면서 문화는 성찰적 본질을 상실하고 표준화된 상품으로 전락하였다. 문화의 산업화는 전통적으로 궁정 귀족과 도시의 부르주아 계층이 누리던 고급예술뿐 아니라 공동체적 사회에서 피지배계층과 농민층이 창조한 자발적이고 역동적인 민중예술도 질식시키고 말았다. 상공업의 발달과 함께 등장한 근대 시민계층의 욕구를 반영한 통속문화가 대중매체의 발달과 대량생산/대량소비 체제의 착근과 함께 오늘날 일반화된 대중문화로 통합된 것이다.

문화의 산업화는 궁극적으로 자본의 논리에 의해 규정된다. 산업화된 대중문화는 대중들의 삶을 한 치의 여백도 없이 게걸스레 집어삼킨다. 대중문화가 대중들의 노동뿐 아니라 여가시간조차 완전히 점령함으로써 비자본주의적인 정체성과 감수성의 성립 자체를 원천적으로 불가능하게 만드는 것이다. 그 결과 비판의식은 실종되고 대중들은 완전히 소외되며 삶은 파편화된다. 따라서 아도르노를 위시한 비판이론가들은 대중문화의 일반화가 예증하는 대중의 우중화(愚衆化)야말로 파시즘이라는 전체주의 체제를 예비한 주요 요인이었다고 보는 것이다.

산업화된 대중문화 자체가 자본을 효과적으로 재생산하기 위해 도입

---

4) M. Horkheimer and T. W. Adorno, *Dialectic of Enlightenment*(New York: The Seabury Press, 1972), pp.120-167.

된 것이라는 문화산업론의 확신은, 앞서 논의된 한류에 대한 두 번째의 시각을 견인한다. 문화산업을 통해 형성되는 대중의 욕망 자체가 자율적이고 진정한 욕구가 될 수 없으므로 이런 입장에 서면 한류가 온전한 한국 문화의 대표가 될 수 없다는 결론이 불가피하다. 나아가 자본의 논리는 사고 버리는 주기의 단축을 구조화시키며, 대중매체에서 우리를 융단 폭격하는 선정적 광고는 무절제한 소비가 선한 것이고 경제적으로 합리적인 행위라며 우리를 끊임없이 세뇌시킨다. 그 결과 대중의 감성과 무의식은 거의 자동화된다. 소비는 좋은 것이며 인간의 주체성은 소비하는 순간에 집중적으로 발현된다는, 즉 '우리가 소비하므로 존재한다'는 명제가 문화산업의 모토가 되고 세계화는 이 흐름을 극단화시킨다는 것이다. 한류는 결국 문화산업의 동아시아적 버전이라는 것이다.

문화산업론이 대변하는 문화유물론에는 한류에 대한 낙관론이 간과하는 한류 자체의 일차원성과 비성찰적 특징을 날카롭게 고발하는 강점이 있다. 세계화된 시장의 논리와 결합한 문화민족주의 패러다임의 취약성을 선명하게 부각시키는 것이다. 예컨대 전면화된 시장논리(이윤만능주의)의 천박함은 차치하고라도 동아시아인들이 선호하는 한국 대중음악의 현란한 춤과 빠른 음악에서 분명한 한국적 특성이 발견되는지는 자못 의심스럽다. 한류에 대한 첫 번째 해석이 중시하는 동아시아 유교문화적 공감대가 한류 음악에서 발견되지 않기 때문이다.

한류 TV 드라마나 영화의 주 성공 요인으로 흔히 지적되는 유교적 가족애나 권선징악적 구도의 호소력도 한류 소비국의 상황이 천차만별이므로 쉽게 일반화되기 어렵다. 한류의 최초 발원지인 중국은 유교문화권이라기보다는 급속히 핵가족화되어 가는 시장사회주의 체제이며, 일본은 선진화된 자본주의 체제로서 중국과의 문화적 성감대 차이가 매우 큰 것이다. 따라서 한국 대중문화에만 특유한 어떤 코드를 상정해 한류의 비밀을 해부하려는 첫 번째 해석 류(문화민족주의)의 시도는 문화 개념의 정태적 실체화에 기인한 지나친 일반화의 오류를 범하기 십상이다.

우리는 한류에 대한 문화산업론적 독해가 갖는 의의를 상당 부분 인정하지만 문화산업론에 근본적 문제가 있다는 사실 또한 지적하지 않을 수 없다. 그 패러다임을 그대로 수용할 경우 한류가 하나의 거대한 질곡에 지나지 않게 되며 이런 함정으로부터 벗어날 길이 거의 무망하기 때문이다. 그러나 문화산업이 질식시켜 버렸다는 문화의 성찰성과 해방적 특질을 고급예술에서 기대했던 아도르노의 희망은 과장된 것이었다. 또한 대중문화의 복합적 잠재력에 대한 그의 진단도 과소평가의 소산이다. 이런 한계는 근본적으로 아도르노의 엘리트주의적인 문화 이해, 즉 앞서 서술된 유물론에 기묘한 방식으로 침투한 문화관념론적 편향으로부터 비롯된다.

문화정신주의자들이 중시하는 이른바 고급문화도 그것이 배태된 당대의 사회경제적 구조와 권력관계의 산물이라는 사실을 상기할 필요가 있다. 이른바 고급문화로 인정받기 위해서 오랫동안의 철학적 담론투쟁과 험난한 권력이동의 과정을 밟아야 했기 때문이다.[5] 문화산업론이 집착하는 고급문화/대중문화의 범주적 구분법의 기초는 이처럼 허약하기 짝이 없는 것이다. 오늘날 명명백백하게 드러나는 객관적 사태는 문화산업의 논리로부터 자유로운 독자적 고급문화나 본격예술을 찾아볼 수 없다는 사실이다.

우리는 문화산업의 전면화를 거부할 수 없는 객관적 추세로 인정하면서도 그 속에 압도되거나 매몰되지 않는 지혜와 실천 능력을 필요로 한

---

5) 예컨대 미켈란젤로는 자신의 조각 작품의 예술성을 변론하는 논고를 공들여 써야만 했다. 그 시기에 조각가는 건축 현장에서의 석공과 비슷하게 낮은 사회적 취급을 받았기 때문이다. 훨씬 이전에 플라톤은 존재론적으로 열등한 이미지를 모사한다는 이유로 화가를 이상국가에서 추방해야 한다고 주장한 바 있다. 그 이후 회화가 고급예술로 인정받기 위해서는 거의 1천 년을 기다려야만 했다. 동북아시아에서도 문인화의 전통이 입증하는 것처럼 회화는 지배층의 교양과 세계관을 장식해 주는 부가적 역할을 주로 맡았다. 사진과 영화가 예술로 인정받기 위해 걸었던 현재진행형의 치열한 담론투쟁의 과정도 한 번 상기해 볼 필요가 있다.

다. 문화산업의 명암을 해부하면서 미래 전망을 제시할 수 있는 통찰은 아도르노의 동료였던 벤야민에게서 발견된다. 벤야민은 시대를 훌쩍 선취하는 혁명적 논고 「기술복제시대의 예술작품」에서 아우라를 상실한 기술복제적 예술 생산과 소비가 갖는 입체적 의미에 주목한다. 기술복제가 일반화된 시대에 예술 고유의 진정성과 유일성은 크게 훼손되지만, 이것이 반드시 부정적인 사태만은 아니라고 주장하는 데서 벤야민은 아도르노의 비관론과 결별한다.

벤야민에 의하면 복제품이 원본과 비교해도 그 권위가 떨어지지 않는 두 가지 이유가 있다. 첫째, 사진이 입증하듯 기술복제가 수동적 복제(전통적인 고급 조형예술 창작)보다 더 큰 독자성을 가질 수 있기 때문이다. 둘째, 기술복제가 원작이 포착할 수 없는 상황 속에 원작의 모상을 가져다 놓음으로써 대중의 문화향수 가능성을 결정적으로 제고시켰으며 새로운 문화정치의 지평을 활짝 열었기 때문이다. 예술의 정체성을 제례가치에서 전시가치로 이전시킨 기술복제시대와 문화산업시대는 집합주체의 문화활동 참여의 여지를 크게 확장시킨 것이다. 기술복제에 의한 예술과 문화의 대중화는 해방과 사회적 실천을 가능케 하는 '예술의 정치화'라는 신천지를 개척했다는 것이다.[6]

물론 우리는 벤야민의 공산주의 찬양을 수용할 수 없으며 복제예술이나 문화산업의 해방적 전망에 대한 그의 기대도 과장된 것이었음을 시인한다. 그러나 벤야민의 혜안(慧眼)은 문화 일반에 대한 다음과 같은 통찰로 상승해 갈 수 있다. 즉 문화가 삶의 다양한 형태와 방식을 통해 총체적으로 관철되기 때문에 일상의 삶 자체가 바로 문화라는 것이며, 이는 대중사회에 이르러 보편적으로 관철되는 경향이 있다는 것이다. 따라서

---

6) 발터 벤야민, 반성완 옮김, 『발터 벤야민의 문예이론』(민음사, 1983), 「기술복제시대의 예술작품」, p.231.

문화관념론이 집착하는 정신 영역의 소산으로서의 배타적 문화 영역을 인정하지 않으며, 문화가 경제활동의 반영에 불과하다는 마르크스주의적 환원론에도 동의하지 않는다. 서로 경쟁관계에 있는 두 고전적 패러다임(문화관념론과 마르크스주의적 문화환원론)은 21세기의 역동적 현실을 이해하기 위해서는 반드시 극복해야 할 단순논리에 불과하다.

한류에 대한 세 번째 해석 패러다임은 일단 이 방향으로 전환함으로써 앞의 두 설명 틀에 비해 더 전향적이다. 그러나 이 해석 틀의 결함은 첫째, 동아시아의 지정학적이나 지경학적 구조의 규정력을 너무 과소평가하고 있다는 데서 발견된다. 한국이 선창하는 동아시아 연대론이나 동아시아 공동체론에 대해 중국과 일본에서의 반향은 참으로 미미한 수준에 불과하기 때문이다. 동아시아 각국의 민족의식과 국가의식의 과잉현상은, 적어도 지금까지는, 셋째 패러다임의 현실적 무력함을 입증한다. 둘째, 건강한 대중문화 교류를 통한 동아시아의 상생과 소통을 강조하기에는 우리 사회의 폐쇄성과 내부지향성이 너무 강력하다는 사실이다. 따라서 한류의 문화철학이 진정한 설명 패러다임으로 승화될 수 있으려면 이 부분에 대한 보완이 필수적이다.

3. 세계화와 한류의 상관성

한류는 세계화가 견인한 동아시아적 '문화산업의 파노라마'로 정의될 수 있다.[7] 세계화를 배제한 한류를 상상할 수는 없으므로 세계화에 대한 일정한 분석이 불가피하다. 갈수록 지식사회의 화두로 부상하고 있는 세계화(Globalization)는 용어 번역에서의 합의 부재가 시사하듯 극도로 다면적이고 복합적이며 역동적인 과정이기 때문에 손쉬운 개념화나

---

7) 장-피에르 베르니에, 『문화의 세계화』(한울, 2000), p.67.

이념형의 설정을 거부한다. 사태의 복잡성을 감안하면 세계화 담론의 백화제방은 당연한 것이다. 그럼에도 불구하고 세계화가 정치, 경제, 문화, 사회의 영역을 총체적으로 아우르는 다층적이고 입체적인 범지구적 차원에서의 현재진행형의 변화라는 기초적 사실은 인정될 수 있다. 중요한 것은 이런 네 가지 영역에서의 변화가 결코 균질적이지도 않으며 특정한 한 요소(예컨대 경제)가 지배적이거나 또는 네 가지 요소들끼리 서로 동행하는 것도 아니라는 사실을 투명하게 이해하는 일이다.

세계화는 비릴리오의 표현인 '지리의 종말(the end of geography)'을 본질적으로 포함한다.[8] 세계화가 지구적 맥락에서의 사회 변환을 초래하여 "근대적 공간 개념을 넘어선 전 지구적 엘리트 권력이 새롭게 부상하는 새로운 형태의 부재지주제"를 창출하는 '권력이동'의 형태로 정의될 수도 있다.[9] 한류를 다루는 우리의 시각에서 의미심장한 현상은 세계화와 함께 각 영역에서의 범지구화와 지역화, 보편화와 특수화의 동역학이 모순적으로 교차, 길항한다는 데 있으며 특히 문화 영역에서 이런 모순의 동역학이 가장 선명하게 드러난다.

세계화는 "초대륙적-지역 간 활동, 상호작용 및 권력행사의 흐름과 네트워크를 만들어내는 사회적 관계 및 사회적 거래"를 조직하는 방식에 심대한 변화가 발생했음을 보여주는 일련의 과정으로 간주된다.[10] 여기서 기존의 세계화 담론들을 '과대지구화론', '회의론', '변환론'의 세

---

8) P. Virilio, *Global Financial Integration: The End of Geography*(London: Chatham House, 1992), p.17.

9) Z. Bauman, *Globalization*(London: Routeledge, 1998), pp.3-5.

10) 세계화를 다룬 수많은 논저들 가운데 데이비드 헬드 외, 조효제 옮김, 『전지구적 변환』(창비, 2002)은 그 포괄성과 균형성, 그리고 깊이에 있어 가장 주목할 만한 합동 연구 결과라 할 수 있다. 세계화의 분석 틀을 세 가지로 나누어 논구하는 아래의 분석은 이 책을 따른 것이지만 이 책에서 사용한 지구화라는 번역 대신 나는 세계화라는 말을 썼다. 같은 책, pp.36-37. 원저는 *Global Transformations*(Blackwell, 1999).

학파로 분류해 보자.[11] 과대지구화론은 경제논리를 강조하면서 신자유주의의 일반화가 탈국가적 세계시장을 형성해 지구적 시장문명을 가져온다고 주장한다. 그 결과 국민국가의 기능은 축소되고 지구적 공치(共治)제도가 제고되며 문화의 잡종화가 세계적으로 확산된다. 이 패러다임은 세계화에 대한 일반인들의 인식을 충실히 반영하는 주류 설명 틀이라 할 만하다.

이에 비해 회의론은 19세기부터 지금까지 진행되고 있는 전 세계의 경제적 상호의존 정도가 역사상 초유의 현상이 결코 아니라고 주장한다. 회의론은 과대지구화론을 신화라고 비판하며 세계경제가 3개의 주요 금융무역 블록(유럽, 북미, 아시아−태평양)으로 진화함에 따라 경제활동이 오히려 지역화되고 있다고 주장한다. 따라서 문화의 지구적 동질화도 또 다른 신화에 불과하다는 것이며, 오히려 세계가 여러 개의 문명권과 문화적, 민족적 고립권으로 나뉘는 현상에 주목한다.

변환론은 국민국가의 종언을 외치는 과대지구화론이나 아무런 본질적 변화가 없다는 회의론 모두를 비판하면서 세계화를 범지구적 차원에서 발생하고 있는 사회, 경제, 정치, 문화 영역의 심대한 변환력과 장기적 역사과정으로 이해한다. 이런 관점에서 보자면 현재 세계화의 총체적 흐름은 역사적으로 유례가 없는 것이지만 그것이 전 지구적 통합이나 단일 세계사회의 등장과 연계되는 것은 아니다. 변환론은 세계화가 어떤 국가−사회−공동체가 점차 지구적 질서에 연계되는 반면, 다른 국가−사회−공동체는 점차 주변화되는 지구적 계층화를 동반한다고 주장한다. 따라서 세계화를 보편주의나 수렴 또는 통합 따위의 개념으로 단순 정의하는 것에 반대하며, 세계화 시대의 문화도 문화와 민족이 섞이는 혼성물의 모순적 네트워크로 이해한다.

---

11) 같은 책, pp.15−27.

나는 기본적으로 변환론을 가장 설득력 있는 세계화 담론으로 보며 변환론의 문맥에서 한류에 대한 정확한 해석이 도출될 수 있다고 생각한다. 한류를 제대로 위치 짓기 위해서는 다음과 같은 전(前) 이해가 필수적이다. 첫째, 문화적 세계화에는 근대 이전까지 소급되는 장구한 역사적 기원이 존재하며 이는 현대의 세계화 이전에도 엄존했던 다양한 세계 종교와 제국들의 지구적 문화의 존재로 예증된다. 둘째, 18세기 후반부터 이런 전통적 형태의 문화적 세계화가 새로이 대두된 국민국가적 문화와 서구적 일반문화의 확산에 의해 대체되었으며 그중 지배적인 것은 국민국가와 연결된 민족문화의 힘이었다. 셋째, 현대의 기술적 변환으로 균형이 한 번 더 바뀌면서 전 세계적 문화 흐름이 생겨났으며 그 결과 민족문화의 정체성이 도전받게 되었는데, 이러한 도전은 대중문화를 견인하는 문화산업의 보편화에 의해 주로 촉발되고 있다는 것이다.[12]

한류의 문화철학이라는 시각에서 볼 때 변환론은 대중음악, TV 드라마, 영화로 현현되는 한국형 문화산업의 복합성을 이해하는 실마리를 제공한다. 먼저 음악은 문자나 구어에 직접 의존하지 않고 표현될 수 있는 장르적 특성을 지닌다. 음악 생산 및 수용의 문화적 확산이 문화 교류에서 상대적으로 용이한 것은 이 때문이다. 그러나 근대의 대중음악산업은 기술의 진보와 함께 고전적 민속음악들의 국지성을 비로소 돌파할 수 있었으며 이를 선도하고 지금까지 압도적으로 규정하는 것은 미국에서 발원한 로큰롤과 팝음악(또는 그 변용)이다. 한류 음악은 미국 대중음악의 한국 버전으로서 그 한국적 특징을 형상화하기가 매우 어려운 장르인 것이다.

TV 드라마나 영화의 한류는 대중영상매체의 세계 구성 효과와 관련해 좀 더 철학적인 분석을 요한다. TV나 영화가 보여주는 세계는 실제의 세계와 다르다. 그러나 현실을 능가하는 영상매체의 박진성은 세계

---

12) 같은 책, p.519 참조.

그 자체를 삼키거나 대체해 버릴 정도로 강력하다. 허구임을 표방하는 오락 프로그램뿐 아니라 현실의 충실한 재현을 자처하는 보도 프로그램에서 우리는 영상물이 묘사하고 재구성하는 대로 세계를 인식하고 대상을 받아들인다. 화면 위에 역동적이고 생생하게 전개되는 세계는 대다수의 대중에게 세계 그 자체나 그 근사치를 의미한다. 특정한 화면과 메시지가 고도로 정교한 편집과 취사선택의 결과이며 이데올로기적 구성물이라는 사실이 영상의 생동감과 자연스러움이라는 겉모습 때문에 잊히는 것이다.

여기서 우리는 영상매체의 복합 메시지야말로 실제보다 더 현실적이고 생동감 넘치는 가장 강력한 최초의 가상실재(virtual reality)라는 사실을 확인할 수 있다. 영상 메시지의 외양적 실재성은 매우 뛰어나서 요사이 문제가 되는 인터넷 공간의 박진감과는 비교할 수 없는 현실감을 시청자들에게 체험하도록 한다. 그것은 현실의 실재와 다르지만 대중들은 그 사실을 잊어버린다. 그 결과 메시지의 팬텀(환영)적 성격은 망실된 채 현실보다 더 강력한 독자적 존재의 층위로 우리에게 투사되는 것이다. 영화 영상의 존재론적 성격은 TV와 차별화되어야 하지만 팬텀적 성격의 극대화라는 측면을 TV와 공유한다.

세계화와 동행한 대중영상매체의 이런 존재론적 성격이 한류에 대해 갖는 의미는 무엇일까? 그것은 한류에 대한 성급한 낙관론이나 비관론이 모두 피상적이라는 사실을 시사한다. 대중영상매체는 세계를 전달할 뿐만 아니라 구성하는 존재이기 때문이다. 따라서 우리는 고급문화/대중문화의 공소한 이분법을 넘어서는 질료적이고 실천적인 힘으로서 한류를 재정의해야 한다. 이런 문맥에서 보면 한류를 위시한 한국 대중문화는 삶의 무늬와 결을 구성하는 일상적 실천 활동으로 규정되어야 한다.

삶 자체를 인간에게서 빼앗지 않는 한 인간으로부터 문화를 박탈하는 것은 원천적으로 불가능하며, 마찬가지로 대중으로서의 현대인에게 대중문화를 제거하는 것도 불가능하다. 바로 이 때문에 한류는 한류 향수자들의 세계를 규율하는 구조이면서 동시에 생동감 넘치는 활력으로 자기변신을 수행할 수 있는 개방성 앞에 열리게 되는 것이다. 한류의 문화산업적 성격을 전제하면서 문화상품의 상품적 성격을 제어할 수 있는 시민적 활동이 요구되는 것은 이러한 구조와 실천의 변증법적 관계로부터 발원된다.

그렇다면 앞서 지적한 바 있는 것처럼 한류에 크게 결여된 소통과 상생의 계기를 어디서 찾을 수 있을까? 그것은 한류, 특히 TV 드라마와 영화가 문화제국주의의 첨병으로 환원될 수 없는 차원을 적극적으로 발굴해 극대화시키는 데 있으며 그 물질적 단초는 세계화가 초래한 미디어 환경 변화에서 발견된다. 국민국가 단위 미디어 모델의 단선적, 일방향적 성격을 변환시킨 세계화의 초국가적 모델에서는 전 지구적 매체 환경 아래에서의 미디어가, 서로 다른 문화들이 만나면서 중첩적 인정과 균형을 이루면서 공존하는 과정에 개입하기 때문이다.

여기서 우리는 세계화 시대에 특유한, "문화들 사이의 동질성과 다양성 사이의 긴장 유지가 문화들 간의 복합적이고 중첩적인 균형을 유지시키는 운동원리"[13]로 전화되는 계기를 동아시아인들이 주체적으로 형성해 갈 수 있다는 실천적 가능성에 착목하게 된다. 이 때문에 나는 세계화와 함께 등장한 지구적 문화산업(음악, 드라마, 영화 등)이 역사와 기억을 갖지 못한 기억 없는 문화이며 따라서 장소도 없고 영혼도 결여한 문화라는 현대판 문화산업론자의 주장에 쉽게 동의할 수 없다.[14]

---

13) R. Robertson, "Mapping the Global Condition," in M. Featherstone, ed., *Global Culture: Nationalism, Globalization and Modernity*(London: Sage, 1990), p.17.
14) A. D. Smith, *Nations and Nationalism in a Global Era*(London: Polity, 1995), p.19.

문화는 우리의 관습, 정서, 무의식, 종교, 법, 문법체계, 표상, 상상력, 실천 등의 총체를 지칭한다. 이런 맥락에서는 문화/문명, 상부구조/토대, 고급문화/대중문화, 본원적 한국 문화/싸구려 한류 등의 범주적 이분법도 당연히 거부된다. 여기서 우리는 문화와 경제, 그리고 다양한 사회적 관계들이 서로 씨줄과 날줄처럼 엮여서 문화라는 총체적 의미망을 건설한다는 사실을 확인할 수 있다. 문화는 순수하게 물질적인 것도 아니고 순전히 정신적인 것도 아니면서, 이 두 영역이 교차하는 가운데 진행되는 인간의 사회적 실천을 총칭한다. 한류를 위시한 대중문화가 중요한 이유는 이제 대중문화가 공기와 물처럼 우리에게 제2의 자연이 되었기 때문이기도 하지만, 대중문화가 지니는 또 다른 가능성과 개방성 때문이기도 하다. 우리를 근원적으로 '호명'하는 대중문화의 입체적 역동성과 복합성이 해명되어야 하는 것이다.[15] 이처럼 세계화 시대의 한류는 생산적인 재발굴과 재조명을 기다리는 현재진행형의 뜨거운 논쟁적 주제인 것이다.

『철학과 현실』(2006년 여름)

윤평중 한신대학교 철학과 교수. 고려대학교 철학과를 졸업하고, 미국 남일리노이 주립대학교에서 철학 박사학위를 받았다. 저서로 『푸코와 하버마스를 넘어서』, 『담론이론의 사회철학』, 『논쟁과 담론』, 『이성만이 우리를 구원한다』 등이 있다.

---

15) 이데올로기의 호명 테제는 알튀세르의 아이디어이다. 내가 보기에 현대의 대중문화는 알튀세르적 이데올로기와 흡사한 것으로서, 허위의식이라는 고전적 정의를 가지고 이데올로기의 물질성을 해명하는 것은 불가능에 가까운 일이다.

지사(志士)와 투사(鬪士)에서 군자(君子)로

임 현 진

1. 머리말

요즈음 우리 사회에서 지식인에 관해 얘기를 하면 과연 지식인이 존재하는가에 대해 의문을 제기하는 사람들이 적지 않다. 분명 지식인은 존재하는데 이러한 지적이 나오는 이유는 한국사회의 급속한 변화 와중에서 지식인의 위상도 스스로 바뀌고 있고 또한 그 역할에 대한 대중의 인식도 바뀌고 있기 때문이다. 예전에는 지식인 하면 때로 비겁하기도 하지만 고결하다는 것이 일반적 통념이었지만, 근자에 들어서는 중심이 없는, 심지어 천박(淺駁)한 집단으로 일부에서 해석하는 경향마저 있다.

지식인 하면 좁게는 지식의 생산에 종사하는 사람들을 의미하지만, 넓게는 지식의 적용에 관련된 사람들을 포함하여 인간사에 대해 고뇌하고 판단하는 능력을 지닌 모든 집단을 일컫는다. 나는 지식인을 넓은 의미로 쓰고자 한다. 지식인으로 교직자, 문학가, 언론인, 행정가, 예술인, 종교인, 변호사, 철학자, 과학자, 대학생 등을 모두 포괄할 수 있다. 이러한 지식인은 정도의 차이가 있지만 현실의 유지보다 개조를 위해 그 모순에 대해 부단히 고민하고 성찰하면서 보다 아름답고 건전한 사회를 만들려는 사람들이다.

흔히 지식인이란 하나의 계급이 되기에는 공통의 이해관계에 의해 결합하지 못하는 특징을 갖는다. 이는 지식인 구성원의 사회경제적 출신 배경의 차이와 직업 구성의 다양성에서 주된 원인을 찾을 수 있다. 마르크스(Karl Marx)에 따르면, 지식 생산과 적용이 사회적 생산관계에서 차지하는 모호한 성격에서 계급적 혼란이 발생한다. 이러한 계급적 위치의 모호성은 거꾸로 지식인으로 하여금 아비투스(habitus)를 통한 자유로운 인식과 독자적인 공론의 형성을 허용한다. 여기서 지식인은 다른 계급의 이해를 자신이 만들어낸 사상을 통해 조망하거나 대변하는 특이한 존재가 될 수 있다. 그렇기에 지식인에게서 전체 총관(total perspective)의 가능성을 내다본 만하임(Karl Mannheim)이 지식인에서 이 계급 혹은 저 계급을 위해 사상과 권력을 결합시켜 주는 이데올로그로서의 일탈을 눈여겨보는 해석은 다소 역설적이지만 틀린 지적이 아니다. 현실초월적인 유토피아를 담아내지만 다시금 현실구속적인 이데올로기로 되돌아가는 지식인의 부정을 통한 긍정이라는 자기모순적인 모습이 나타나는 것이다. 그렇기에 현대사회에서 이익이 다중적으로 분화되고 있음에도 불구하고 그람시(Antonio Gramsci)가 말하는 공적 이해를 위해 노력할 수 있는 '전통적 지식인' 대신 지배권력의 정당화 기능을 수행해 주는 당파적인 '유기적 지식인(organic intellectuals)'이 나타나게 되는 것이다. 우리의 경우에도 예외는 아니어서 푸코(Michel Foucault)와 들뢰즈(Gilles Deleuze)가 지적하는 '전문가 지식인'의 현장성과 기능성이 전통적 지식인의 비판성과 사상성을 침식하고 있는 실정이다.

해방 이후 역대 정권을 통틀어 지식인은 '빵과 자유'의 기본 문제에 대한 고발을 주저하지 않았다. 우리가 오늘 누리고 있는 경제발전과 민주주의의 성취 이면에 지식인의 헌신과 희생을 빼놓을 수 없다. 자본주의적 산업화에 가려진 착취와 억압을 이겨내려 한 것이나 민주화를 위한 참여와 평등을 신장하려 한 노력에서 우리는 한국사회 지식인의 참다운 위상과 역할을 눈여겨볼 수 있을 것이다.

그러면 지식인의 언어와 행동에 대한 대중의 평가가 지난날의 고결함에서 근래에 들어 천박함으로 뒤바뀌고 있는 까닭은 무엇인가? 과거 산업화 과정에서 적지 않은 지식인이 자신의 이해관계를 뛰어넘어 전체 사회발전을 위한 비판적 역할을 했던 것과 달리, 근래 민주화 과정에서 일부 지식인이 체제개혁이란 명분 아래 전체보다 부분만 보는 당파적 역할에 머무르고 있는 것에 대한 일반 대중의 불신 탓이라 할 수 있다. 곡학아세(曲學阿世)를 질정했던 '비판적 지식인'과 달리 일부 '개혁적 지식인'의 견강부회(牽强附會)에서 지식인의 이중성을 보고 있는 것이다. 이제 대부분의 지식인은 사회문제 해결을 위해 적극적으로 나서기를 꺼리게 되었다. 산업화와 민주화 덕택에 '빵과 자유'의 문제가 해결되었다고 보는 관점에서는 지식인이 문제 해결을 위해 투쟁 전면에 나설 이유가 없다는 것이다. 지식인 본연의 책무인 지식의 생산과 적용에 충실한 '전문가 지식인'이 오히려 바람직한 모습으로 득세하고 있다.

지구화의 압박과 도전 아래 오늘의 한국사회에서는 효율과 경쟁이 강조되면서 사람들 사이의 관계에서 공존보다 적대가 두드러지게 나타나고 있다. 이렇듯이 사회관계가 메말라가는 상황에서 지식인의 등불과 같은 책무는 매우 중요하다. 물론 지식인이라 하여 공자나 붓다, 예수나 모하메드처럼 구도자는 아니다. 그러나 지식인에게 사회계몽과 개변을 위한 양심과 정의가 필요한 것은 아무리 강조해도 지나치지 않는다. 그 어느 때보다 미래 한국사회의 발전을 위한 시대정신의 구현을 위한 지식사회의 자기검증이 필요한 시점이다.

이 글의 목적은 우리 지식인의 위상과 역할 변화를 사회변동의 흐름

에 따라 간명히 살펴보려는 것이다. 권위주의로부터 민주주의로의 이행
과 민주주의 심화과정에서 나타난 지식인의 기여와 한계를 검토하면서
미래 한국사회의 발전을 위한 지식인의 과제를 도출해 보고자 한다. 본
문은 두 부분으로 나누어 논의를 전개한다. 먼저 한국사회에서 지식인
의 다양한 존재양식을 지형도를 통해 알아본다. 다음으로 21세기 한국
사회에 기대되는 바람직한 지식인의 책무에 대해 전망한다.

2. 변화하는 지식인의 위상과 역할

1) 권위주의 정권의 지식인상: 기능적 지식인, 비판적 지식인, 진보적 지
식인

해방 이후 1980년대까지 한국은 민간권위주의 정권과 군사권위주의
정권을 겪었다. 해방공간에서 좌우대립을 겪고, 한국전쟁을 통해 동족
상잔을 목도한 지식인 사회는 1950년대 내내 무기력하기만 했다. '예비
지식인'인 대학생을 포함하여 대학교수를 중심으로 한 지식인의 현실참
여가 활발해진 것은 1960년 4월 혁명을 전환점으로 해서였다. 이승만
정권의 독재에 항거하는 교직자, 언론인, 종교인, 대학생 등의 현실비판
이 있었던 것이다.

5 · 16 군사 쿠데타로 집권한 박정희 정권은 '조국 근대화(近代化)'를
새로운 국가 프로젝트로 추진했다. 이 과정에서 권력은 많은 '근대화 인
텔리겐치아'가 필요했다. 1950년대 지식인은 현실도피와 현실저항 사이
에서 고민했다. 이러한 지식인은 1960년대 들어 정권참여와 정권비판
사이에서 분열과 긴장을 더해 갔다. 국가주도적인 위로부터 급속한 선
진국 따라잡기 식의 자본주의적 산업화를 추진한 박정희 정권은 실제로
많은 지식인을 동원했다. 당시 정권에 참여한 '기능적 지식인'은 크게

두 부류로 나눌 수 있다. 하나는 행정관료를 비롯한 전문기술 분야의 기술관료(technocrat)이고, 다른 하나는 정권의 정당화 역할을 수행하는 이데올로그(ideologue)이다. 이와 달리 정권에 참여하지 않은 지식인은 '비판적 지식인'으로 자리잡아 갔다. 비판적 지식인 집단은 한일회담 반대투쟁, 월남전 파병 반대투쟁, 부정선거 무효화 투쟁, 3선 개헌 반대투쟁 등을 거치며 서서히 하나의 정치세력으로 결집되었다. 박정희 정권의 억압성에 저항하고 비판하는 일이야말로 지식인의 본분이라고 여기는 분위기가 대세였다.

유신체제(維新體制)와 긴급조치(緊急措置)로 대변되는 1970년대에 기능적 지식인은 바람직한 지식인의 모델이 결코 아니었다. 실제로 근대화 과정에서 박정희 정권을 보필한 기능적 지식인에 비해 비판적 지식인을 보다 바람직한 역할 모델로 여기는 사회풍조가 생겼다. 박정희 정권에 참여한 교수를 '어용교수'라 질타하는 전통은 바로 이 시기에 생긴 것이다. 박정희 정권이 보다 억압적으로 바뀌고 자본주의적 산업화의 폐해가 누적되면서 지식인은 권력 저항과 비판이라는 역할을 넘어 생산과정에서 착취당하는 민중(民衆)에 대한 깊은 관심을 추구하기 시작하였다. 이 시기 지식인은 '권력의 시녀'이기를 거부하고 '민중의 교사'는 못되었지만 어떻게 하면 민중의 이해를 대변하는 정치적 결집이 가능할 것인가를 찾아 나섰다.

10·26으로 박정희 정권이 무너지고 또 다른 12·12 군사 쿠데타에 뒤이어 신군부에 의한 제5공화국이 들어섰다. 1980년 5월의 광주학살의 경험은 대학가를 이념적으로 급진화시키는 직접적 계기가 되었다. 1980년대 대학가에 단순히 비판적 지식인을 넘어 체제 자체를 송두리째 바꾸고자 하는 '진보적 지식인'이 대두했다. 비판적 지식인은 싫건 좋건 자유민주주의와 시장경제라는 틀 안에 남아 있었다. 진보적 지식인은 달랐다. 일부 대학생들은 자신들을 예비 지식인이나 엘리트로 생각하기

보다 민중의 일부로 자리매김했다. 대학 출신의 진보적 지식인이 노동 현장에 직접 투신하여 활동가로 거듭나고자 했다. 문단의 김지하, 황석영, 그리고 정계의 손학규, 김문수, 노회찬 등이 대표적 예이다. 민주, 민족, 민중의 3민 이념이 제창되기도 하였고, 남북관계와 한미관계를 재해석하려는 시도도 있었다. 나아가 친북 반미 지향도 생겨났다.

2) 민주화 이후 지식인상의 변천: 민주화/지구화의 이중도전과 지식인의 분화

1987년 6월을 전환점으로 한국은 민주주의로 이행을 시작했다. 이에 따라 민주주의 이후 체제 형성에 대해 진보적 지식인 사이에 이념과 방향을 둘러싸고 균열이 일어났다. 지식인 중 일부는 일정하게 열린 정치권에 들어가 권력에 참여하면서 현실을 개혁하고자 했다. 지식인 중 다른 일부는 여전히 권력과 긴장관계를 유지하면서 자본의 운동을 감시하고 비판하는 생활정치에 뛰어들었다. 지식인 중 또 다른 일부는 여전히 체제변혁적인 운동정치를 추구했다. 서울대학교의 고(故) 김진균 교수가 대표적이라 할 수 있다. 이렇듯이 민주화 이후 지식인의 현실참여 양상은 다양했다. 지식인은 더 이상 민주주의라는 공통의 대의를 추구하는 단일 대오가 아니었다. 사회의 모순이나 문제를 어떻게 진단하고 어떠한 대안이나 프로그램을 추구하느냐에 따라 급격하게 분화되었다. 이제 과거처럼 보수적-진보적, 어용적-저항적, 체제동조적-체제비판적 지식인이라는 이분법은 통하지 않게 되었다.

1980년대 말과 1990년대 초 국내외로 급격한 정치경제적 변화가 있었다. 먼저 안으로는 30여 년 만에 처음으로 민간인 출신 대통령이 취임했다. 이어 1998년 최초로 여야 간 수평적 정권교체가 이루어졌다. 다음으로 밖으로 1989년 말 베를린 장벽의 붕괴를 시작으로 '현존 사회주의' 체제가 무너지는 대변혁이 일어났다. 한국은 소련 및 중국과 국교를 수립하는 한편, 북한과 유엔에 동시 가입했다. 세계무역기구(WTO) 및 경제협력개발기구(OECD)에 가입한 것도 이 시기이다. 그렇지만 1997년 외환위기를 겪으면서 'IMF 체제'의 관리에 들어가는 초유의 경제적 난관을 맞기도 했다.

'문민정부'를 자임한 김영삼 정권과 '국민의 정부'라 지칭한 김대중 정권에서의 권력−지식관계는 많은 변화를 겪었다. 30여 년에 걸친 이전의 군사권위주의 정권이 항상적인 정당성 결핍에 시달렸다면, 이 두 민간정부는 달랐다. 적어도 선거를 통해 절차적 정당성을 확보하고 있었다. 군사정부 아래서 탄압받던 지식인 중 상당수가 떳떳하게 정권에 참여했다. 이제 정권에 참여하는 일이 더 이상 '어용교수' 시비에 휘말리는 빌미가 되지는 않았다. 1970년대와 1980년대를 거치면서 민중론을 전개한 한완상 당시 서울대 교수가 통일부장관으로 입각한 것이 한 보기이다. 또한 1990년대에 들어서 각종 시민사회단체들이 급증했다. 일부 지식인이 이를 주도하면서 새로운 유형의 사회참여가 확대되었다. 이들 시민사회단체들은 1980년대의 '변혁지향적인 민중운동'과 차별화되면서 자유주의 노선에 따라 '개혁적인 시민운동'으로 자리 잡았다. 환경운동연합을 주도한 최열, 참여연대를 이끈 박원순이나, 경실련의 핵심이었던 서경석, 유재현 등을 후자의 보기로 들 수 있다.

이 시기에는 민주화와 더불어 신자유주의적 지구화(neo-liberal globalization)의 도전이 거셌다. 1960-70년대 지식인의 역할이 주로 억압적인 국가권력과의 관계에서 설정되었다면, 1980년대에는 경제자본에 대한 감시와 비판이 추가되었다. 이어 1990년대 들어 권력−지식관계의 대립 축은 한국의 국가, 국내 자본, 해외 자본, 지식인 사이의 연합과 대립 등 복잡하게 바뀌었다. 여기에 민주화, 지구화와 결합되면서도 구분되는 정보화 진전이 가져온 권력−지식관계의 변형도 주목할 필요가 있다. 과거 지식인은 한국사회를 총체적으로 인식하는 특권적 지위에 있는 것으로 간주되었다. 외환위기는 이러한 지식인상이 허구였음을 폭로했다. 대학교수를 비롯한 대부분의 지식인이 다른 제도나 조직의 구성원과 마찬가지로 자신들의 좁은 전공 영역에 매몰된 전문가에 불과하다는 인식이 빠르게 사회 전체로 확산되었다. 전체 총관이 가능한 지식인상은 의문시되기에 이르렀다. 사회 전체를 조망하는 총체적 시각이 불가능하다면 이제 남은 것은 각자 자기 위치에서 관찰하고 서로 소통하는 길뿐이다. 이러한 공적 담론의 생산과 유통, 그리고 소비의 과정에서 지식인의 역할, 나아가 대학이라는 제도적 장의 역할은 물론 여전히 남아 있다. 그렇지만 공적 담론은 대학의 전유물이 더 이상 아니다. 인터넷이나 시민운동단체들에 의해 공적 담론이 더욱 활발히 소통되고 있기 때문이다. 지식인이고자 한다면 정치권력과 경제자본과 긴장을 유지해야 할 뿐 아니라, 한국사회의 소통의 장에서 여론을 선도하고 대중에게 인정받아야 하는 시기가 도래한 것이다.

3) 참여정부의 지식인상: '유연한 진보' 혹은 '무늬만 진보'?

'참여정부'는 민주화, 지구화, 그리고 정보화의 흐름이 매우 독특하게 결합하면서 탄생했다. 국가가 주도하는 강압적인 동원정치 시대가 끝나고, 시민사회 안에서 자발적으로 모이는 다중(多衆)의 참여정치 시대가 열린 것처럼 보이기도 한다. 참여정부는 군사권위주의 정권에 대항해 싸우면서 선홍빛 저항의 기억을 간직한 '386 세대', 그리고 '붉은 악마'와 촛불시위 등을 통해 흥겨운 직접참여의 추억을 간직한 '2030 세대'의 뜨거운 성원 아래 출범했다. 이들 젊은 세대 외에도 우리 사회에서 소외된 세력의 광범한 지지가 노무현 정권창출에 기여했음은 물론이다. 그렇지만 환호는 쉽게 야유로 변한다. 즉, 정권창출과 정권유지는 별개이다. 창업과 수성은 전혀 다른 통치 기예를 요구한다. 선거를 통해 참여정부를 탄생시킨 지지자들의 열망이나, 참여정부의 탄생을 반대쪽에서 바라본 기득권층의 질시는 노무현 정권 집권 동안 줄곧 부담과 걸림돌로 작용했다.

현 참여정부는 정책기획위원회, 사람입국·일자리 위원회, 동북아시대위원회, 정부혁신·지방분권위원회, 국가균형발전위원회, 저출산고령사회위원회, 지속가능발전위원회, 빈부격차·차별시정위원회, 교육혁신위원회 등 많은 위원회를 두고 전반적 개혁을 추진한 바 있다. 이런 위원회에 대학교수를 포함한 다양한 지식인이 참여하고 있다. 청와대 정책실장과 대통령 자문 정책기획위원장을 지낸 경북대학교의 이정우 교수나, 정부혁신·지방분권위원회 위원장과 청와대 정책실장을 지낸 국민대학교 김병준 교수, 그리고 국가균형발전위원장을 맡은 한림대학교의 성경륭 교수 등이 대표적이다. 이미 앞에서 지적한 것처럼 민주화 이후 지식인은 반드시 정권참여가 아니라 하더라도 여러 갈래의 시민사회단체들과 인터넷을 비롯한 다양한 채널을 통해 현실참여와 질정을 하고 있다. 참여정부가 이러한 복합적 흐름을 좀 더 제도화하여 지식인의 참여 폭을 넓혀 나가고자 노력한 것은 물론이다. 그렇지만 참여정부는 출범 초기에 이미 한국군 이라크 파병 문제, 후기에 평택 미군기지 이전과 한미자유무역협정(FTA) 체결을 둘러싸고 적지 않은 지식인의 거센 도전과 비판을 받은 바 있다. 참여정부가 인재 등용에 관해 협애한 연고에 얽매임으로써 '코드 인사'니 '회전문 인사'와 같은 비난으로부터 자유롭지 못한 것도 사실이다. 특히 미국과의 FTA 체결과정에서 참여정부에 참여했던 지식인조차 등을 돌리는 현상을 목도한다.

노무현 정권의 국내외 정책은 진보와 보수를 넘나들었다고 볼 수 있다. 교육의 '3불 정책', '세금폭탄'으로 이어지는 부동산 정책, 전시작전통제권 환수, 과거사 정리 등에서 볼 수 있듯 진보적 정책과 아울러 이라크 파병, 출자총액제한제도의 완화, 노동계의 이해에 대립하는 비정규직법 처리, 한미 FTA 타결 등 보수적 정책이 뒤섞여 있다. 진보진영이 보기에는 오른쪽으로 기운 정책이 두드러진 반면, 보수진영이 보기에는 왼쪽으로 기운 정책이 대부분이라 할 수 있다. 이에 대해 구진보적 지식인이 노무현 정권을 '무늬만 진보'라고 비판하고 있다면, '참여적 지식인' 중 진보적, 비판적 분파는 '현실적 진보'로 이해하고 있다. 흥미로운 사실은 노무현 대통령 자신이 경직된 이론체계를 넘어 국익을 위해서는 좌우파 어느 정책도 활용할 수 있다는 '유연한 진보'를 자처하고 있다는 것이다. 지구화 시대에 국내외 정책을 진보와 보수로 이분화하는 것이 과연 적실성을 가지는가를 따져볼 필요가 있다. 국경을 넘어 사람과 상품과 자본이 넘나드는 초국적 자본주의(transnational capitalism) 아래에서 진보와 보수를 신자유주의의 수용 여하에 따라 구분하는 것이 과연 타당할 수 있는가라는 점이다. 문제는 우리가 당면하고 있는 신자유주의가 거역하기 어려운 대세라면 이것에 대해 무조건 반대하는 것보다 대안적 방향과 노선을 제시하는 것이 지식인에게 부과된 책무의 하나이기도 한 것이다.

3. 바람직한 지식인상을 찾아서: 지사형(志士型), 투사형(鬪士型), 군자형(君子型)

현대 한국사회의 가장 큰 변화는 괄목할 만한 산업화와 민주화이다. 경제적으로 규모면에서 세계 12위에 위치하고, 정치적으로 절차면에서 민주주의가 자리 잡고 있다. 그럼에도 해외시장이나 자본에 대한 과도한 대외의존성을 넘을 수 있는 자가충전적인 지식집약적 발전으로 나아가야 하고, 경쟁과 참여가 보장되는 최소주의를 넘어 사회적, 경제적 시민권을 향유할 수 있는 민주주의의 실질화가 요청되고 있는 것이 작금의

[그림] 1960년대 이후 지식인의 존재양식의 변모

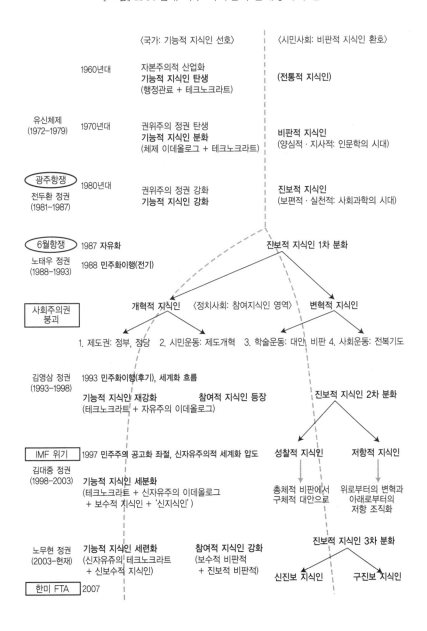

〈국가: 기능적 지식인 선호〉　〈시민사회: 비판적 지식인 환호〉

1960년대
자본주의적 산업화
기능적 지식인 탄생
(행정관료 + 테크노크라트)
(전통적 지식인)

유신체제
(1972-1979)　**1970년대**
권위주의 정권 탄생
기능적 지식인 분화
(체제 이데올로그 + 테크노크라트)
비판적 지식인
(양심적 · 지사적: 인문학의 시대)

광주항쟁
전두환 정권
(1981-1987)　**1980년대**
권위주의 정권 강화
기능적 지식인 강화
진보적 지식인
(보편적 · 실천적: 사회과학의 시대)

6월항쟁
노태우 정권
(1988-1993)　1987 자유화
1988 민주화이행(전기)
진보적 지식인 1차 분화

사회주의권
붕괴
개혁적 지식인　〈정치사회: 참여지식인 영역〉　변혁적 지식인

1. 제도권: 정부, 정당　2. 시민운동: 제도개혁　3. 학술운동: 대안 비판 4. 사회운동: 전복기도

김영삼 정권
(1993-1998)　1993 민주화이행(후기), 세계화 흐름
기능적 지식인 재강화　**참여적 지식인 등장**
(테크노크라트 + 자유주의 이데올로그)
진보적 지식인 2차 분화

IMF 위기　1997 민주주의 공고화 좌절, 신자유주의적 세계화 압도
김대중 정권
(1998-2003)　**기능적 지식인 세분화**
(테크노크라트 + 신자유주의 이데올로그
+ 보수적 지식인 + '신지식인')
성찰적 지식인　저항적 지식인

총체적 비판에서
구체적 대안으로
위로부터의 변혁과
아래로부터의
저항 조직화

노무현 정권
(2003-현재)　**기능적 지식인 세련화**
(신자유쥬의 테크노크라트
+ 신보수적 지식인)
참여적 지식인 강화
(보수적 비판적
+ 진보적 비판적)
진보적 지식인 3차 분화

신진보 지식인　구진보 지식인

한미 FTA　2007

현실이다. 우리는 여전히 '삶의 양'이 중요하면서도 동시에 '삶의 질'이 중시되는 사회에 살고 있다. 사회적 양극화로 인해 먹고사는 문제에 사활을 걸 수밖에 없는 빈자들이 있는가 하면, 명품이나 웰빙의 가치를 추구하는 중산층 이상의 부유한 사람들이 공존한다.

이러한 가운데 지식인이 사라지고 있다는 우려의 소리가 곳곳에서 들린다. 지식인 전체가 멸종되어 가는 것은 아니지만, 개인으로서 지식인은 아직 존재하면서도 집단으로서 지식인은 이제 부재하다는 얘기이다. 돌이켜보면, 우리 사회가 미흡하나마 이 정도의 건강성을 그나마 유지하고 있는 배경에는 전체 사회발전을 위해 헌신해 온 지식인의 역할이 매우 컸다. 이들은 개인의 잘못을 따지기에 앞서 구조의 파행성을 지적하고 인간해방과 사회발전의 열쇠를 체제의 개혁 내지 변혁에서 찾으려 해왔다.

그러나 지식인은 근래에 들어와 여러 가지 다양하고 복잡한 면모를 보여주고 있다. 기성 질서에 대한 도전과 비판보다 방관 내지 협조로 나아가고 있다. 이제 지식인의 사회참여는 물론이고 정치참여조차 당연한 것으로 여기는 발상도 나오고 있는 실정이다. 이제 지식인에게서 과거와 같은 체제 혁파의 주도세력으로서 집합적 주체 형성을 기대하는 것은 더 이상 가능해 보이지 않는다. 지식인의 프티화가 진행 중에 있다.

1950-60년대의 지사형 지식인이나 1970-80년대의 투사형 지식인이 사라지고 있는 주요한 배경이다. 과거의 지식인이 권력과의 관계에서 권력을 직접 담당하고자 하거나, 권력을 정당화하고 운영하는 데 일조하거나 또는 권력을 비판하는 일에 앞장서거나, 권력에 저항하여 새로운 사회를 만들려고 하였다면, 지금의 양상은 사뭇 복합적이다. 지금 한국사회는 독립적인 지식인도 필요하고, 일정하게 민주화되고 지구화된 권력을 위해 조언하고 지식을 산출해 줄 지식인도 요구한다. 지구적 경쟁에서 살아남을 지식과 교양으로 무장한 학생들을 배출할 대학의 지식인도 긴요하다. 그런가 하면 전문 과학 분야나 대중문화 영역에서 활동

할 지식인도 없어서는 안 될 지식인의 유형이다.

오늘날 지식인 중 대다수는 체제타협적인 참여를 일방적으로 매도하려 하지도 않지만, 그렇다고 체제비판적인 도전을 무조건 바람직하다고 수긍하지도 않는 다소 양가적(兩價的)인 양상을 보여주고 있다. 그리고 이러한 양가적 이중성은 장년세대보다 청년세대로 내려갈수록 보다 확연하게 나타나고 있는 것 같다. 여기에서 우리는 지성의 중화(中化) 경향을 엿볼 수 있다.

이제 민주주의는 가장 기본이 되는 시대정신이다. 자유, 평등, 복지, 연대, 환경, 안전 등 여러 가치가 민주주의의 내용을 이룬다. 그러므로 국민에 의해 민주적으로 선출되어 정당성을 가진 정권이라고 해서 공정성과 효율성의 측면에서 비판과 질정으로부터 자유로울 수 없다. 모든 사회 구성원의 인식과 관점의 차이를 인정하면서도 서로 합리적으로 대화할 수 있는 소통의 장을 열어주는 것이 결국 이 시대 지식인의 온전한 몫으로 남아 있다.

민주주의 체제에서는 다수와 소수가 항시 바뀔 수 있다는 전제 아래서 정치게임을 한다. 다수가 소수를 지배하기도 하지만, 소수가 다수를 극복할 수도 있다. 민주화는 역설적인 입장전도(立場顚倒)를 낳았다. 과거 비판받던 사람이 이제 비판하는 입장에 선다. 이른바 '보수적, 비판적, 참여적 지식인'의 등장이다. 또한 과거 비판하던 사람은 비판받는 처지가 될 수 있다. 이른바 '신보수적, 참여적 지식인'이라는 달갑지 않은 이름이다.

물론 보다 근본적인 입장에서 권력과 자본을 비판하고 견제하는 진보적 지식인도 건재하다. 백낙청, 김수행, 최장집, 김세균, 손호철, 임혁백, 김형기, 조희연, 조명래, 홍성태 등이 그들이다. 여기에는 유토피아를 지향하는 '구진보적 지식인'과 시대변화를 따르려는 '신진보적 지식인'이 공존한다. 지식인은 여러 가지 상충적인 사회발전의 미래 비전에 대해 일반 대중이 공론장(public sphere)에서 대화와 소통을 할 수 있는 구실을 해야 한다.

한국의 대학은 지식 생산의 장소로서 어려운 국면에 놓여 있다. 근래 논문 조작과 표절에 관한 논란으로 인해 대학의 권위는 추락하고 있다. 학문 후속세대의 생존 자체가 어려운 실정은 중앙과 지방, 국립과 사립을 불문하고 공통적이다. 일부 교수들은 세일즈맨이 되거나 폴리페서(polifessor)라고 비난의 대상이 된다. 이제 대학은 지식 재생산 구조에서 서구적 종속을 넘을 수 있도록 모방과 이식에서 창조와 발명으로 가야 한다. 기초학문과 응용학문이 함께 갈 수 있도록 자유교육(liberal education)도 강화되어야 한다.

대학은 차세대의 인재(人才)를 길러낼 뿐 아니라 교양 있는 시민을 길러내는 곳이기도 하다. 한국처럼 주요 자원으로 인적 자본밖에 내세울 것이 없는 국가에서 교육의 중요성은 아무리 강조해도 지나치지 않다. 그렇지만 대학생이라는 이유만으로 예비 지식인으로 인식되고, 대학교수가 전통적 지식인의 대표인 것처럼 보이는 이미지는 더 이상 유지되기 어렵다. 지식인이 개인으로서 현실정치나 사회운동에 직접 참여하는 것은 우리 사회가 아직도 정부의 책임성이 약할 뿐만 아니라 시민사회의 다양한 이해를 정당이나 비정부기구(NGOs)가 제대로 표출하여 주지 못하고 있다는 반증이기도 하다.

지금 '대한민국 주식회사'는 지구화라는 거센 파도를 헤쳐 나가고 있다. 그런데 지구화라는 동전의 다른 측면은 개인화이다. 대한민국 주식회사는 더 이상 큰 배 한 척이 아니다. 한국의 사회성원 개개인이 각자의 계급계층적인 위치에 따라 크고 작은 배로 나눠 타고 있는가 하면, 적지 않은 국민은 뗏목에 간신히 의지하고 있는 형국이다. 오케스트라와 같은 지휘가 필요한 것이다. 지식이 없는 권력이나 권력이 없는 지식은 둘 다 무용하거나 완전하지 않을 수 있다. 권력과 지식은 서로 적당한 거리를 유지하면서도 서로 적절한 관계를 맺음으로써 서로를 실현할 수 있다.

이제 마지막 해로 접어든 참여정부의 권력—지식관계가 새로운 거버넌스 양식의 성공적인 실험으로 기억되기를 바란다. 그러기 위해서 메타거버넌스라는 거버넌스에 대한 거버넌스라는 성찰적 접근이 요구된다. 직간접적의 정권참여나 비판적인 목소리를 높이는 것도 지식인의 사회참여 방법이다. 그렇지만 지식인이 권력—지식관계에서 자신의 정체성을 잃지 않으면서도 사회참여를 할 수 있는 방법은 바로 공론장에서 거버넌스에 대한 성찰 작업을 수행할 때가 아닌가 싶다.

당파성을 넘어 공공성과 정의를 추구하면서 사회성원을 묶어세울 연환계(連環計)를 제시하는 지식인의 소통자적 역할이 아쉽다. 서로의 차이를 내장한 연대야말로 한국 지식인이 제시하고 추구해야 할 목표가 아닐까 한다. 성현은 이를 "군자(君子)는 화이부동(和而不同)"이라 이르지 않았던가. 바로 군자형 지식인에 거는 기대이다.

『철학과 현실』(2007년 여름)

임현진 서울대학교 사회학과 명예교수, 한국학중앙연구원 이사장, 시민사회발전위원회 위원장, 대한민국학술원 인문사회 제5분과 회원, 미국 듀크대학교 겸임교수. 서울대학교 사회학과 및 대학원을 졸업하고, 미국 하버드대학교에서 사회학 박사학위를 받았다. 나라정책연구회 회장, 한국NGO학회 회장, 한국사회학회 회장, 한국일보 논설위원, 세계은행 컨설턴트, 듀크대학교 사회학과 초빙교수를 역임했다. 저서로『지구시대 세계의 변화와 한국의 발전』,『21세기 한국사회의 안과 밖: 세계체제에서 시민사회까지』,『전환기 한국의 정치와 사회』,『21세기 통일한국의 모색: 분단과 통일의 변증법』, *East Meets West: Civilizational Encounters and Capitalist Development in East Asia*(Brill, 2007) 등이 있다.

책임지는 사람이 없다

소 흥 렬

신문에 보도되는 사건들을 보면 우리 사회가 깊이 병들어가고 있다는 생각이 들 때가 있다. "미쳤어!"라든지 "망해 봐야 정신을 차릴 거야! 이 놈의 사회는 한번 망해 봐야 돼!"라고 강한 반응을 보이는 사람들도 있다. 우리 사회가 망하기를 바란다는 뜻은 아니겠지만 그것이 불가피할 것 같은 예감을 느낀다는 뜻일 것이다.

우리 사회 자체가 급격한 변화를 겪고 있으므로 그런 변화에 따른 문제들이 생기지 않을 수 없다. 성장 속도가 빠른 청소년기에 겪게 되는 문제들에 비유할 만큼 여러 가지 어려운 문제들이 생기지 않을 수 없는 것이다. 게다가 지금의 세계는 이념적으로나 힘의 균형 면으로나 또 한 번 큰 변화를 치러야만 하게 되어 있다. 이런 국제적 소용돌이 속에서 우리는 남북의 분단문제를 해결하고 어떤 방식으로든 통일을 이루지 않을 수 없다.

독일이 통일되는 과정을 보면 동독이 그 자체로서 와해되어 버린 것 같다. 동독이 서독에 흡수되어 버렸다는 표현이 맞는 것 같다. 우리의 통일은 그런 방식으로 성취되지는 않으리라고 믿는다. 동독의 예가 이미 남과 북을 경고하고 있기 때문이다. 그러나 어느 쪽이든 만일 자체 내에서 사회체계가 와해되어 버린다면 일방적인 흡수에 의한 통일도 가능할 것이다.

우리가 염려하는 것은 이와 같은 대내적, 대외적 문제들이 쌓여 있는 상황에서 과연 우리 사회가 하나의 유기적, 총체적 사회로서 그 문제들을 대처해 나갈 만한 힘을 지니고 있느냐는 것이다. 우리 사회 전체로서의 정신력이 염려된다. 어떤 집단적 정신질환 같은 것이 우리 사회를 무기력하게 만들고 있지 않은지 염려스럽다. 정신을 차리고도 이 어려운 난관을 잘 헤쳐 나갈 수 있을지 의심스러운 상황에서 우리의 정신상태가 그것을 지탱해 나갈 수 있을지 걱정이다.

'미쳤다'는 말은 여러 가지 뜻으로 쓰인다. 표면으로 나타나는 우리 사회의 문제는 여러 가지 의미의 '미쳤다'는 말로 표현될 수 있다. '미친 사람들', '미치게 하는 사람들', '미쳐서 행복한 사람들', '미칠 지경인 사람들', 그리고 '미친 듯이 투쟁하는 사람들'이라는 다양한 표현은 제각기 우리 사회의 여러 가지 문제들을 드러내주는 의미를 가지고 있다. 그러나 중요한 것은 이렇게 드러나는 문제들이 서로 관련되어 있다는 사실이다. 그리고 그런 관련성을 잘 음미해 보면 표면적인 문제들 뒤에 숨어 있는 심층적 문제들을 이해할 수 있다. 그러면 우선 표면적인 문제들이 어떻게 서로 관련되어 있는지를 보자.

미친 사람들

분명히 소수의 사람들이지만 우리 주변에는 돈 쓰는 데 미친 사람들이 있다. 사치스러움, 호화스러움, 낭비의 정도, 향락의 방법 등이 '미쳤다'는 말을 적절하게 하는 부류의 사람들이 있다. 돈을 너무 쉽게 벌었기 때문이라고 설명해 보기도 한다. 부정한 방법으로 돈을 벌었기 때문이라고도 한다. 그들 중에는 정당한 방법으로 돈을 많이 번 사람들도 있다고 한다. 아마 이런 설명들이 모두 적용될 수 있을 것이다. 어떻게 그런 엄청난 돈을 모을 수 있었느냐도 문제 삼아야 한다. 부정한 방법, 불법적인 방법이었다면 법의 처벌을 받아야 한다. 제도상의 문제가 있었다면 제도를 고쳐야 한다. 이런 조처는 점차 취해지리라 기대할 수 있다. 지난 날의 행정적 잘못과 과도기적 현상으로 돌릴 수도 있다. 그러나 아직도 남은 문제는 "내 돈을 내 마음대로 쓰는데 무슨 상관이냐?"라는 태도이다. "내 담배를 내 마음대로 아무 데서나 피우는데 무슨 상관이냐?"라고 생각한 사람들이 있었던 때를 생각나게 한다. 지금은 담배 피우는 사람들의 '자유'가 많이 제한이 되어버린 셈이다. 아마 돈을 마음대로 쓰는 것도 주위 사람들에게 피해를 줄 수 있다는 의식이 일반화되는 날도 올 것이다. 그러나 이것은 담배를 절제하는 일처럼 쉽게 되지는 않을 것 같다.

돈 쓰는 일에 미친 사람들은 모든 것을 돈으로 해결하고자 한다. 법의 질서도 돈으로 파괴할 수 있다고 믿는다. 하물며 도덕적 질서를 존중할 생각이 있을 리 없다. 자녀의 교육문제도 돈으로 해결될 수 있으리라 믿는다. 과외공부를 위해 '무제한'의 돈을 쏟아 넣음으로써 교육풍토를 망쳐버리게 되었다. 자녀들의 취직까지 돈으로 해결하고자 한다. 우리 사회 어느 곳에든 돈으로 멍들지 않은 곳이 없다. 권력구조의 내부까지도 돈의 힘이 지배한다는 소문이다.

우리가 체험적으로 이해하게 된 자본주의 사회의 특징이란 돈이 모든 것을 해결할 수 있다는 이 사실이라고 할 수 있다. 돈의 힘이 자본주의 사회를 발전시킨다는 것은 부정할 필요가 없다. 문제는 그렇게 막강한 돈을 쓰는 일에 절제력이 함께 작용하지 않는다면 그 사회는 돈의 힘으로 망할 수 있다는 것이다. '미친 사람들'은 돈을 쓰는 데 전혀 자제력을 갖지 못한 사람들이다. 그러나 소수의 미친 사람들 때문에 멍들어가는 우리 사회를 책임져야 할 사람들이 또한 문제가 된다. 자제력이 없어서 '미친 사람'이 된 그들을 통제하지 못한 사람들이 문제가 된다.

미치게 하는 사람들

우리 사회는 아무도 책임을 지지 않는 사회라고 한다. 책임 소재가 없는 것은 아니다. 책임 소재가 분명하지 않은 것도 아니다. 책임을 져야 할 일인데도 책임 회피를 하는 것이 사회풍조가 되어 있다. 지위가 낮은 아랫사람이 책임 회피를 할 수는 없다. 책임 전가는 으레 아랫사람에게 하기 때문이다. 문제는 지위가 높은 사람, 권력 행사를 하는 사람이 책임을 지지 않는 데 있다. 권력 행사를 하면서도 책임을 지지 않을 때 아랫사람들을 미치게 한다. 권력자가 책임 회피를 하면 잘못된 일에 대해서 공정한 심판이나 시정을 호소할 데가 없어지기 때문이다. 지위가 높아질수록 아랫사람들에 대한 책임을 더 많이 져야만 하는데도 지금 우리 사회에는 높은 지위의 사람일수록 책임 회피를 하고 책임 전가를 하는 풍조가 널리 퍼져 있다.

말단 행정기관에서부터 최고위기관으로 갈수록 책임 회피의 수단만 더 능란해진다고 한다. 이런 풍조는 대학의 행정기구에서도 그렇다고 하니 다른 기관에서는 말할 것도 없다. 왜 이런 풍조가 생겼을까? 광주 사건 같은 큰일에 대해서도 아직까지 책임을 지겠다고 나서는 사람이 없으니 그런 것에서부터 이런 풍조가 생겼을까? 일제 식민지 시대를 청산하는 문제에 대해서도 식민지의 앞잡이 노릇을 한 사람들이 지금까지 책임 회피를 해왔다. 떳떳하게 책임지겠다는 사람이 없었던 것 같다. 왜 우리 민족이 일제의 식민지가 되었느냐에 대한 책임 문제도 있다. 우리를 식민지화한 일본에게만 그 책임을 돌리는 것으로 역사가 설명되고 있다. 우리 역사를 우리가 책임지는 그런 역사 설명이 필요하다. 언제부터 우리는 우리 역사에 대하여 책임을 지지 않는 민족이 되었을까? 침략자를 탓하는 일에 못지않게 우리 스스로의 책임을 묻는 역사 교육이 필요하다. 오늘날 우리 사회가 책임을 지지 않는 풍조로 병들어가는 것도 그 근원을 따져보면 우리의 역사 교육, 역사 인식에까지 거슬러 올라가야 할지 모른다.

다행히 우리 사회에도 책임을 지게 하는 영역들이 있다. 아마 기업의 세계가 이 점에서는 가장 모범적일 것이다. 치열한 경쟁에서 살아남아야 하는 기업 세계이기 때문이라고 생각된다. 기업 세계에서의 책임지는 풍토가 다른 사회 영역에까지 확산될 것을 기대하지 않을 수 없다. 권력 행사를 하면서도 아무 일에 대해서도 책임을 지지 않으려는 비겁한 사람들, 남을 미치게 하는 사람들이 권좌에서 물러나는 사회가 되어야 할 것이다. 그러나 그들을 권좌에서 몰아내고 책임질 줄 아는 사람들이 그 자리를 차지하게 하는 데는 사회 전체적인 분위기와 가치 기준이 작용한다. 남을 미치게 하는 기회주의자들이 득세할 수 없게 하는 사회의 감시와 견제가 필요한 것이다.

미쳐서 행복한 사람들

권력자가 아무 일도 책임을 지지 않는 풍토에서는 '안 되는 일도 없고, 되는 일도 없게' 된다. 게다가 그런 권력이 부패하게 되면, '나쁜 일은 안 되는 것이 없고, 좋은 일은 되는 것이 없게' 된다. 이것이야말로 미치게 하는 상황이다. 상황이 이쯤 되면 사람들은 현실 타협의 길을 택하게 된다. 미치기보다는 자기의 가치 기준을 바꾸어서 타협적인 방법을 택하는 것이다. 권력의 부패는 사회적인 양심의 도태를 그 결과로 가져온다.

잘못된 역사에 대해서 아무도 책임지는 사람이 없고, 아무도 역사적 심판을 두려워하지 않는다면 누가 양심을 지키려고 하겠는가? 누가 정의와 진리의 편에 서고자 하겠는가? 우리는 너무 오랫동안 정의와 진리가 짓밟혀오는 것을 체험하였다. 너무 오랫동안 현실주의와 기회주의가 승리하는 것을 목격해 왔다. 이런 과정에서 우리의 전통적 가치관도 무너져버렸으며, 우리의 양심을 지켜주어야 할 종교, 예술, 철학, 교육, 언론 등이 모두 현실 타협의 길을 택하게 되었다. 정의가 권력을 심판하는 것이 아니라 권력이 정의를 결정하는 가치 전도가 묵인되게 되었다.

우리의 종교, 예술, 철학, 교육, 언론 등은 현실도피의 방법을 가르치고, 현실 문제에 무감각할 것을 가르쳐왔다. 현실도피적인 종교에 미쳐서 행복한 사람들이 많다. 예술적 환각 작용에 취해서 행복한 사람들이 많다. 허위적인 관념의 철학에 안주하면서 만족하는 사람들이 많다.

그래도 완전히 미치지 않고 살아 있는 것은 종교라고 할 수 있다. 양심의 소리를 지켜주는 것은 종교의 힘이라고 할 수 있다. 예술에서는 문학이 가장 줄기차게 사회적 양심의 기능을 지켜왔다. 지금은 연극에, 음악에, 미술에, 춤에, 건축에, 영화에까지 양심의 소리가 깨어나고 있다. 교육과 언론의 세계에서도 새로운 자각이 일어나고 있다. 그러나 아직은 너무 많은 사람들이 미쳐서 행복한 상태를 벗어나지 못하고 있다. 권력의 무능과 부패를 심판하고 견제해야 할 책임이 우리의 종교, 예술, 철학, 교육, 언론에 있다는 사실을 망각해 버린 사람들이 아직은 너무 많다.

미쳐서 행복한 사람들이 되게 하는 것은 식민지의 문화정책이었다. 이렇게 보면 우리는 아직도 일제 식민지의 문화정책이 남겨놓은 상처를 완전히 치유하지 못한 것 같다. 우리 자신의 역사에 대하여 책임지는 우리의 종교, 예술, 철학, 교육, 그리고 언론을 회복하는 일이 아직도 청산되어야 할 과제로 남아 있는 것 같다. 그런데 미쳐서 행복한 사람들에게 문제의식을 깨우쳐주기란 쉬운 일이 아니다. 현실로부터 눈을 돌림으로

써 행복을 느끼고 있는 사람들에게 현실 문제를 의식화하게 하는 일이란
여간 어려운 일이 아니다.

미칠 지경인 사람들

우리가 눈을 돌려서는 안 될 현실이란 '미칠 지경인 사람들'의 현실이
다. 가난하기 때문에 늘 당하는 사람들이 있다. 홍수가 나도 그들은 가난
하기 때문에 남들보다 더 큰 피해를 당했다고 생각한다. 전혀 억지만은
아닌 생각이다. 돈이 없기 때문에 돈 있는 사람들이 당하지 않는 억울한
일을 당해야 한다고 생각하는 사람들이다. 집이 없어서 셋방살이 하는
사람들은 집세가 오름으로써 당하게 된다. 전셋값이 올랐기 때문에 은
행에서 특별 대출을 해준다고 했다. 은행 돈을 빌려서 집주인에게 주었
다. 은행 돈을 갚아야 하는 책임은 가난한 사람들이 져야 하므로 역시 그
들만 당한 셈이다. 법과 제도는 끊임없이 약자들을 억누르기만 한다고
생각한다.

농민들도, 노동자들도, 어민들도 늘 당하기만 한다고 생각한다. 법과
제도와 정책이 그들을 억압하고 착취하는 데 악용되고 있다고 생각한
다. 미칠 지경인 처지를 견디다 못해 그들은 가끔 한 번씩 분노를 터뜨린
다. 그 결과는 주동자 몇 사람들이 희생되는 것으로 끝난다. 모든 것이
야속하고 더욱 미칠 지경이지만 참고 견디는 수밖에 없다. 견딜 수 없는
사람은 자살을 한다. 미쳐버리는 사람들도 있다. 농토를 팔아서 증권시
장에 뛰어든 농민들은 미친 짓을 한 결과가 되고 말았다.

미칠 지경인 사람들은 또 있다. 의지할 데 없는 노인들도 가끔 자살을
한다. 유교적인 가족제도가 무너져가는 과정에서 그것을 대치할 만한
다른 제도나 가치 기준이 마련되지 못했기 때문이다.

여성으로서 차별대우를 받는 사람들도 미칠 지경인 경우가 많다. 이

제는 표면적으로 내세우면서까지 여성을 차별한다고 하지는 않지만 이면적으로 차별하는 사람들은 많다고 한다. 사회가 아직은 그들을 보호해 주지 못하므로 어디 호소할 데가 없다고 한다. 호소해 봤자 실질적인 도움이 되지 못하는 경우도 많다. 여성의 차별은 가난과 직결된 것이 아닐 때도 있다. 돈에 미칠 정도로 돈이 있는 사람들의 계층에서 오히려 여성 차별의 사례가 나오기도 한다. 고등교육을 받고 좋은 가정 배경을 가진 여성이 결혼관계에서 차별대우를 받고 미쳐버리는 수도 있다. 아마 미칠 지경에 있는 여성들은 신문 보도에 드러나는 사람들보다 훨씬 더 많을 것이다.

우리의 어린 수험생들도 미칠 지경에 있는 사람들이다. 이것은 미래 사회를 고려할 때 심각한 사회문제가 아닐 수 없다. 그런데도 지금의 입시제도는 그대로 방치되고 있다. 미칠 지경으로 젊은 날을 보내게 된 사람들이 곳곳에서 어처구니없는 사건을 저지르고 있다. 자살로 이끌어가는 미칠 지경만이 아니라 쉽게 살인을 하게 하는 미칠 지경의 젊은이들이 우리 사회의 앞날을 염려하게 한다. 입시 공부라는 경쟁관계, 빈부의 차이가 주는 적대감, 분노, 그리고 한편으로 호화, 사치, 낭비, 향락이 저질 매스컴의 유혹과 함께 가져오는 가치관의 혼란이 우리의 젊은이들을 미칠 지경으로 몰아가고 있다.

'미친 사람들', '미치게 하는 사람들', '미쳐서 행복한 사람들'이 모두 '미칠 지경인 사람들'에 대한 책임을 져야 하는데도 우리 사회는 마치 주인이 없는 배처럼 표류하고 있다. 방치되어 있다. 무엇이 잘못되었기 때문인가? 심층적인 문제의 원인은 무엇일까?

지향가치와 필요가치

한 사회가 독립국가로 존속해야 하는 기본 이유는 경제적 필요성이다. 생존을 위한 경제적 필요를 충족시키기 위함이다. 경제적으로 생존할 수 없는 국가는 붕괴된다. 다른 국가의 지배에 예속되고 만다. 경제적으로 살아남을 수 있다는 것은 필요가치의 기본이다. 이러한 필요가치를 충족시킬 수 없는 국가는 독립국가로 존속할 자격이 없다. 이 필요가치의 충족을 위하여 국가 간에 경쟁도 하고 협력도 해야 한다. 국내에서도 경제적 집단이나 개인 간의 경쟁은 불가피하다. 경쟁의 결과로 나타나는 불공평한 분배 문제라든지 공정한 경쟁을 위한 질서의 문제 등은 하나의 국가 사회가 존속하기 위한 기본 문제이다.

그러나 하나의 독립국가로 존속하는 사회는 필요가치의 충족만으로 그 존재 의의를 가질 수는 없다. 그 사회가 긍지를 느끼는 것, 자부심을 갖게 하는 것, 또는 그 사회의 정체감(아이덴티티)이 되게 하는 것은 문화적 차원의 가치들이다. 이것은 지향가치라고 할 수 있는 이상적 가치 또는 본질적 가치로 추구되는 것을 말한다.

이러한 지향가치는 보편성을 가지면서도 특수성의 측면을 갖기 때문에 그 사회의 문화적 정체성과 긍지의 바탕이 될 수 있다. 보편적 기준에 의거해서 그 수월성이 인정되면서도 그 문화권 고유의 특수성을 지니는 그런 가치들이다.

우리 사회는 그동안 필요가치의 충족을 위한 경제적 성장에 몰두해 왔다. 급격한 경제성장을 이룩할 수 있었던 것을 우리는 자랑스럽게 여긴다. 그러나 지향가치의 측면에서는 우리의 전통문화를 내세우는 것으로 급급할 수밖에 없었다. 오늘의 우리 종교가 성취해 놓은 바가 없는 것은 아니다. 예술의 영역에서도 그렇다. 그러나 우리에게 긍지를 주고 "이것이 오늘의 우리 문화이다"라고 내세울 만한 창작을 성취하는 데는 미흡했다. 아마 여기서는 그래도 우리의 예술이 가장 앞서 있다고 할 수 있을 것이다. 철학이나 과학에서는 내세울 만한 것이 별로 없는 것 같다. 종교도 전통문화적 가치를 크게 벗어나지는 못한 것 같다.

지향가치는 우리 사회가 추구하는 이상을 제시한다. 우리 사회가 어디로 갈 것인지, 그 방향을 제시한다. 필요가치는 생존의 조건으로 충족되어야 할 것이므로 언제나 더 충족한 방향으로 발전하는 것을 목표로 하게 한다. 그러나 필요가치의 충족이 곧 지향가치의 실현을 뜻하지는 않기 때문에 필요가치와 지향가치는 두 개의 독립된 기준으로 작용해야 한다. '행복한 돼지' 또는 '만족한 돼지'에게는 문화가 없다. 문화적 긍지와 정체성이 없다. 우리 사회가 제기하는 문제에도 우리의 가치 기준이 필요가치의 충족에만 치우쳐 있다는 사실이 작용하고 있는 것 같다. '미친 사람들'이라고 한 사람들에게도 '문화가 없다'는 말을 한다. '미치게 하는 사람들'이나 '미쳐서 행복한 사람들'에 대해서도 같은 말을 할 수 있다. 찬란한 문화 전통을 자랑하는 우리가 왜 이런 과오를 범하게 되었을까?

생활양식과 정치이념

한 사회에서의 지향가치와 필요가치를 매개하는 것은 그 사회의 정치이념과 생활양식이다. 정치이념과 생활양식은 각각 그 두 가치 기준에 의해서 결정되면서 또한 그 두 가지 가치들 간의 균형과 조화를 위한 매개 역할을 한다.

우리 사회의 종교, 예술, 철학, 과학이 지향하는 가치는 우리의 정치이념이 추구하는 이상적 가치관의 내용이 된다. 정치이념은 그러한 이상적 가치관을 바탕으로 하여 필요가치의 충족에 필요한 도구적 가치들을 제시한다. 그러나 도구적 기능을 하는 정치이념 그 자체가 지향가치에 대한 결정권을 가져서는 안 된다. 지향가치의 추구가 이념적인 도구적 가치의 지배를 받게 될 때 문화적 창조는 마비되고 마는 것이다. 종교, 예술, 철학, 과학에서의 탐구는 정치이념의 지배로부터 자유로워져야 하며, 그런 독립적 관계에서 정치이념이 지향가치와 필요가치를 매개해 주는 관계를 지켜가도록 해야 한다. 다시 말하자면, 정치이념이 종교, 예술, 철학, 과학의 비현실적, 비역사적 도피성을 제재해 주도록 해야 하는 것이다.

지금까지 우리 사회에서 문제가 된 것은 정치이념이 오히려 지향가치의 추구를 현실도피적으로 유도하는 데서 나타난 것이라고 생각된다. 이것은 곧 우리의 정치이념이 우리 역사에 대하여 책임지는 정치이념이 아니었음을 말하기도 한다. 정치이념에 있어서도 우리는 아직 예속의 역사를 완전히 벗어나지 못하고 있다는 뜻이다.

생활양식의 측면도 지향가치와 필요가치는 두 가지 기준으로 작용한다. 우리에게 맞는 생활양식은 필요가치의 충족 수준과 지향가치의 방향에 맞게 결정되어야 하는 것이다. 무엇이 사치스러운 것인가? 무엇이 낭비에 해당하는가? 무엇이 지나친 외래 풍조인가? 무엇이 우리의 전통과 특수성을 살리는 것인가? 이러한 생활양식상의 문제를 결정하는 데는 필요가치의 기준과 지향가치의 기준이 함께 적용되어야 한다.

이를테면, 종교적으로든 철학적으로든, 혹은 예술과 과학의 입장에서 보든, 평등화는 지향가치의 하나로 추구되어야 하는 것이라면, 경제성장을 구실로 한 불평등의 묵인 내지는 조장은 정치이념적으로나 생활양식적으로나 잘못된 판단이었다. 우리 사회 각 부분에 '미칠 지경인 사람들'이 있다는 사실은, 같은 이유로, 정치이념과 생활양식에 대한 잘못된 판단 때문이라고 할 수 있다.

'미칠 지경인 사람들'이 곳곳에 있는데도 우리 사회가 아무런 책임도 지지 않고 아무런 대책도 세우지 않는 상태에서는 사회체제 자체에 대한 부정을 할 수 있다. 권력을 행사하면서, 그 권력의 부패가 문제시되는데도, 아무런 책임을 지지 않는 권력체제에 대한 부정은 불가피하다. 그것은 오히려 우리 사회가 안으로부터 와해되어 버릴 것을 염려하는 데서 나온 부정이라고 할 수도 있다. 누구보다도 현실 문제를 체험으로 느끼고 있는 '미칠 지경인 사람들'이라면 더욱더 그러한 체제 부정을 할 수 있을 것이다.

지금 우리 사회에는 '미친 듯 투쟁하는 사람들'이 있다. '미친 사람들', '미치게 하는 사람들', '미쳐서 행복한 사람들'뿐만이 아니라 '미칠 지경인 사람들'이 있다는 사실을 생각하면 이들의 투쟁 방법이 '미친 듯한 투쟁'이 될 수밖에 없다는 것도 이해가 된다. 우리의 종교, 예술, 철학, 과학이 지향가치를 추구하면서 우리 역사에 참여하는 적극적 역할을 할 수 있게 되지 않는 한, 그러한 투쟁 방법이 없어지지는 않을 것이다. 그것은 우리의 정치이념과 생활양식이 우리의 지향가치와 우리의 필요가치에 맞게 제대로의 매개 기능을 하게 되는 풍토의 조성을 말한다. 이것은 또한 우리의 교육이 권력의 입김과 돈의 지배, 그리고 불필요한 경쟁으로부터 자유로워지는 풍토를 말하며, 우리의 언론이 그것이 표방하는 바대로의 사회적 기능을 할 수 있는 풍토를 말한다. 미친 듯이 투쟁하지 않아도 사회문제를 해결해 나갈 수 있는 사회는 문화가 있는 사회라고 할 수 있다. 문화민족임을 자랑하는 우리에게는 지금 그런 문화가 없다. 이것이 지금 우리 사회의 문제이다.

『철학과 현실』(1990년 겨울)

소흥렬 포항공과대학교 철학과 명예교수. 계명대학교, 연세대학교, 이화여자대학교의 철학과 교수를 역임했다. 미국 알마대학교를 졸업하고 미시간대학교에서 박사학위를 받았다. 저서로 『자연주의』, 『철학적 산문』, 『철학적 운문』, 『논리와 사고』, 『과학과 사고』, 『윤리와 사고』, 『자연주의적 유신론』 등이 있다.

가치의 다원화와 비평정신의 회복

최 정 호

1.

사람은 저마다 행복을 추구하며 산다. 이것은 자명한 사실이다. 아무도 삶의 목적으로 불행을 추구하는 사람은 없을 것이다.

자명하지 않은 것은 사람들이 무엇을 행복으로 생각하느냐 하는 행복의 내용이다. 사람마다 행복을 추구한다는 점에선 예나 지금이나 다를 바가 없지만, 사람들이 추구하는 행복의 내용, 행복의 표상은 시대에 따라 사회에 따라 다를 수 있다.

한국 사람들이 추구하는 행복의 내용이 가령 일본 사람들의 그것과, 혹은 고대 그리스 사람들의 그것과 반드시 똑같지는 않은 것 같고, 또 현대의 한국인이 추구하는 행복의 표상이 왕조시대의 한국인이 추구했던 행복의 표상과 꼭 맞아떨어진다고 할 수도 없을 것이다.

오늘의 한국 사람들이 추구하는 행복의 표상이란 그렇다면 어떤 것일까? 나는 그것을 전통적인 기복(祈福)사상의 변형된 표상이라 생각해 보고 있다.

한국 사람들은 있는 사람 없는 사람 가릴 것 없이, 배운 사람 못 배운 사람 가릴 것 없이 예나 지금이나 항시 복을 빌며 살아왔고 살고 있다. 나 자신과 내 가족과 내 가까운 친지의 복을 빌며 살아왔고 살고 있다.

그 복의 내용이란 여러 가지 다른 풀이, 다른 이름들이 주어지고 있지만, 전통적으로 수(壽), 부(富), 귀(貴), 다남자(多男子) 네 가지가 그 알맹이가 되고 있었다. 되도록 오래 살았으면 하는 장수의 복, 되도록 많은 돈을 벌었으면 하는 치부의 복, 되도록 높은 벼슬을 했으면 하는 출세의 복, 되도록 많은 자식을 낳았으면 하는 후사(後嗣)의 복이 그것이다.

이 같은 복을 비는 한국인의 기복사상은 한국 문화의 기층을 이루고 있는 무속신앙(shamanism)과 서로가 원인이 되고 결과가 되면서 유지되어 왔다. 그뿐만 아니라 이 뿌리 깊고 끈질긴 기복사상은 우리나라에 들어온 외래의 고등종교하고도 습합(習合)하여 가령 불교를 기복 불교화하고 기독교조차 기복종교화하고 있음을 보게 된다. 유교를 건국의 이념으로 삼았던 조선시대에도 여러 가지 제의(祭儀)의 형태로 또는 민간신앙의 형태로 기복사상은 무속신앙과 함께해 줄기차게 맥을 유지해 왔다.

물론 근대화 이후 산업화된 한국의 현대사회에 있어 전통적인 농경사회의 기복사상의 내용이 그대로 오늘의 한국 사람들이 추구하는 복의 표상과 일치할 수는 없다. 무엇보다도 "아들딸 구별 않고 하나만 낳아 잘 기르자"는 가족계획의 이상과 부부 중심의 핵가족제도가 보편적으로 수용되고 있는 현대 한국사회에서 '다남자의 복'은 완전히 구시대의 것으로 거의 사멸되어 갈 것으로 보인다. 그러나 장수를 하고 치부를 하고 출세를 하는 수, 부, 귀의 복은 현대를 사는 한국인에게 있어서도 변함없는 행복 추구의 구체적인 목표가치가 되고 있다.

한국인의 삶에 근원적인 동기 부여를 하고 있는 이러한 기복사상은 한국인의 삶에 의해서, 그리고 한국인의 삶을 위해서 형성되는 한국의 문화 전반에도 크고 폭넓은 영향력을 미치고 있는 작용인(作用因)이 되고 있을 것으로 생각된다.

수(壽)를 추구하는 복 사상이 전제하고 있는 생명지상주의, 현세긍정주의, 부(富)를 추구하는 복 사상이 함축하고 있는 물질주의, 금전만능사상, 귀(貴)를 추구하는 복 사상에 내재된 출세주의, 관존민비사상, 다남자(多男子)를 기원하는 복 사상이 지니고 있는 가문주의, 남존여비사상 등은 다 같이 한국 문화에 특징적인 성격을 주고 있는 한국인의 가치관 형성에 그 바탕을 이루고 있는 것으로 보인다.

2.

수, 부, 귀, 다남자의 기복사상에 내재된 위와 같은 여러 특징들은 그것을 파헤쳐 살펴보면 거기에는 다시 다음과 같이 서로 상통되는 공약수가 있음을 알 수 있다.

우선 수, 부, 귀, 다남자는 모두 다 나를 동심원(同心圓)의 축으로 하고 있는 이기주의적, 개인주의적 복이라는 공약수가 있다. 수는 '나'의 목숨의 복이요 부는 '나'의 가족의 복이며, 귀는 '나'의 가문의 복이고 다남자는 '나'의 후사의 복이다. 거기에는 '나'를 초월하는 남, 타자의 존재가 개입될 수 있는 여지가 없다.

한편 수, 부, 귀, 다남자는 궁극적으로 모두 다 양(量)의 개념, 보다 많은 것을 추구하는 양의 개념이라는 공약수를 갖는다. 보다 더 오래 살고, 보다 더 큰 재산을 모으고, 보다 더 높은 벼슬을 하고, 보다 더 많은 아들을 두고자 하는 복의 추구는 양(量)의 선(善)을 추구하는 윤리라고 할 수도 있다. 짐멜(Georg Simmel)의 말을 빌리자면 그것은 "보다 많은 삶으로서의(als mehr Leben)" 복이요, "삶보다 이상의 것(Mehr als

Leben)"을 추구하는 복은 아니다.[1]

결국 복 사상에 내재하는 위와 같은 현실주의, 현세주의, 자아중심주의, 양의 윤리 등은 그것을 부정적으로 표현한다면 '나'를 넘어서는 '남'과의 세계가 열리지 않는다는 것, 현실적, 현세적인 것을 넘어서는 피안(彼岸)의 세계가 열리지 않는다는 것, 요컨대, 타자(他者)의 부재(不在), 초월의 부재로서 특징지어 볼 수도 있을 것이다.

타자의 부재. 초월의 부재. 이 양자는 복 사상을 바탕에 깐 한국 문화의 기본적인 성격을 이루고 있는 것이 아닌가 생각된다.

'나'와 대등한 '남'의 존재를 인정하고 그러한 타자의 매개를 통해서, 서로 똑같은 권리로 복을 추구하는 많은 남과의 공존 속에서 비로소 열리는 '공(公, public)'의 세계(Öffentlichkeit)가 한국 문화에 쉽게 자리 잡지 못하는 것은 바로 '타자의 존재'가 시야에 들어오지 않는 복 사상이 갖는 자폐적, 자아중심적 성격 때문이 아닌가 생각해 본다. 타자의 부재가 낳은 한국 문화의 두드러진 특징을 문학작품에서 보기를 든다면, 가령 우리나라 고전문학에는 『구운몽』, 『사씨남정기』 같은 양반문학에서부터 『춘향전』, 『심청전』에 이르는 서민들의 판소리 사설에 이르기까지 전혀 '친구'의 존재가 등장하지 않고 있다는 사실을 들 수 있다.

한편 '초월의 부재'라는 복 사상의 또 다른 특징은 현세주의적 유교의 영향과 어울려 이 땅에 들어온 고등종교를 거의 예외 없이 기복종교화하고 말았다. 심지어 유교의 조상숭배까지도 초월적인 사자(死者)를 위한다기보다도 명당 찾기, 족보 치장 등에서 보듯이 후손의 부귀영화라는 생자(生者)를 위한 현세봉사적, 당대이용적 명분으로 전락하고 있음을 본다. '초월의 부재'가 낳은 한국 문화의 또 다른 두드러진 특징은 외국

---

[1] Georg Simmel, *Lebensanschauung, Vier metaphysische Kapitel*(München und Leipzig, 1918), S.20.

의 경우, 연극이나 무용, 미술이나 문학에서 흔히 보는 '죽음의 예술(ars moriendi)'이 우리나라에는 발달하지 않고 있음을 들 수 있다.

나아가 초월의 부재는 절대자를 추구하는 종교사상이나 철학사상의 발전에 제약요인이 되었을 뿐만 아니라 과학사상의 발전에도 제약요인이 되지 않았는가 짐작해 본다. '기술'은 그것을 개발한 사람의 이익에 봉사한다는 점에서 인간적이요, 인간의 내재적, 주관적 목적을 위해 있다. 그러나 '과학'은 그것을 연구하는 사람의 이익에 직접 봉사하는 것은 아니다. 과학은 인간의 내재적, 주관적 목적을 추구함으로써가 아니라 그러한 것을 초월하는 객관적 진리의 탐구를 통해서 발전한다. 그렇기에 과학적 진리의 발견은 때에 따라 그것을 발견한 사람에게 이익이 아니라 불이익을 안겨주는 경우도 있다. 지구의 과학은 지구의 공전 원리를 발견한 지동설의 주창자에게 죽음의 불이익을 안겨준다고 하더라도 "그래도 지구는 돈다"고 말할 수 있을 때 비로소 발전하는 것이다.

3.

한국인의 복의 표상에서 특히 한국인의 가치관 형성에 결정적인 영향을 미쳤고 지금도 미치고 있는 것이 귀(貴)의 개념이라 생각된다.

'가치'란 결국 사람이 선호하는 관점(觀點)이다.[2] 그 점에서 가치란 매우 주관적인 것이기도 하다.

귀의 개념이 전통적으로 한국인의 가치관 형성에 큰 몫을 하여왔다는 것은 바로 귀의 개념이 갖는 주관인 성격 때문이다. 수(壽)나 부(富),

---

2) Martin Heidegger, *Holzwege*(Frankfurt a. M., 1957), S.210; Karl Deuysch, *The Nerves of Government. Models of Political Communication*(New York and London, 1960), p.240에서 밝힌 '가치'의 해명을 참조할 것.

또는 다남자(多男子)가 무엇이냐 하는 데 대해서는 이론(異論)이 별로 있을 수 없겠으나, 귀(貴)가 무엇이냐, 무엇을 귀로 보느냐 하는 데 대해서는 시대에 따라 고장에 따라, 또 사람에 따라 여러 가지 상이한 견해, 저마다 다른 주관적인 해석이 있을 수 있다.

무릇 높은 것, 높여야 하는 것, 흔하지 않은 것, 드문 것, 공경받는 것, 공경해야 하는 것이 귀이다. 그 점에서는 귀란 모든 것에 편재(遍在)하는 속성, 비록 그에 이르는 길이 쉽지는 않아도 그 가능성은 모두에게 열려 있는 보편적인 가치 개념이라고 할 수가 있다. 사람도 누구나 노력을 해서 학식을 쌓고 덕망을 쌓으면 남의 공경을 받는 고귀한 인격, 존귀한 인격이 될 수가 있다. 비록 그러한 인격을 닦은 사람의 존재가 희귀하다고는 하더라도 그 가능성은 누구에게나 개방되어 있어 마땅한 것이다.

귀를 하기 위해서 관작을 차지한다는 것은 귀의 많은 가능성 가운데 하나에 불과하다. 왜냐하면 시대나 사회가 상이함에 따라 또는 보는 사람의 입장이나 시각이 상이함에 따라 관작을 귀하게 보지 않을 수도 있는 것이다. 오히려 그보다는 참된 것(眞), 착한 것(善), 아름다운 것(美), 또는 거룩한 것(聖)을 귀로 보는 관점도 얼마든지 있고 있을 수 있고 있어서 마땅하다. 요컨대 귀는 매우 다양하고 다원적인 개념이라고 할 수 있다.

그처럼 다양한 해석 가능성, 다양한 전개 가능성을 갖는 귀의 세계가 우리나라에서는 오래도록 오직 벼슬을 하는 것으로만 외곬으로 좁혀 풀이되고 있었다는 데에 한국적인 가치관의 답답한 단원적(單元的) 구조는 뿌리박고 있다.

보편적, 개방적인 가치 개념으로서의 귀가 한국인의 복 사상에 있어서는 높은 '지위', 높은 '벼슬', 곧 '관작(官爵)'으로서만 일방적으로 인지되어 왔다는 것은 이러한 귀의 개념이 전통사회의 다른 영역에도 침투하여 전반적인 가치관의 형성에도 커다란 영향을 끼쳤을 것으로 보아 좋을 것이다.

첫째, 그것은 사람을 그가 차지한, 또는 차지하지 못한 벼슬에 따라 높여서 보고 얕잡아보는 인간관을 낳아놓았다. 관작의 고하, 관작의 유무가 사람을 평가하는 배타적인 기준이 되었기 때문이다.

둘째로, 그것은 사람이 태어나서 이 세상에서 무엇을 바랄 것인가 하는 뜻을 세우는 데에도 중요한 기준이 되었다. '입지(立志)'다, '입신(立身)'이다, '청운의 뜻'이다 하는 것은 다른 말이 아니라 모두 다 벼슬을 해서, '오직' 벼슬을 해서 이름을 떨쳐보겠다는 말이다. 그 점에서 그것은 출세주의 인생관을 궤도화해 놓았다고 풀이된다.

셋째로, 관작에 따라 사람을 평가하는 귀의 사상은 사회조직, 사회질서, 사회생활의 구석구석에까지 침투, 미만하여 전체 사회를 일원적(一元的) 구조로 위계화(位階化)하고 관존민비사상을 보편화함으로써 전통사회의 한국인의 세계관 형성에도 큰 영향을 끼쳤을 것으로 생각된다.

사회적인 지위의 높낮음, 구체적으로는 벼슬의 높낮음만이 귀의 배타적인 기준이 될 때, 더욱이 높은 관작을 차지한다는 귀가 실제적으로 부(富)를 겸할 수 있다는 상황이 주어질 때, 그것은 한국사회의 높은 향학열, 교육열을 낳는 강력한 동기 부여를 하기도 했다. 왜냐하면 전통사회에서 관작을 얻으려면 공부해서 과거에 급제하는 것이 곧 등용문이었기 때문이다. 그것은 귀의 복 사상이 한국 문화의 발전에 기여한 긍정적인 일면이라고 평가할 수도 있을 것이다. 그리고 그러한 귀의 복 사상은 현대의 한국사회에 있어서도 지극히 높은 향학열, 교육열의 원인으로 작용하고 있는 것 같다.

4.

복을 비는 한국인의 기복사상은, 그중에서도 특히 한국적인 특색이 두드러진 '귀'의 사상은, 한국의 전통사회가 몰락함으로써 함께 몰락한 것은 아니다. 오히려 그것은 한국 문화의 기층에 들어가 하나의 '문화전통'이 됨으로 해서 근대화된, 또는 근대화를 지향하는 한국의 현대사회에 있어서도 뿌리 깊게 살아남아 변형된 모습으로 오늘의 우리의 삶과 문화에 유지되고 있다.

현대 생활에서 '수'의 사상은 장수 식품이나 장수 약품의 폭발적인 소비수요의 증가에 직접 드러나기도 하고 환경문제의 의식화와 환경보존 운동의 확산에도 간접적인 기여를 하고 있다.

'부'를 추구하는 복 사상은 한국 경제의 고도성장에 기관차적인 구실을 한 것으로 추측된다. 1960년대 이후 한국이 성공적으로 경제발전을 이룩한 원인을 특히 외국의 일부 관찰자들은 교육을 중요시한 유교의 전통 속에서 찾고 있으나 그것은 빗나간 해석이다. 그러한 해석은 유교를 국시, 국교의 수준으로까지 끌어올렸던 조선시대에 경제가 발전하지 못했던 사실을 설명하지 못한다. 1960년대 이후의 한국사회는 규범문화로서의 유교의 힘이 강화되었던 것이 아니라 오히려 약화됨으로써 바로 그러한 유교의 속박으로부터 해방된 부(富) 추구의 기복사상이 자유로이 활개를 칠 수 있었기 때문에 경제의 고도성장이 가능했다고 보는 것이 옳을 것이다.

가족계획사업에 대한 사회적인 합의와 그 운동의 보편화는 전통적인 복 사상에서 적어도 '다남자'의 복은 반시대적인 것으로 사멸해 버릴 수도 있을 것이다. 그러나 더 많은 자식을 얻기 위한 성행위는 그러한 구체적인 목적에서 해방되어 단순히 더 많은 섹스를 추구하는 추상적인 행위로서 조금도 약화되지 않은 채 살아 있는 것으로 보인다. 이른바 '정력제'라고 하는 식품과 약품에 대한 한국인의 소비수요, 수입수요가 세계에서 으뜸간다는 보도가 그를 입증하는 것 같다.

그러나 오늘의 한국 문화와 예술의 영역에 특히 지속적이요 심층적인 영향을 끼치고 있는 전통적인 복 사상은 귀의 사상이 아닌가 생각된다.

학술, 예술, 체육을 포함하는 모든 문화활동에 있어서 각 분야의 성취나 업적, 각 분야의 권위나 가치를 사회적으로 인정, 평가해 주는 각종 상(賞), 미술전람회나 음악경연대회의 상 등에 항용 우리나라에서는 대통령상, 국무총리상, 장관상, 도지사상 등의 이름을 얹고 있다. 그것은 귀의 개념을 오직 높은 관작으로만 배타적으로 이해한 전통사회의 의식이 그대로 현대의 한국사회에서도 변형된 모습으로 되살아나고 있다는 실증이라 할 것이다.

관작에 따라 사람을 품계화(品階化)하고 상하의 질서를 위계화한다는 것은 권력의 세계에선 불가피한 일이요, 관료제도의 필연이라고 할 수도 있다. 그러나 권력의 세계가 아니라 정신, 문화의 세계, 학술, 예술의 세계, 관작을 노리는 세계가 아니라 관작 아닌 다른 가치를 추구하는 세계에 있어서도 똑같이 관작의 고하(高下)라는 같은 척도로써 사람을 품계화한다면 거기에 문제는 있는 것이다. 과학이나 철학, 미술이나 음악처럼 정치권력이나 행정관직의 추구와는 전혀 다른 것을 추구하는 세계에서의 으뜸가는 영광이 하필이면 대통령상, 국무총리상, 장관상 등으로 위계화될 수 있고 되어야 한다고 생각하고 있는 것이 단원적(單元的) 구조를 갖는 한국 문화의 변함없이 답답한 현실이다.

문화의 영역을 틈입해서 지배하고 있는 정치, 행정, 권력의 가치척도는 상아탑의 세계, 학문의 세계에서도 위세를 떨치고 있다. 그리고 그러한 그릇된 가치척도의 정착에는 우리나라의 언론이 큰 기여를 하고 있는 것으로 여겨진다. 대학교 행정직이란 본래 교수의 학문적 권위와는 상관없는 학문 외적 봉사 기능을 하는 직무에 불과하다. 그러나 한국의 대학에선 행정직을 맡는 이른바 '보직' 교수의 비중과 위신이 해가 갈수록 제고(提高)되고 있고, 미디어는 그것을 정부관리의 인사발령처럼 보도하는 특이한 한국적 관례를 제도화시키고 있다. 그럼으로써 어느덧 관작의 고하(高下)로 관리를 품계화하듯 보직의 고하, 심지어 보직의 유무(有

無)로 교수의 자격을 위계화해서 보는 사회풍토, 아니 대학풍토조차 빚어지고 있다.

전통적인 복 사상의 '귀'의 표상이 낳은 관작 중시(重視)는 보직의 가치를 격상시키고 있는 대학사회만이 아니라 각종 문화예술단체에 있어서도 마찬가지다. 훌륭한 창작 예술가나 공연 예술가들보다 여러 예술단체나 기관의 요직에 있는 사람을 문화예술계에서조차 더욱 '귀'하게 여기고 있다. 그리고 그러한 풍토가 조성된 데에는 이들 단체와 기관을 직접적, 간접적으로 다스리고 있는 관(官)의 작용이 큰 것으로 간주된다.

'민간주도'란 말이 경제계에선 이미 오래전부터 유행어처럼 나돌고 있다. 한국사회의 근대화를 위해서, 민주화를 위해서, 바로 한국의 '사회발전'을 위해서 민간주도의 원리는 활성화되고 관철되어야 할 것이다. 그리고 그것은 비단 경제 분야에서만이 아니다. 모든 활동이 민간주도로 이뤄져야 한다는 것은 문화 분야에서야말로 더욱 본연한 요청이 된다고 할 것이다. 그러나 모든 문화활동에 있어 다양한 각 분야의 업적이 그를 표창하는 행정부의 관작의 고하라는 하나의 척도에 따라 평가되는 곳에 민간주도의 문화가 꽃피기는 어려울 것이며, 그러한 풍토에서 가치관의 다원화를 기대하기는 더욱 어려울 것이다.

참된 것이 오직 참된 것으로서 스스로의 자랑이나 보람을 세우지 못하는 곳에, 착한 것이 다만 착한 것으로서 스스로의 자랑이나 보람을 세우지 못하는 곳에, 또는 아름다운 것이 그저 아름다운 것으로서 스스로의 자랑과 보람을 세우지 못하는 곳에 가치관의 다양화가 꽃필 수는 없다. 진선미의 세계마저도 오직 벼슬과 자리의 높낮음만을 따지는 '귀'의 세계에 스스로를 내주고, 참된 것, 착한 것, 아름다운 것이 관작의 척도에 따라 저울질되는 일원적(一元的)인 사회문화의 구조 속에서는 진선미를 추구하는 학문, 윤리, 예술 등 문화의 세계에 다양한 가치관이 개화하기는 어려울 것이다.

5.

가치란 선호하는 관점이라고 하였다. 문화의 영역에 문화 외적인 가치척도가, 권력의 가치척도가 틈입해서 지배한다는 것은 곧 문화의 영역 내부에 스스로 선호하는 관점이 결여되었거나 빈약하다는 것을 뜻한다. 문화 내부의 독자적인 가치관의 빈곤 또는 부재(不在)가 문화 외부의 가치관의 틈입을 유혹하고 그를 용납하게 되는 것이다.

문화 내부의 가치관의 빈곤 내지는 부재로 생기는 공백은 물론 '귀'라고 하는 관료적 가치척도 이외에도 '부'라고 하는 경제적 가치척도에 의해서도 메워질 수 있다.

한 장의 그림을 그림 그 자체가 갖는 심미적 '가치'에 따라서 음미하지 않고 그 그림에 매겨지는 상품적 '가격'에 따라 평가한다거나, 연주회를 연주 그 자체가 갖는 음악적 가치에 따라 감상하기보다 그 연주회의 입장권에 매겨지는 '가격'의 고하에 따라 평가해 버리는 것이 그 보기이다.

그림의 호당 가격에 따라 화가를 위계화하고 다시 그림을 그 크기에 따라 호당 가격의 곱셈을 해서 비싼 값을 매겨 그림은 보지도 않은 채 유명 화가의 그림이 전람회가 개막도 되기 전에 매진된다는 사례는 한국적 복 사상의 품계의식, 양(量)의 선(善), 양의 미학을 모르고선 이해하기 어려운 우리나라 문화의 진기한 현상이라 할 것이다.

이와 같은 문화(?)현상, 혹은 반(反)문화현상에서 드러나는 것은 곧 비평정신의 총체적인 결여이다. 여기에도 다시 우리나라의 언론은 작지 않은 책임이 있는 것으로 여겨진다.

좀 오래된 것이기는 하지만 우리나라의 대표적인 일간신문 문화면을 내용 분석한 어느 조사 결과를 보면,[3] 한 달 동안 69건의 연극공연, 음

---

3) 최정호, 『예술과 정치』(서울, 1977), pp.194-197.

악회, 미술전람회가 있었음이 보도되고 있었으나, 이러한 문화행사에 대해서 그 신문에는 오직 한 건의 비평이 실려 있을 뿐, 그 밖의 68건의 공연, 음악회, 전람회에 대해선 외부의 비평가나 편집국 내부의 기자들이 쓴 단 한 줄의 논평도 없었음이 밝혀지고 있다. 그렇다면 70건에 이르는 문화행사에 관한 보도란 도대체 무엇인가? 그것은 모두가 예고 기사들이다. 앞으로 있을 행사의 소개 또는 안내 기사들이다. 신문사의 문화부 기자들까지 포함해서 아직 아무도 구경하지 않은 연극, 아무도 듣지 않은 음악회, 아무도 보지 않은 전람회의 안내 기사들이다.

아직 구경하지도 않은 행사에 대해서 긴 얘기가 늘어져 있다면 그것은 도대체 누구의 얘기일까? 그것은 구경한 사람의 얘기가 아니라 구경을 시키고 싶은 사람의 얘기이다. 공연작품이나 전시작품을 제삼자인 '남'으로서 감상한 사람의 입장에서가 아니라, 남들에게 '나'의 작품을 감상시켜 보겠다는 사람, 그러한 작품을 어떤 형태로든지 '팔겠다'는 사람의 입장에서 늘어놓는 얘기이다. 그리고 제삼자인 남이 아직 구경도 하기 전에 작품에 대해서 오고가는 말이란 실은 '보도'가 아니요, '비평'은 더군다나 아니며, 그것은 한낱 '광고'에 지나지 않는다.

비평은 작품이 발표된 뒤에 나오고 광고는 작품이 발표되기 앞서 나온다. 문화행사에 대한 '사전' 기사만 신문에 실리고 그에 대한 '사후' 기사가 실리지 않는다는 것은 우리나라 언론의 비평 부재를 입증하는 단적인 사례라 할 수 있다. 나는 그것을 우리나라 신문 문화면의 '광고주의화'라고 불러보기도 했다.

무릇 비평이 가능하기 위해서는 비평 대상을 감상하고 평가하는 일정한 가치의 척도, 가치의 기준이 있지 않으면 안 된다. 한 작품을 비평하기 위해서는 그것을 보는 스스로의 가치관, 자기가 선호하는 스스로의 관점이 있지 않으면 안 된다. 그러한 자기 자신의 가치척도, 자기 자신이 선호하는 관점이 결여된 곳에 그 공백을 메우는 것은 광고의 가치, 금전적 가치가 될 수가 있다. 혹은 권력의 가치, 행정적, 관료적 가치가 될 수도 있을 것이다.

6.

비평정신이 개화하기 위해서는 비평 대상을 보는 다양한 관점, 다양한 가치 기준이 열려 있지 않으면 안 된다. 교조주의적, 독단주의적 하나의 관점, 하나의 가치 기준이 지배하는 곳에 비평정신이 꽃을 피울 수는 없다. 그러나 더욱 근원적으로 보면 비평이 있기 위해선 그보다도 다시 앞서 비평 대상을 수용하고 그 속에 침잠해서 그 내실을 음미하고 감상하는 체험이 선행되지 않으면 안 된다.

책을 소유하는 것만으로 책을 비평할 수는 없다. 그림을 소장하는 사람이 곧 그림을 비평하는 사람이 될 수 있는 것도 아니다. 책을 비평하기 위해서는 책을 읽어야 되고 그림을 비평하기 위해서는 그림을 보아야 된다. 감상해야 된다. 그 내용을 깊숙이 체험하지 않으면 안 된다. 문화의 소산이나 예술작품을 비평하기 위해선 먼저 그 비평 대상을 체험해야만 된다. 문화예술작품에는 그것을 구입하기 위해 투자하는 금전으로 환산되는 '상품가치'만 있는 것이 아니다. 그것을 감상하기 위해 투자하는 시간의 강도와 질로서 평가되는 '체험가치'라는 것이 또한 거기에는 있는 것이다.

빈의 정신의학자 프랑클(Viktor Frankl)은 "세계의 수용(受容)에 있어, 가령 자연이나 예술의 아름다움에의 귀의(歸依)에 있어" 실현되는 '체험가치(Erlebniswerte)'를 창조나 활동에 있어 실현되는 '창조적 가치'에 못지않게 사람의 삶에 풍요로운 의미를 주는 것으로 평가하고 있다.[4]

---

4) Viktor Frankl, *Ärztliche Seelsorge*(Wien, 1946), S.34ff.

창조적 가치가 주어지면 절로 비평이 성립되는 것은 아니다. 비평은 그러한 창조적 가치를 시간을 들여 감상하고 음미하는 체험가치를 누려 본 사람에 의해서 비로소 이뤄질 수 있다.

수, 부, 귀의 어느 복에도 낄 수 없는 체험가치의 위축, 체험가치의 무시는 오늘의 한국 문화가 보여주고 있는 매우 특징적인 빈혈 현상을 설명해 준다고 해도 좋을지 모른다. 한 줄의 시구, 한 폭의 그림, 또는 그저 한 그루의 수목조차도 그 대상에 몰입해서 그 아름다움을 맛보는 '체험가치'를 추구함이 없이 다만 그것들의 소유가치, 수집가치만을 추구하는 곳에 알찬 문화예술이 개화할 수는 없을 것이다. 한국 문화에 있어 '비평 부재' 현상은 근본적으로는 한국인의 삶에 있어 '체험가치'가 망각, 소실된 데에 더욱 깊은 원인이 있다고 해서 잘못이 아닐 것이다.

『한중록』을 보면 저자 혜경궁 홍씨의 숙제(叔弟)에게 영조(英祖)가 "근년은 아무 글을 짓사오셔도 보내오셔 '평론하라' 하시고…"라는 대목이 눈에 띈다.[5] '평론'이란 말이 조선시대 국어 어휘로 이미 쓰이고 있다는 전거로서만이 아니라 문장의 비평이 무엇인가를 암시해 주는 면에서도 매우 흥미 있는 고전문헌이다.

하나의 문장은 일단 그를 지은 사람의 손을 떠나면 그 필자를 초월한 작품으로서 비평의 대상이 된다. 그리고 일단 글이라고 하는 문학작품이 비평되기 위해서는 그 '글'은 그 필자나 독자를 초월한 객관적인 대상으로서 '사람'을 떠나 있지 않으면 안 된다. 필자가 군왕이냐 아니냐, 평론하는 독자가 신하냐 아니냐 하는 인간관계는 문제가 아니다. 비평을 위해서는 그러한 '사람'의 관계는 죽지 않으면 안 된다. 비평이 가능하기 위해서는, 적어도 비평의 대상을 평론하는 마당에서는 글을 쓴 사

---

5) 이병기·김동욱 교주(校注), 『한듕록(閑中漫錄)』(한국고전문학전집 6, 서울, 1978), pp.480-481.

람과 읽는 사람이 대등한 존재가 되지 않으면 안 된다.

평론하는 신하가 군왕의 눈치나 살피고 감언이설로 아첨이나 한다면 비평이란 이뤄질 수 없다. 비평이 가능한 지평은 '나'와 '남'이 관작이나 지위의 고하를 초월하여 대등한 존재로서 비평 대상을 중심으로 내놓고 (공개적으로) 기울어짐이 없이(공정하게) 자유롭게 논의(공론)할 수 있는 열려 있는 세계(Öffentlichkeit), 사사로운 '나(private)'의 세계가 아니라, 공변된 '공(public)'의 세계이다.

스스로 지은 글을 보내주며 평론하라고 한 영조의 말은 무엇보다도 한 편의 문장 작품도 그것이 보다 나은 것이 되기 위해서는 '나'를 초월한 '남'의 눈으로 보아야 한다는 것을 시사하고 있어 좋다. 타자의 눈, 타자의 존재, 바로 그러한 타자의 수용이 비평의 전제이며, 그리고 그러한 전제 위에서 '공'의 세계는 열린다.

7.

기복사상이 기층을 이룩한 우리나라의 전통문화에는 '나'를 초월하는 타자의 존재, '사(私)'를 초월하는 '공(公)'의 세계, 주관을 초월하는 객관의 차원, '보다 많은 삶'을 초월하는 '삶보다 이상의 것'이 열리기 어려운 답답한 단원적 가치구조가 자리 잡고 있다는 분석에서 이 글은 출발하였다. 그리고 그러한 전통문화의 특징은 변용된 형태 속에서 계속 현대의 한국사회에도 작용인(作用因)으로 영향을 끼치고 있다고 보았다.

그렇기에 한국의 사회문화의 발전을 위해서는 바로 그러한 전통문화의 껍질을 깨고 가치관의 다원화와 비평정신의 회복이 요청된다는 것이 이 글이 제언하고자 하는 명제이다. 그리고 그러한 가치관의 다원화와 비평정신의 회복은 다른 어떤 분야보다도 앞서 문화, 예술, 언론의 분야에서 이뤄져야 한다는 것이 이 글의 결론이다.

그것이 가능할까? 유럽의 역사는 그것이 가능하다는 선례를 보여주고 있다. 권위주의적 절대군주 체제하에서 탄생한 유럽 대륙의 근대 언론(신문)은 보도(News)는 좋으나 논평(Views)은 안 된다는 금제 밑에서 발행되기 시작했다. 언론인들이 특히 군주의 통치에 관하여 시비곡직을 따져 비평한다는 것, 이른바 추론(raisonnement)은 절대 금물이었다. 이처럼 입에 재갈을 물린 유럽 대륙의 신문이 사설이나 해설을 통해 정치비평을 하는 정론신문(Viewspaper)으로 발전할 수 있게 된 시작은 잡지에서 먼저 신간 서평을 시도해서 책에 대한 평론이 용납되면서부터이다. 일단 책에 대한 비평이 언론에 자리 잡게 되면서 점차 모든 비평이 가능하게 되었다. 책 중에는 국내 정치에 관한 책도 얼마든지 있었기 때문이다. 유럽 대륙에 있어서의 비평은 서평에서부터, 바로 문화비평에서부터 자리 잡게 된 셈이다. 그리고 그것은 유럽에 있어서의 공중(the public)과 공론권(公論圈, die Öffentichkeit), 곧 공(公)의 세계가 연극의 관객(public)으로부터 발전했다는 사실과 일맥상통한다고 볼 수 있다.

타자를 수용하는 '공'의 세계, 그 위에서 가능한 가치의 다원화, 거기에서 기대할 수 있는 비평정신의 회복이란 정치, 사회 분야가 먼저 쟁취해서 문화 분야에 선물해 줄 것으로 기대해서는 안 된다. 오히려 문화, 예술, 언론의 분야에서부터 가치의 다원화와 비평정신을 회복해서 한국 사회의 발전에 밑거름이 되는 것이 더욱 있음직한, 그리고 바람직한 순서가 될지도 모른다.

『철학과 현실』(1992년 가을)

최정호 울산대학교 철학과 석좌교수. 서울대학교 문리대를 졸업하고, 독일 하이델베르크대학교를 수료하였으며, 베를린자유대학교에서 박사학위를 받았다. 한국미래학회 회장, 한국언론학회 회장, 한국신문학회 회장, 연세대학교 신문방송학과 교수, 성균관대학교 교수, 중앙일보 논설위원, 한국일보 논설위원을 역임했다.

한국의 장래와 한국인의 선택

김 태 길

1. '국가의 목표'라는 말

목적론적 세계관을 따라서 모든 국가는 선천적으로 정해진 목적을 가졌다고 생각하기는 어렵다. '국가'라는 존재가 의지 내지 의식(意識)을 가지고 있어서 스스로 목표를 정한다고 믿기도 어렵다. '국가의 목표'라는 말을 사용하기는 하지만, 편의상 그렇게 말할 따름이며, 국가의 목표라는 것은 결국 인간이 주관(主觀)을 따라서 정하는 청사진이다.

여기서 당연히 제기되는 문제가 있다. 그 첫째는 도대체 '국가의 목표'라는 것을 정하고자 하는 발상에 타당성이 있느냐 하는 물음이며, 그 둘째는 국가의 목표를 정할 필요가 있다면 누가 어떠한 권한으로 그것을 정하느냐 하는 물음이다. 결론부터 말하면, 개인에게 삶의 설계가 필요하듯이, 국가도 장기적 안목으로 추구할 목표를 설정하는 것이 바람직하다고 필자는 믿는다. 그리고 그 목표를 정하는 것은 어떤 특정한 개인이나 집단이 단독으로 맡을 일이 아니라, 각계각층의 지혜를 모아서 종합적으로 이루어야 할 일이다. 『철학과 현실』지가 '한국의 국가 목표'를 특집 주제로 다루는 것도 그 종합적 지혜를 위한 일익을 담당하고자 하는 의도의 표현일 따름이다.

현대는 개인의 자유가 강조되는 시대이다. 동구(東歐)의 사회주의 국가들이 몰락한 뒤로 자유주의의 기세는 더욱 높아져가고 있다는 인상이 강하다. 그런데 국가의 목표를 정하고 그 달성을 꾀하게 되면, 자연히 개인의 자유가 제한을 받게 될 것이다. 여기서 개인의 자유 제한을 불가피하게 할 국가의 목표를 설정하는 일이 과연 정당하냐 하는 물음이 제기될 수 있다. 사회의 질서 유지를 위해서 법을 제정하는 것은 불가피한 처사로서 인정할 수 있으나, 법 이외에 또 다른 어떤 자유 제한의 원칙을 세울 필요는 없을 것이라는 견지에서 제기하는 물음이다.

'국가의 목표'라는 것은 법(法)과 같이 강제적 구속력을 갖는 규범은 아니다. 그것은 다만 국민 일반에게 자발적 동참을 기대하며 함께 실현하자고 제시하는 우리의 미래상(未來像)이다. "우리 다 같이 이러한 청사진을 통하여 우리나라의 장래를 건설합시다." 하는 설득의 주장이니, 그 주장 자체가 개인의 자유를 구속하는 월권(越權)이라고 보기는 어렵다. 동참하기를 원하지 않는 사람은 그 목표를 외면할 수도 있기 때문이다.

한 가지 분명한 사실이 있다. 개인들은 각각 자신의 목표를 세우고 살아간다는 사실이다. 현재 한국의 현실을 바라볼 때, 한국 안에 사는 개개인이 각자의 뜻을 원만하게 이루기 위해서는 한국이 국제사회에서 낙오함이 없이 발전과 번영을 누려야 한다는 것도 의심의 여지가 없다. 그리고 현대와 같이 국제적 경쟁이 치열한 상황에서 낙오하지 않고 번영을 누리자면, 한국의 미래에 대한 발전 목표를 세우고 조직적으로 접근할 필요가 있다는 것이 우리의 상식이다. '국가의 목표'라는 것은 그 조직적 접근을 유도하기 위한 청사진에 대한 이름이다.

2. 이제까지 걸어온 길

일제에 의하여 주권을 강탈당하고 식민지의 처지로 전락했던 시절에 한국인이 가졌던 공통된 소망은 민족의 독립이었다. 중국으로 망명한 지사들이 세운 임시정부를 근거로 식민지 시대에도 국가가 있었다고 말할 수 있다면, 그 당시의 우리 '국가 목표'는 독립, 즉 주권의 회복이었다. 그것을 국가의 목표라고 부르든 민족의 목표라고 부르든, 일제강점기의 우리는 뚜렷한 공동 목표를 마음속에 간직하고 있었다.

1945년에 '해방'을 맞이했을 때, 우리는 주권을 회복했다고 가볍게 믿었다. 미국의 군정이 실시되고 미국의 영향력 산하로 들어갔음이 밝혀졌을 때도, 일부를 제외한 대다수의 한국인은 우리나라의 독립이 기정 사실화한 것으로 믿었다. 따라서 '독립' 또는 '주권의 회복'이라는 공동 목표는 자연히 소멸한 것에 가까운 상황이 되었다.

'해방'은 국토의 분단이라는 새로운 문제 상황을 수반하였다. 38선 이남은 미군정 아래로 들어가고 그 이북은 소련군이 점령했을 때, 논리적 당위(當爲)로 말하면, 미소 양국의 간섭을 벗어난 통일된 조국을 건설하는 것이 우리의 공동 목표가 되었어야 옳을 것이다. 그러나 역사의 현실은 그토록 단순한 논리를 따라서 진행되지 않았다. 당위의 논리보다는 힘의 논리가 지배했던 것이며, 남한에서는 미국의 영향 아래서 '자유민주주의 국가의 건설'을 목표로서 표방하게 되었고, 북한에서는 소련의 지시를 따라서 '인민민주주의 공화국의 건설'을 목표로 삼게 되었다. 그런데 여기서 북한의 국가 목표는 한반도 전체의 적화(赤化)라는 매우 뚜렷한 내용의 것이었지만, 남한의 경우는 그렇지가 못하다. '자유민주주의 국가의 건설'이라는 것은 민주화(民主化)를 지향한 오랜 준비 기간을 요구하는 것이었으나 우리 한국에는 그 준비가 전혀 되어 있지 않았으므로, 저 국가 목표는 한갓 구호에 불과한 것이었다. 초대 대통령이 된 이승만도 '자유민주주의'를 표방했지만, 철저한 독재자로서 군림하였다.

단순한 구호 이상의 구실을 한 '국가 목표'로서는 '근대화'라는 것이 있었다. '근대화'는 '민주화'보다 넓은 개념이어서 주로 정치적 함축이 강한 후자보다는 접근하기가 다소 용이한 목표이다. 예컨대, 정치적으로는 독재의 노선을 걸으면서도 농업국을 공업국으로 바꾸는 것은 가능한 일이다. 실제로 박정희 정권은 군사독재를 감행하면서도 산업화를 추진하여 상당한 성과를 거두었다.

1960년대에 들어서면서 지식인 사회의 일부가 부르짖기 시작한 '근대화'는 점차 광범위한 호응을 받았고, 박정희 정권의 '잘살아보세' 운동과 맞물려서 어느 정도 실천적 성과를 거두었다. 그러나 '근대화'에 대한 종합적 청사진이 있었던 것은 아니고 오로지 경제성장의 측면에만 관심을 기울인 것이므로, '근대화'의 개념이 국가 목표로서 제구실을 했다고 보기는 어렵다. 그뿐만 아니라, 급속한 경제성장에 따르기 쉬운 부작용을 막는 일에 대한 배려가 부족했으므로, 빈부의 격차, 부정과 부패, 환경의 오염 등 좋지 않은 결과를 초래하기도 하였다.

남북의 통일을 지상의 목표로 삼아야 한다고 생각한 사람들이 상당수 있었다. 이산가족(離散家族)을 가진 사람들과 좌익 성향을 가진 젊은이들 가운데 통일 열망의 정서가 강한 사람들이 많았다. 이산가족들 가운데는 월남한 실향민이 많거니와, 이들의 정서는 '반공' 쪽으로 기우는 경향이 강했으므로, 좌익 성향의 젊은이들과 전적으로 뜻을 같이할 처지는 아니었다. 역대 정권도 명분상 통일의 염원을 외면하지 못했으나, 통일에 대한 그들의 구호는 반공(反共)의 정책과 엇갈리는 모순을 보였다.

김영삼 대통령은 '개혁'을 당면한 국가 목표로서 제시하고 몇 가지 정책을 실천에 옮겼다. 한때 대다수의 갈채를 받기도 했으나, 정권 내부의 갈등과 보수세력의 강한 반발에 부딪혀서 어려움을 겪고 있다. 김영삼 정권의 개혁이 성공하기 위해서 무엇을 어떻게 해야 할 것인지에 대해서는 다음에 다시 언급하기로 한다.

3. 국가 목표의 소극적 측면

때늦은 느낌은 있으나, 이제는 단순한 구호나 부분적 목표가 아닌 실천적이고 종합적인 국가 목표를 모두 함께 생각해야 한다. 세계사의 흐름 속에서 우리나라가 처해 있는 좌표가 그것을 강력히 요구한다. 지금 세계의 강국(强國)들은 '세계화'라는 이름을 앞세우고 국제경제의 무한경쟁을 강요하고 있다. 우리는 이 경쟁에서 살아남아야 하며, 살아남기 위해서는 국가의 장래에 대한 종합적 청사진을 따라서 모두의 힘을 합해야 한다. 그리고 '세계화'의 물결을 떠나서 생각하더라도, 현재 우리나라가 처해 있는 여러 가지 문제 상황은 국가 목표에 대한 종합적 청사진을 요구하고 있다.

우리는 우리의 국가 목표를 편의상 소극적 측면과 적극적 측면으로 나누어서 생각할 수 있을 것이다. 소극적 측면이란 현재 우리나라가 안고 있는 심각한 문제점들을 제거하는 일이요, 적극적 측면이란 한 걸음 더 나아가서 달성하고자 하는 발전의 목표이다. 이 두 가지 측면은 불가분의 관계를 가진 것으로서 동시에 추구할 목표의 두 측면이나, 서술의 편의를 위하여 일단 나누어서 고찰하고자 한다.

해방 이후 반세기에 걸쳐서 우리나라가 걸어온 길은 급격한 변화의 연속 과정이었다. 서구의 선진국들이 이룩해 놓은 것을 발전의 모형으로 삼고 '근대화'니 '민주화'니 하는 구호를 앞세워가며 정신없이 걸어온 우리의 과거는, 서구의 여러 나라가 밟은 점진적 수순(手順)을 생략하고 그 결과에 도달하기를 서두른 졸속(拙速)의 과정이었다. 이 과정에서 우리는 많은 무리를 범하였고, 무리를 범한 대가로서 현재의 우리 현실 가운데 여러 가지 문제점을 안게 되었다.

우리가 안고 있는 문제 가운데서 매우 심각한 것의 하나는 국민의 대다수가 민주사회에 적합한 시민의식을 갖지 못했다는 사실이다. 서구의 민주주의는 본래 개인주의에 바탕을 둔 것이기는 하나, 나의 자유와 권익뿐 아니라 남의 그것도 존중한다는 전제가 있으며, 개인들의 집합인 사회에 대한 공동체 의식도 가져야 한다는 것이 일반적 상식이다. 그러나 우리 한국인의 경우는 나의 자유와 권익에 대한 의식만 강하고, 타인에 대한 배려나 공동체를 아끼는 마음은 극히 미약한 사람들이 많은 경향으로 흘렀다. 민주주의 사회가 요구하는 개인주의 대신 소박한 이기주의가 마음의 중심을 차지한 것이다. 일제의 강압으로부터 벗어났을 때 '해방'이 무제한의 자유를 의미하는 것으로 오인하였고, 가부장적 가족제도를 대신할 새로운 공동체의 중요성에 대한 인식이 부족했기 때문이 아닐까 한다.

한국인의 소박한 이기주의는 급속한 경제발전에 따른 금전만능과 향락의 풍조에 의하여 더욱 조장되었다. 오로지 성장에만 역점을 둔 박정희 정권의 대기업 육성 정책의 결과로서 한국에는 많은 졸부들이 생겼고, 그들이 주도한 가치 풍토에는 금전만능과 향락의 풍조가 지배적 세력을 차지하게 되었다. 소유의 극대화와 향락의 극대화가 성공적인 삶의 지름길이라는 관념이 팽배하게 된 것이다.

대다수의 사람들이 소유의 극대화와 향락의 극대화를 삶의 목표로서 추구할 때, 사회는 치열한 경쟁의 마당이 된다. 소유의 대상과 향락의 기회는 그 총량에 제한이 있으므로, 경쟁에서 승리한 자만이 대량의 소유와 향락을 누릴 수 있다. 이에 경쟁에서 이겨야 한다는 관념이 앞서게 되거니와 규칙을 지켜가며 정정당당하게 겨루는 전통이 수립되지 못한 상태이므로, 승리를 위해서는 수단을 가리지 않는 사람들도 흔히 나타나게 되었고, 이러한 상황은 이기주의를 조장하는 결과를 초래하기 마련이었다.

이기주의와 황금만능주의의 결합은 수단을 가리지 않고 돈벌이에 열중하는 도덕적 타락을 수반하였다. 정책적 차원에서는 정경의 유착이 공공연한 사실이 되었고, 개인적 차원에서는 기업인과 공무원 사이에 금품이 오고갔다. 부정과 부패가 극도에 달하여 도덕이 총체적 붕괴의 위기를 맞게 되었다. 박한상의 부친 살해, 온보현의 살인 공장, 성수대교의 붕괴, 삼풍백화점의 참사 등 끔찍한 사건들은 모두 저 부정과 부패 또는 도덕의 총체적 붕괴가 빚어낸 결과들의 일부에 지나지 않는다.

우리가 안고 있는 심각한 문제 가운데 또 하나는 빈부의 격차가 지나치게 크다는 사실이다. 급속 성장에 역점을 둔 정책은 대기업의 육성에 치중하였고, 그 결과는 지나친 빈부의 격차로 나타났다. 능력과 업적에 따라서 분배의 차등이 생기고 어느 정도의 경제적 불균형이 결과하는 것은 불가피한 현상이라 하더라도, 빈부의 격차가 어느 정도를 넘어설 때는 심각한 문제로서의 성격을 띠게 된다. 특히 우리 한국의 경우는 정부의 보호 또는 부당한 방법으로 큰돈을 번 사람들도 적지 않으므로, 빈부의 격차를 부당한 현실로 평가하는 시선도 간과하기 어렵다.

그 밖에도 환경의 오염, 도시의 심각한 교통 문제, 지역 간의 갈등, 노사 간의 갈등 등 많은 문제점을 들 수 있다. 그러나 이러한 문제들은 한국 사람들의 결핍된 시민의식과 그릇된 가치관 또는 빈부의 지나친 격차에 유래한 것이므로, 저 두 가지 근본 문제만 해결되면 따라서 해결될 문제들이다. 그러므로 부족한 시민의식 또는 그릇된 가치관의 문제와 빈부의 지나친 격차의 문제만 집중적으로 해결하면, 그 밖의 문제들은 대개 따라서 해결될 수 있을 것이다.

'개혁'을 정치의 기본 방향으로 표방하고 출범한 김영삼 대통령은 저 두 가지 기본 문제를 크게 의식하고 그 해결에 역점을 둔 것으로 보인다. 부정과 부패의 척결을 내세우고 감사원으로 하여금 사정(司正)의 칼을 휘두르게 한 것이나 공직자들의 재산을 공개함으로써 공직사회의 기강을 세우려고 한 것은 무너진 도덕을 바로 세우려는 의도의 표현이었으며, 금융실명제와 토지실명제의 실시를 단행한 것은 불로소득을 차단함으로써 빈부의 격차를 좁히고자 한 시도였다고 볼 수 있을 것이다.

김 대통령의 뜻은 국민 대다수의 지지를 받기에 적합한 것이었으며, 실제로 절대 다수가 김 대통령의 개혁정책에 박수를 보냈다. 적어도 집권 초기에 김 대통령이 받은 국민의 지지는 압도적인 것이었다. 그러나 날이 갈수록 김 대통령의 개혁정책에 대한 국민의 호응과 평가는 점점 떨어져가는 추세를 보였고, 지난번 지방선거에서 민심이 김영삼 정권에 등을 돌리고 있음이 확연하게 드러났다. 모처럼 어렵게 출발한 문민정부가 민심을 잃는다는 것은, 그 정권에 관여한 사람들만의 불행이 아니라, 이 나라에 사는 우리 모두의 불행이다. 도대체 어디에 잘못이 있는지 다 같이 함께 생각해 보아야 할 문제이다.

부정부패의 척결과 불로소득의 억제 등을 골자로 하는 '개혁'을 수행함으로써 '신한국'을 건설하겠다는 목표 설정은, 그 큰 테두리로 볼 때, 일단 잘된 것으로 생각된다. 그러나 그 테두리 안에 채워 넣어야 할 내용의 구체적인 모습과 그 구현 방안에 대한 치밀한 세부 계획이 부족했던 것으로 보인다. 구현 방안에 대한 세부 계획 가운데는 개혁 추진의 수순(手順)과 절차까지도 포함되어야 하거니와, 김영삼 정권의 경우는 그 점이 매우 미흡했던 것이 아닐까 한다.

김 대통령이 한 일 가운데 '깜짝 쇼'라는 평판을 받은 사례가 많았다. 아무도 모르는 사이에 은밀히 구상한 바를 갑자기 발표하는 수법이다. 말이 미리 새어 나가면 잡음이 개입하여 방해하기도 하고, 사정 또는 개혁의 대상이 될 사람들에게 대비책을 강구할 틈을 줄 염려가 있으므로, 그러한 방법을 택한 것이 아닐까 한다. 그러나 이 방법은 얻는 것보다 잃는 것이 많을 공산이 큰 방법이다. 왜냐하면, '개혁'이라는 과제는 단시일 안에 달성할 수 있는 목표가 아니며, 당장에 성패의 판가름이 나는 단판 승부의 경우는 더욱 아니기 때문이다.

독재로 밀고 나가도 좋은 상황이라면 오로지 과감하고 신속하게 일을 처리함이 마땅할 것이다. 그러나 '문민정부(文民政府)'임을 자랑하고 나선 김영삼 대통령으로서는 응분의 절차를 밟아가며 물샐 틈 없는 준비과정을 앞세워야 했다. 모든 사람을 만족시킬 수 있는 '개혁'이란 있을 수 없을 것이나, 적어도 중산층 내지 중도주의자들에게는 설득력이 있는 청사진을 준비했어야 마땅하다.

'국가 목표'로서의 성격을 가진 '개혁'의 청사진을 체계적이고도 치밀하게 작성하기 위해서는, 높은 수준에 있는 전문가들의 의견을 수렴해야 하며, 대다수의 여론도 반영해야 한다. 비록 '개혁'이라는 이름이 붙는 국가 목표라 하더라도 여러 각도로부터의 충분한 검토를 거쳐서 그 청사진을 결정해야 할 것이다. 지나치게 신중을 가하게 되면 결국 과감한 개혁이 어려워질 염려가 없지 않다. 그러나 급하게 서둘러서 일을 그르치는 것보다는 비록 시간이 걸리더라도 확실하게 고쳐나가는 편이 상책이다. 의식(意識)의 개혁을 수반하지 않는 제도(制度)의 개혁은 실효를 거두기 어려우며, 의식의 개혁이란 본래 오랜 시간을 요하는 미래상이다.

4. 국가 목표의 적극적 측면

우리나라가 추구해야 할 더욱 적극적인 목표로서 첫째로 생각하게 되는 것은 남북의 통일이다. 단일민족으로서 함께 살아온 오랜 역사로 보나, 경제적 무한경쟁의 시대에 살아남기 위한 전략의 견지에서 보나, 우리에게 남북의 통일은 필수의 과제이다. 일부의 미래학자들이 예측하듯이 앞으로 아시아 태평양 시대가 도래한다면, 중국과 일본의 중간에 끼이게 되는 우리나라가 과거의 불행한 역사를 되풀이하지 않기 위해서, 남과 북이 통일해야 할 이유는 더욱 커질 것이다.

남북의 통일 문제는 여러 가지 변수의 영향을 받을 것이며, 그 변수 가운데는 우리의 힘이 미치지 않는 것도 적지 않을 것이다. 그러므로 우리가 어떠한 수순(手順)과 방법으로 통일로 접근할 것인지, 또 통일된 뒤의 우리나라의 모습을 어떤 것으로 만들어야 할지 명확한 청사진을 제시하기는 매우 어렵다. 그러나 통일을 저해하는 요인들과 통일이 달성된 뒤에 생길 염려가 많은 문제들에 대하여 가능한 범위 안에서 예측을 하고 대비하는 일은 게을리함이 없어야 할 것이다.

분단된 국가가 다시 하나가 되는 문제는 헤어진 부부가 재결합하는 문제와 유사한 일면을 가지고 있다. 오랫동안 별거하던 남편과 아내가 다시 한 지붕 밑에서 살게 되는 것만으로 재결합이 완성되는 것은 아니다. 서로가 부부로서의 정을 느끼고 마음의 융화가 이루어졌을 때 비로소 완전한 재결합이 이루어진다. 그와 마찬가지로, 남과 북이 각각 다른 정부를 가지고 있는 현재의 상태에서 하나의 정부에 의하여 통치되는 상태로 옮겨가는 것만으로는 진정한 통일이 이루어졌다고 보기 어렵다. 제도상의 통일과 아울러 의식상(意識上)의 통일까지 이루어졌을 때, 즉 남쪽 사람들과 북쪽 사람들이 강한 '우리'를 의식하며 융화될 때, 비로소 진정한 남북의 통일이 이루어진다. 그런데 남자와 여자의 경우는 같은 집에서 산다는 것 자체가 두 사람을 심리적으로 가깝게 만들 결정적 계기가 될 가능성이 많지만, 두 집단의 경우는 물리적 접근이 자연히 심리적 접근을 가져오리라고 낙관하기가 어렵다.

남한과 북한 사람들은 반세기 동안 정면으로 대립하는 두 가지 체제 밑에서 살아온 까닭에, 두 집단의 가치관 내지 의식구조에는 현저한 차이가 생겼다. 그리고 이 차이는 감정의 대립을 수반하기 쉬운 성질의 것이다. 그러므로 우리는 원만한 남북의 통일을 위하여 현재 두 집단이 가지고 있는 사고방식의 거리를 좁히는 일에 응분의 노력을 기울여야 한다. 사고방식의 거리를 좁히기 위해서는 서로 상대편을 이해해야 하며 상대편에 대한 의혹과 피해의식을 제거해야 한다.

현재의 상황으로서는 통일을 지향하는 능동적 자세를 북한 사람들에게 기대하기는 어렵다. 통일을 위한 적극적 노력은 남한에 사는 우리의 몫이다. 그러나 일을 서두르면 도리어 통일에 역행하는 결과를 부를 염려가 많다. 북한 사람들의 피해의식을 자극하지 않도록 느긋하게 대처함이 요구되고 있는 것이다. 급하면 도리어 돌아가야 할 상황이다.

통일이 이루어진 뒤의 국가 목표에 대해서도 실현이 가능한 청사진을 미리 생각해 두어야 한다. 확실한 예측이 불가능한 여러 가지 변수가 작용할 것이므로, 아직은 상세한 청사진을 제시하기는 어려울 것이다. 아마 몇 가지 대안을 생각해 두는 편이 좋을 것이다. 다만 한 가지 분명한 것은 첫째로, 세계의 강대국들과의 경쟁에서 밀리지 않도록 선진국으로 성장해야 한다는 사실이다. 약소국으로서 시달림을 받았던 과거를 되풀이하지 않기 위하여 국제사회에서의 낙오를 면해야 한다.

둘째로, 통일된 뒤의 우리나라는 복지국가로 발전해야 할 것이다. 현재 남한에도 빈부의 격차가 지나치거니와, 북한 사람들까지 합쳤을 때의 격차는 더욱 커질 가능성이 높다. 빈부의 격차가 국민 사이에 위화감을 조장한다는 한 가지 사실만을 고려하더라도, 복지국가를 건설함으로써 소외계층을 없애도록 각별한 노력을 기울여야 할 것이다.

앞에서 말한 선진국 대열에 합류하기 위해서나, 지금 말한 복지국가의 건설을 위해서나 국민의 의식 수준이 높아져야 하며, 현대가 요구하는 여러 가지 덕목이 실천되어야 할 것이다. 특히 원대한 안목으로 겨레의 장래를 내다보는 역사의식을 가져야 할 것이며, 근면과 절약, 공정성, 그리고 창의성 등의 덕성이 함양되고 발휘되어야 할 것이다.

우리나라가 추구해야 할 적극적인 복표로서 또 한 가지 생각해야 할 것은 건전하고 자랑스러운 문화의 나라를 건설하는 일이다. 과거에는 군사대국(軍事大國)을 자랑하기도 하였고, 근래에는 경제대국임을 자랑하는 나라들이 나타나기도 하였다. 그러나 군사력이나 경제력은 다른 무엇을 위한 수단이며, 그 자체가 자랑거리인 목적이라고 보기는 어렵다. 어떠한 시대에나 거리낌 없이 자랑거리로 삼을 수 있는 것은 그 자체가 목적인 건전하고 탁월한 문화이다. '건전한 문화'라 함은 문화의 뿌리에 해당하는 정신 자세 내지 가치관을 염두에 두고 하는 말이고, '탁월한 문화'라 함은 문화의 꽃에 해당하는 과학과 기술, 종교와 사상 또는 민속과 예술 등을 염두에 두고 하는 말이다.

국가에도 생명체와 같은 일면이 있어서, 세계 여러 지역의 많은 나라들이 흥망과 성쇠의 역사를 기록하였다. 그들의 역사에 나타난 공통점의 하나는, 국민들의 정신 자세 내지 가치관이 건전했을 때는 국가는 융성의 상승곡선(上昇曲線)을 그리며 성장하였고, 그것이 병들고 나약했을 때는 쇠퇴의 하향곡선(下向曲線)을 그리며 위축했다는 사실이다. 하나의 법칙과도 같은 이 역사의 기복은 앞으로도 여전히 되풀이될 것이다.

현대 우리나라는 과거 어느 때보다도 물질의 풍요와 육체의 안락을 구가하고 있다. 그러나 사람들의 생활 태도에 나타난 정신 자세 내지 가치관은 별로 건전한 편이 아니다. 슈펭글러(O. Spengler)가 몰락을 경고한 서양문명의 좋지 않은 측면을 모방하고 있는 것이다. 더 늦기 전에 우리 민족의 강인하고 씩씩한 기상으로 되돌아가야 한다. 저절로 되돌아갈 것을 바랄 일이 아니라, 인성교육의 책임을 져야 할 사람들이 그를 위한 적극적 노력을 해야 할 것이다.

과학과 기술은 현대문명을 이끌어가는 원동력이다. 과학과 기술에서 앞선 나라가 경제와 군사, 학문과 예술 등에서도 앞서기 마련이다. 과학과 기술의 수준이 국력의 수준을 좌우한다 하여도 과언이 아닐 것이다. 그런데 오늘의 우리나라의 과학과 기술은 선진국들에 비하여 크게 뒤떨어지고 있는 실정이다. 이에 정부와 민간의 유관 단체들은 과학과 기술의 발전을 위한 종합적 계획을 수립해야 할 것이며, 경제계와 학계를 비롯한 각계각층이 그 계획의 실천에 협동해야 할 것이다.

과학과 기술의 발달만으로 국가의 번영이 보장되는 것은 아니다. 과학과 기술은 인간의 행복을 위하여 크게 기여할 수도 있고, 인간에게 불행을 가져다줄 파괴력으로서 작용할 수도 있다. 과학과 기술을 인간의 행복을 위하여 선용하도록 이끌어갈 건전한 사상이 요구되는 것이며, 이와 관련해서 언론과 종교가 수행해야 할 책임이 막중하다. 그러나 현재 우리나라에 여론을 바르게 이끌어갈 만한 중심 사상이 확고하게 형성되었다고 보기는 어려우며, 언론기관과 종교단체가 그 책임을 다하고 있다고 보기도 어렵다. 우선 언론기관과 종교단체부터 현대문명의 기조(基調)를 이루고 있는 상업주의(商業主義)로부터 자유로워야 할 것이다.

'탁월한 문화'를 생각할 때 우리는 자동적으로 예술과 민속을 떠올린다. 높은 수준의 예술과 고유한 민속을 떠나서 탁월한 문화를 말하기가 어려운 것이다. 지구가 하나의 생활권으로 좁아지는 오늘날, 세계적 보편성을 가지면서 독창성과 개성이 뚜렷한 예술과 민속에 대한 요구는 더욱 높아져가고 있다. 우리는 같은 논리로 우리나라의 언어와 문자의 중요성을 인식해야 할 것이다. 외국어의 수요가 날로 늘어가는 오늘날, 우리나라의 말과 글의 순화에 대한 요구도 더욱 높아지고 있다.

도도히 밀려드는 세계사의 흐름에 역행할 수는 없을 것이다. 그러나 한국의 장래를 오로지 시대의 흐름에만 맡길 수는 없다. 한국의 장래 가운데는 한국인의 선택에 의하여 좌우될 부분도 적지 않다. 현명한 선택을 위하여, 21세기에 대비하는 국가 목표를 종합적으로 고려해야 할 시점이다.

『철학과 현실』(1995년 가을)

김태길 서울대학교 명예교수, 제30대 대한민국학술원 회장, 철학문화연구소 이사장, 성숙한사회가꾸기모임 상임공동대표, 한국방송공사 이사장, 우산육영회 이사장, 수필문학진흥회 회장을 역임했다. 흥사단 명예단우이다. 서울대학교 철학과를 졸업하고 미국 존스홉킨스대학교에서 철학 박사학위를 받았다. 저서로 『윤리학』, 『변혁 시대의 사회철학』, 『한국 윤리의 재정립』, 『웃는 갈대』, 『흐르지 않는 세월』, 『삶과 그 보람』 등이 있다.

21세기의 종교: 새로운 영성을 향하여

길 희 성

1. 종교란 무엇인가?

　종교란 무엇이기에 그토록 오랜 세월을 인간의 삶과 함께해 왔으며 지금도 수많은 사람들의 삶을 사로잡고 있는 것일까? 무엇이 종교로 하여금 계몽사상가들과 세속적 합리주의자들의 날카로운 공격에도 불구하고 그토록 끈질긴 생명력을 가지고 존속하게 만드는 것이며, 종교의 무엇이 오늘날과 같이 고도로 발달된 과학기술문명의 시대에도 여전히 그 이해하지 못할 언어들로 사람들의 마음을 사로잡고 있는 것일까? 종교에 몸을 담고 신앙생활이 일상화되어 있는 신자들에게는 자기들의 언어가 친숙하기만 하지만, 종교로부터 일정한 거리를 두고 종교의 이름으로 진행되는 그 다양하고 기이한 몸짓들을 바라보는 사람들에게는 종교란 참으로 수수께끼이다.

　지금까지 종교에 대하여 수많은 정의와 설명들이 시도되었지만, 그 어느 하나도 보편적으로 통용되는 것은 없다. 하지만 어느 한 특정한 종교를 떠나 종교 일반을 논하려는 사람은 어쨌든 자기 나름대로 하나의 책임 있는 종교관을 제시하고 논의를 시작할 필요가 있다. 나는 종교를 간단히 말해서 '삶의 궁극적 기반에 대한 헌신(commitment to the ultimate foundation of life)'이라고 정의하고자 한다. 이제 이 정의에 대하여 잠시 부연 설명을 하고자 한다.

우선 여기서 '삶'이란 개인적 삶뿐만 아니라 사회적, 문화적 삶까지 포함해서 하는 말이다. 종교는 단지 개인의 삶에만 관여하는 것이 아니라 사회와 문화 전반에 관계된 현상이다. 현대와 같이 세속화된(secularized) 사회와 문화 속에 살고 있는 우리로서는 종교가 사회적, 문화적 현실이라는 것을 피부로 느끼기 어려울지 모르나, 종교는 역사적으로 보나 현재의 상황을 보나 결코 개인의 실존적 관심만을 축으로 하여 움직이는 것이 아니라, 전 사회적, 문화적 힘으로서 작용하고 있다. 종교를 단순히 개인의 내적이고 사적인 영역에만 국한되는 것으로 보는 것은 세속화된 현대 서구사회나 그 영향 아래 있는 사회에서나 통용되는 관념이다. 종교가 만약 순전히 개인적 차원의 현상만이라면, 지금도 세계 도처에서 벌어지고 있는 민족 간의 갈등에 종교가 관계될 리만무하다. 아무리 세속화된 사회라 할지라도, 가령 미국과 같이 헌법상 신교의 자유가 보장되고 종교와 국가가 완전히 분리되어 있는 사회라 할지라도, 기독교는 여전히 사회의 주류 종교로서 직접 간접으로 사회와 정치에 많은 영향력을 행사하고 있다. 오늘의 우리 한국사회를 보더라도, 우리가 종교의 사회적 역할을 어떻게 평가하든, 종교가 무시 못할 사회적 힘으로 작용하고 있다는 사실을 부정할 사람은 없을 것이다.

다음으로 '궁극적 기반'이라는 말이 설명을 요한다. 우선, 기반(foundation)이란 말은 삶이 의지하는 것, 삶을 지탱해 주는 것, 삶이 정초하고 있는 것, 삶의 근거가 되는 것 등을 뜻하는 말이다. 삶에는 물론 경제적 기반과 물적 토대가 그러한 역할을 하고 있다. 하지만 종교는 물적 토대와는 달리 '궁극적' 기반을 제공한다. 여기서 '궁극적'이란 말은 보다 더 근본적이라는 말은 아니다. 물적 토대가 삶에 있어서 더 근본적이라고 주장할 수 있기 때문이다. 그러나 종교는 그런 것을 궁극적이라고 하지는 않는다. 종교에서 궁극적이라는 것은 초월적 실재, 영원한 실재, 우주적 혹은 초우주적인 무한한 실재를 가리키는 것으로서, 무엇보다도 종교 특유의 가치평가인 '성스러움'이 개재된 실재를 가리킨다. 따라서 종교는 삶의 성스러운 기반, 영원불변한 기반을 추구하고 제시한다는 말이다. 가변적이고 우연적인 것, 일시적이고 유한한 것이 아니라, 항구적이고 무한한 실재에 종교는 인생을 정초하고자 한다. 종교는 보이지 않는 것, 초월적인 것에서 인생의 시초와 종극을 찾는다. 그것을 우리는 넓은 의미에서 형이상학적인 것이라 해도 무방하다. 종교는 어떠한 형태이든 넓은 의미에서의 형이상학을 떠나서는 존재하기 어렵다. 유대교, 기독교, 이슬람교와 같은 유일신 신앙의 종교는 인생의 궁극적 기반을 하느님(God)이라 부르고, 아시아의 종교철학적(religio-philosophical) 전통들은 그것을 천(天), 도(道), 이(理), 태극(太極), 브라만(Brahman, 梵), 공(空), 진여(眞如), 불성(佛性) 등 다양한 이름으로 부른다. 그 밖에도 그것은 일자(一者), 선(善), 존재(Sein), 정신(Geist) 등 철학적 개념들로 표상되기도 한다. 여하튼 종교는 더 이상 존재론적으로 그 배후를 물을 수 없는 어떤 궁극적이고 무조건적이고 절대적인 실재에 덧없고 허물어지기 쉬운 인생을 정초하고자 한다.

종교가 궁극적 실재를 추구한다는 것은 종교가 삶의 모든 영역에 관계된다는 말이기도 하다. 종교는 본질적으로 포괄적(wholistic) 성격을 갖는다. 궁극적 실재는 존재하는 모든 것의 존재론적 기반 혹은 만물의 배후에 있는 어떤 포괄적 이법이기 때문에, 그러한 궁극적 실재에 삶을 정초시키고 사는 신앙인들에게는 삶의 어느 분야든 — 도덕, 학문, 예술 등 — 종교와 유관하지 않은 것은 없다. 종교인의 삶은 초월적 실재와의 관련 속에서 하나의 통일성 내지 정합성을 얻는다. 종교는 사람들에게 포괄적 세계관과 인생을 제공한다.

종교는 이러한 초월적 실재를 갈망하고 추구하며 그것을 발견하고 깨달아 알았다는 확신에 근거하고 있다. 모든 종교는 인간이 종교적 체험을 통해 초월적 실재와 접할 수 있는 특별한 영적 능력을 지니고 있다고 믿는다. 이 종교적 체험이 어떠한 형태로 주어지든 — 신앙이든, 깨달음이든, 조용한 명상이든 혹은 황홀한 신비적 합일(unio mystica)이든 — 종교는 이러한 체험을 통해서 삶의 궁극적 기반을 접하고 거기에 삶을 기초하고 맡기는 헌신(commitment)이다. 이 헌신은 인간의 지(知), 정(情), 의(意) 모두가 개입된 전인적인 것이며, 삶 전체를 움직이는 힘으로 작용한다.

물론 이러한 헌신은 종교의 이상적인 모습이지 결코 모든 신앙인들의 현실은 아니다. 보이지 않는 초월적 실재에 자신의 삶을 맡기면서 살고자 하는 신앙인들은 시시각각 감각적으로 접하는 직접적 현실의 지배를 완전히 벗어나기 어렵다. 따라서 신앙인들의 삶은 유혹과 갈등, 고뇌와 슬픔, 회의와 위선을 동반하기 마련이며 희망과 절망이 교차하는 모호한 삶을 살 수밖에 없다. 그러나 이러한 갈등은 그들의 삶이 바로 보이지 않는 초월적 세계를 지향하고 있기 때문에 생기는 불가피한 일이기도 하다. 여하튼 신앙인들의 삶이란, 삶의 궁극적 기반이 되는 초월적 실재와의 관계 속에서 자신의 삶을 이해하고 성찰하고 결단하며 사는 삶이다.

2. 현대의 종교적 상황

서구 근대사는 정신사적으로 볼 때 초월의 실종, 초월의 붕괴의 역사라 해도 과언이 아니다. 기독교라는 기반이 더 이상 필요하지 않게 된 탈기독교의 역사이다. 서구 문명이 이로 인해 초래된 정신적 충격과 공허를 완전히 극복하고 새로운 정신적 기반을 찾았는지는 아직도 많은 논란의 여지가 있다. 서구 문명은 기독교라는 보호자가 사라진 공백이 가져다준 자유와 무한한 가능성을 즐기면서도 다른 한편으로는 무한히 열린 자유의 공간 속에서 갈피를 잡지 못하고 방황하고 있다고 해도 크게 틀리지는 않을 것이다.

신본주의에서 인본주의로, 타율에서 자율로, 신앙에서 이성으로의 전환이 시작된 이래 서구의 사회와 문화는 정치, 경제, 학문, 사상, 교육, 예술 등 삶의 제 분야를 아우르는 하나의 통합적 기반을 상실한 채 삶의 각 영역이 파편화된 자율적 발전의 길을 걷고 있다. 이른바 사회와 문화의 세속화(secularization)가 이루어진 것이다. 문화는 이제 더 이상 초월적 지향성이나 형이상학적 기반을 필요로 하지 않고 자율적 이성의 인도 아래 독자적인 길을 걷는다. 사실 서구 근대 문화는 신을 거부한 자리에 이성을 앉혔으며 신적 계시에 대한 신앙을 인간 이성에 대한 신앙으로 대체했다 해도 좋을 것이다. 하지만 이성에 대한 확고한 신뢰와 낙관주의에서 시작한 근대 서구 문화는 이미 19세기로 들어서면서부터 이른바 '계몽의 변증법'이라 불리는 이성과 자유의 역설성에 봉착하게 되었다. 해방적 이성이 억압적 이성으로 작용하고 독단적인 종교적 근본주의를 대신하여 편협한 세속적 근본주의(secular fundamentalism)가 인간의 삶을 옥조이게 된 것이다. 보편성과 획일성을 강요하는 근대적 이성의 기획은 모든 신화와 전통, 개별성과 특수성, 우연성과 역사성, 그리고 질적인 것과 가치론적인 것, 감정과 정열 등을 비합리적인 것으로 간주하여 타당한 인식의 영역에서 추방해 버렸다. 근대적 이성은 전통으로부터 자유를 쟁취했지만 무엇을 위한 자유인가라는 물음에는 확실한 대답을 제시하지 못한 채 자유를 위한 자유의 공허성에 시달리게 되었다. 인간 이성에서 신을 대체할 새로운 삶의 기반을 찾고자 했던 근대성의 기획은 그 혁혁한 성과에도 불구하고 근본적인 회의에 봉착하게 된 것이다. 최근 포스트모더니스트들의 철학은 이러한 이성에 대한 회의가 절정에 이르렀음을 보여주고 있다. 이성을 통해 진리와 도덕의 근거를 찾으려는 정초주의(foundationalism)는 포기되고 이성의 보편성이 의문시되며 신의 자리를 메우려는 어떠한 권위나 '거대담론'도 의심의 눈길을 피하지 못하게 된 것이다.

그렇다고 물론 이성이 포기된 것은 아니다. 통제력을 상실한 과학적 이성, 도구적 이성은 여전히 제 갈 길을 가면서 생활세계(Lebenswelt)를 속속 지배해 가고 있으나, 정작 그것을 통해 추구될 목표와 가치는 합리적 논의와 해결을 기대하기 어려운 상황에 놓이게 되었다. 극도의 개인주의와 타산적 상업주의로 인해 공동체는 해체되며 획일적인 계량화된 사고는 삶의 질과 깊이를 앗아가기에 이르렀다. 모든 구속으로부터 해방되고 모든 끈에서 풀려난 개인들은 소속감과 방향감각을 잃고 방황한다. 한마디로 말해, 현대인은 신이든 이성이든 '삶의 궁극적 기반'에 대한 신앙을 상실한 채 망망한 자유의 바다에서 어딘가에 자신의 삶을 정초하고자 온갖 '실험'을 계속하고 있다. 이러한 상황에서 온갖 감각주의, 쾌락주의, 배금주의, 물신숭배 등이 횡행하는 것은 어쩌면 너무나도 당연한 일이다. 니체가 예견한 대로 초월을 상실한 현대인은 근본적으로 허무주의를 안고 살 수밖에 없는 존재가 되어버린 것이다. 신의 죽음을 선포한 그는 이성도 인간 구원의 적임을 선포했다. 오늘날 포스트모더니스트 철학자들 대부분이 그의 정신적 계승자들임은 결코 우연이 아니다.

그렇다면 이제 서구 문명은 어디로 갈 것인가? 신도 믿지 못하고 이성도 믿지 못하는 현대 서구인들은 어디서 '구원'을 찾을 것인가? 예술, 스포츠, 섹스? 아니면 처음부터 다시 시작해야 할 것인가? 아니, 시작하고 말고도 없이 포스트모더니스트들의 결론을 최종적인 것으로 받아들여 부질없는 거대담론일랑 아예 포기하고 다수의 '조그마한 이야기들'에

만족하고 살아야 하는가? 로티의 얘기대로, 결국 인간에게 끝까지 남는 것은 더 이상 정초 짓기 어려운 각 개인, 각 문화의 우연적인 '최종 어휘(final vocabulary)'들뿐이란 말인가?

비극적인 것은 근대 서구가 봉착한 심각한 정신적 위기에도 불구하고 세계의 거의 모든 사회와 문화들이 근대 서구의 전철을 숙명과도 같이 되풀이하고 있다는 사실이다. 물론 아시아와 아프리카의 여러 나라들은 서구의 전통사회와는 달리 기독교 대신 다른 종교 전통들을 삶의 궁극적 기반으로 삼고 살아왔다. 그러나 이들 나라들도 정도의 차이는 있을지언정 한결같이 서구적 근대화와 세속화의 길을 걷고 있다. 여기에는 물론 세속적 이성이 지니고 있는 해방적 힘의 매력이 작용하고 있다. 우리는 이 점을 결코 간과해서는 안 되며 일단 솔직히 인정해야만 한다. 전통의 권위에 대한 맹목적 순종을 강요당해 온 모든 전통사회의 사람들에게 서구의 세속적 이성은 확실히 해방적 복음으로 다가온 것이 사실이다. 오늘날 이와 같은 명백한 사실을 무시한 채 전통에 대한 막연한 향수나 무책임한 복귀를 외치는 사람이 있다면 마땅히 비판받아야 하고 경계해야 할 것이다. 서구 이성이 보여준 양면성 가운데서 적어도 그 비판적, 해방적 힘은 결코 무시되어서는 안·될 것이다. 그렇지만 모든 사회, 모든 문화가 서구의 전철을 그대로 밟으라는 법은 없으며, 그래서도 안 될 것이다. 여기에 아시아적 상황의 복잡성이 있는 것이다.

여하튼 이제 한국을 비롯한 많은 전통사회들이 이미 돌이킬 수 없는 서구식 세속화의 길을 걷기 시작했으며 사람들은 전통적 삶의 기반과 의미를 상실한 채 방황하게 되었다. 지성인들은 전통으로부터 유리되거나 소외되어 자신들이 속했던 전통을 단지 학문적 연구의 '대상'으로 삼게 되었으며, 전통문화는 이제 '관광상품' 이상의 가치를 지니기 어렵게 되었다. 그렇다고 서구인들의 삶을 지탱해 주고 있는 세속적 합리주의가 우리에게 제대로 자리 잡은 것도 아니다. 특수한 관행과 관습으로 삶을 지배하던 전통사회의 공동체적 윤리는 허물어지고 있으나, 그것을 대신해서 개인의 합리성과 자율성에 근거한 시민사회적 보편윤리가 정착된 것도 아니다. 우리 사회의 도덕적 무질서는 적지 않게 이 같은 상황에 기인한다.

한국의 경우 세속화는 정확히 말해서 삶의 각 영역이 조선시대 500년을 통해서 삶의 궁극적 기반을 제공해 온 유교적 세계관과 가치관으로부터 풀려났음을 의미한다. 유교적 전통과 관습이 아직도 우리에게 상당히 남아 있는 것은 사실이다. 그러나 근본적으로 유교적 '신앙'은 현대 한국인들에게서 사라졌다 해도 과언이 아니다. 그리고 이 신앙을 대체할 만한 새로운 도덕적 신앙, 새로운 형이상학적 신앙은 아직 우리에게 자리 잡지 못했다. 그렇다고 서구식 합리주의가 우리에게 체질화된 것도 아니다. 현대 한국인들이 처한 정신적 위기의 본질이 여기에 있다. 인륜을 천륜으로 믿고 인성이 천성임을 믿는 '형이상학적 신앙'이 사라지게 된 것이다. 만물과 더불어 인생을 떠받치고 있는 보이지 않는 우주의 이법과 질서에 대한 믿음이 사라진 것이다.

18세기 후반 조선의 사회와 문화의 지배이념이었던 성리학적 세계관과 사고방식이 흔들리기 시작하면서 한국사회는 이념적 다원사회로의 첫발을 내딛기 시작했다. 서학의 이름으로 전파된 가톨릭 사상과 신앙의 탄압은 이러한 다원사회로의 이행을 위해 우리 민족이 치러야 했던 진통이요 대가였다. 그 후 서학을 의식하면서 출발한 동학운동, 서양 선교사들의 손에 의해 전래된 개신교, 그리고 일제의 민족 수난 시대에 출현한 우리나라의 자생종교들이 각기 삶의 궁극적 기반을 새롭게 제시하였으나, 어느 하나도 조선시대 유교와 같이 한국인 전체를 묶어주는 강력한 이념적 구심점의 역할을 수행하지는 못하고 있다.

오늘날 한국인을 하나로 묶어주는 이념이 있다면 그것은 근대사의 격랑 속에서 서구로부터 받아들인 자유민주주의일 것이다. 자유와 평등의 이념 아래 종교와 사상의 자유를 보장하는 자유민주주의 체제는 다양한 종교들이 평화적으로 공존하면서 각기 자기 길을 가도록 해주는 유일한 체제라 해도 과언이 아니다. 그 자체의 도그마와 폐쇄성이 없는 것은 아니나, 자유민주주의는 분명 인류가 낳은 이념 가운데서 다원사회를 위한 가장 적합한 이념이요 체제임에 틀림없다. 그러나 자유민주주의 그 자체는 결코 전통적 종교를 대신하여 '삶의 궁극적 기반'을 제공하지는 못한다. 자유민주주의가 삶의 궁극적 기반이 되려면 그것이 추구하고 있는 가치들, 예컨대 자유, 평등, 인권, 박애, 정의 등이 초월적 혹은 우주적 근거를 지니고 있음을 믿어야 한다. 하지만 자유민주주의는 그러한 믿음을 뒷받침할 만한 존재론적 혹은 형이상학적 기반을 가지고 있지 않으며, 또 굳이 가지려 하지도 않는다. 서구의 자유민주주의는 역사적으로는 기독교 사상과 관련이 있다 해도 기본적으로 초월을 거부하는 세속적 이성, 세속적 휴머니즘 이상을 필요로 하지 않는 이념이다.

유교적 신앙은 붕괴되어 그 외피적 관습만 남아 있고, 그것을 대체할 만한 새로운 형이상학적 신앙은 아직 없고, 그렇다고 우리에게 세속적 합리주의나 휴머니즘이 내면화되어 정착된 것도 아니고, 현대 한국인의 정신적 방황, 한국사회의 도덕적 혼란과 혼잡성은 근본적으로 이러한 상황에 기인하는 것이다.

3. 한국 종교의 전망과 과제

이상에서 나는 현대의 정신적 위기를 삶을 떠받치고 있는 형이상학적 기반에 대한 믿음의 붕괴에서 오는 것으로 진단했다. 그런데 이상한 것은 형이상학과 종교의 쇠퇴라는 세계의 일반적 추세 — 오랫동안 억압되었던 종교성이 폭발하고 있는 동유럽을 예외로 하고 — 와는 달리 한국의 종교는 날로 번창하고 있으며 양적 팽창을 계속하고 있다는 사실이다. 각 종교와 종파들은 초대형 시설을 갖추어놓고 세를 과시하고 있으며 구름 같은 인파들이 종교행사에 참여한다. 마을마다 동네마다 종교건물이 들어서지 않은 곳은 없으며 인구의 절반 이상이 어느 종교의 신자임을 자처한다. 종교 간판을 단 것은 모두 '성업 중'이라는 얘기가 나올 정도이다. 이 수많은 종교시설들과 거기에 투입되는 엄청난 재력과 인력은 도대체 무엇을 위한 것인지, 뜻 있는 사람들은 의아해 마지않는다. 이들 종교단체들이 과연 우리 사회에 무슨 기여를 하고 있으며, 그것들이 없어졌다고 가정해 볼 때 과연 우리 사회에 무슨 손실이 될까 한 번쯤 생각해 볼 만하다. 좀 과장하자면 한국사회 전체가 마치 종교를 위해 존재하는 것 같다는 생각이 들 정도이다. 종교가 사회를 위해 존재하는 것이 아니라, 사회가 종교를 위해 존재하는 것 같은 역리 현상이 벌어지고 있는 것이다.

이러한 한국 종교계의 '기현상'을 우리는 어떻게 설명해야 할까? 이에 대한 대답은 면밀한 역사적 연구와 체계적인 사회조사 등 다각적 연구를 필요로 하겠지만, 우선 우리는 가설적 수준에서 다음과 같은 점들을 언급할 수 있을 것이다. 첫째로, 한국은 아직도 사회적으로나 정신적으로 근대화되지 않은 전통사회적 성격을 강하게 지니고 있다는 점이다. 전통사회는 세계 어디서나 종교가 중요한 역할을 하는 사회였으며 전통문화는 어디서나 종교적 문화였다는 점을 감안할 때, 한국 사람들의 높은 종교 참여도는 그다지 이상한 일은 아니다. 왜 한국에서는 종교가 번창하고 있는가 하는 문제 제기 자체가 이미 탈종교 시대를 살고 있는 근대 서구의 관점에서 이루어지고 있음을 우리는 인식해야 한다. 다만 특별한 설명을 요하는 점은 그렇다면 왜 한국사회가 급속히 서구식 경제발전과 근대화를 이룩한 최근 30-40년 사이에 종교가 쇠퇴하기는커녕 그토록 번창하고 있는가 하는 의문이다.

이에 대한 답으로서 우리는 무엇보다도 한국사회가 겪은 급격한 변화와 이에 따른 상실감과 불안감, 그리고 이것을 보상해 줄 소속감과 삶의 새로운 방향성에 대한 필요 등을 들 수 있다. 사회변화 가운데서 우선적으로 언급되어야 할 것은 농촌사회에서 도시사회로, 농업사회에서 산업사회로의 급격한 전환과 엄청난 인구이동이다. 여기에다 6·25 전란과 같은 급박했던 상황의 경험들, 그리고 언제 전쟁이 발발할지 모르는 남북한의 대치와 긴장도 간과할 수 없는 사항들이다. 이러한 급격한 사회변화의 최대 수혜자는 아마도 기독교, 특히 개신교가 아니었나 생각한다. 불교는 조선시대 이래 최근까지도 주로 산간에 자리 잡고 있었기 때문에 이러한 급격한 사회변화에 신속히 대응할 수 없었을 뿐만 아니라, 불교 대중화를 이끌어나갈 포교사도 별로 없었으며, 그러한 의식조차 별로 가지고 있지 못했다.

다음으로 언급될 점은 역설적이지만 경제발전과 절대빈곤의 극복, 그리고 민족주의 내지 민족 자긍심과 '우리 전통'에 대한 애착 등이다. 이러한 분위기의 최대 수혜자는 아마도 불교와 한국 자생종교들이 아니었나 생각된다. 종교 참여도 당장 먹고살 만한 여건이 충족되고 시간적으로나 경제적으로 어느 정도 여유가 있어야만 가능한 것이다. 그뿐만 아니라 절대빈곤을 극복하고 어느 정도 경제성장을 이룩한 우리에게는 민족 자긍심과 자신감이 일기 시작했으며, 이것은 자연히 잊혔던 우리 문화, 우리 전통에 대한 관심과 국학의 부흥 등으로 이어졌다. 이와 더불어 서구 사상의 한계에 대한 의식, 서구사회의 병폐와 병리현상 등에 대한 인식도 더욱 우리 전통의 소중함을 자각하게 만드는 요소로 작용했다.

그렇다면 앞으로의 한국 종교의 전망은 어떠할까? 한국 종교의 '붐'은 계속될 것인가? 한국이 서구 선진국들과 같이 지금보다 훨씬 더 경제가 발전하고 사회가 안정되어 더 많은 사람들이 여가를 즐기게 될 때, 한국 종교계도 서구처럼 사양의 길을 걷지 않는다는 보장이 있을까? 사실 그러한 조짐은 이미 나타나기 시작했다. 한국에서도 이제 종교 성장은 하향곡선을 그리기 시작했다는 지적이 나오고 있다. 적어도 기독교계에서는 이러한 관점이 지배적이며, 아마도 이것은 다른 종교들에 관해서도 크게 다르지 않을 것이다. 한국에서 종교가 번창하는 이유로서 위에 언급된 세 가지 요건 모두가 결국 사회적, 역사적 이유였다면, 그러한 요건들이 사라질 때 결과는 예측하기 어렵지 않다. 그리고 지금까지 우리의 논의가 타당하다면, 결국 한국사회도 형이상학적 믿음의 상실과 종교의 쇠퇴라는 근본문제에 봉착할 것이다.

이러한 전망은 다가오는 세기가 이른바 정보화 시대라는 점에서 더욱 설득력을 얻는다. 21세기 한국 종교는 서구 종교가 겪었던 운명을 짧은 시간 내에 거의 그대로 겪을 가능성이 농후하다. 이미 산업화 시대가 그러했지만, 21세기 정보화 시대의 인류는 지역과 문화의 차이를 넘어서 획일화된 세계문화를 형성해 나갈 것이며, 지역과 국가를 중심으로 전개되어 온 종전의 역사는 문자 그대로 하나의 통합된 세계사(global history, world history)를 연출하게 될 것이다. 문화적 특수성과 전통의 가치는 그만큼 더 약화될 것이다. 여기서 오는 정신적 공허성 때문에 전통에 대한 향수는 더 강해지고 전통을 지키자는 구호는 더 요란해질지 모르나, 전통은 실제적으로 삶에서 아무런 힘도 발휘 못하는 학문적 연구 대상이나 문화상품 이상의 가치를 지니기 어려울 것이다.

그렇다면 한국 종교계는 이러한 21세기적 전망에 대하여 어떻게 대처해 나가야 할 것인가? 한국인은 도대체 어디에서 삶의 정신적 기반을 찾아야 할 것인가? 선택은 두 가지일 것 같다. 하나는 빠른 시일 내에 서구 사회처럼 개인의 자유와 자율에 바탕을 둔 시민사회의 윤리와 삶의 질서를 구축하든지, 다른 하나는 이미 붕괴된 전통적 형이상학과는 다른 새로운 형이상학적 세계관과 믿음을 구축하는 일이다. 전자에 대하여 종교가 어떠한 태도를 취하든 — 이것은 물론 종교와 근대성의 문제이다 — 한 가지 분명한 점은, 종교는 초월을 거부하는 세속적 이념만으로는 만족할 수 없으며 형이상학적 믿음 없이는 존립할 수 없다는 엄연한 사실이다. 종교는 후자의 길을 선택할 수밖에 없다.

나는 종교를 '삶의 궁극적 기반에 대한 헌신'이라고 정의했다. 시대가 아무리 바뀌어도 삶의 궁극적 기반을 찾는 인간의 형이상학적 갈망은 그치지 않을 것이며, 미래 한국 종교의 생명 역시 바로 이러한 인간의 실존적 요구에 얼마나 설득력 있게 대응하느냐에 달릴 것이다. 이를 위해서 한국 종교계도 서구 지성사, 특히 서구 형이상학적 세계관의 붕괴와 그 원인 등을 살펴보면서 새로운 시대를 위한 형이상학적 비전을 모색하지 않으면 안 될 것이다. 그러나 이러한 본질적인 과제를 논하기에 앞서 우리는 먼저 한국 종교계가 당면하고 있는 몇 가지 현실적 문제들을 점검해 볼 필요가 있다. 이것은 앞으로 한국 종교가 구축해야 할 새로운 형이상학의 방향과도 밀접히 관계되는 문제들이기 때문이다. 다음 세 가지가 현재 한국 종교계가 극복해야 할 과제로 등장하고 있다.

(1) 한국 종교 일반에 대하여 가장 흔히 제기되는 비판 가운데 하나는 강한 기복신앙적 성격 혹은 현세구복성이며 이와 연관된 윤리의식의 결핍이다. 종교는 전통적으로 인간의 도덕적 삶에 기반을 제공해 왔으며, 현재도 인류의 대다수에게 종교는 곧 도덕을 의미할 정도로 양자는 불가분의 관계를 가지고 있다. 현대 세계가 아무리 세속화되었다고는 하나, 서양에서 기독교의 역할이나 이슬람 문화권에서 종교가 수행하는 역할, 그리고 인도에서 힌두교 윤리와 동아시아에서 유교 윤리가 차지하는 비중을 보면 아직도 종교는 인간의 도덕적 삶과 밀접하게 연결되어 있음을 쉽게 알 수 있다. 종교는 도덕의 내용을 규정할 뿐만 아니라 초월적 권위로서 도덕적 삶을 정당화해 주며 도덕적 행위를 위한 동기를 제공한다.

한국의 경우 유교는 비록 그 형이상학적 기반은 거의 상실했지만 여전히 전통과 관습의 힘을 통해 우리 사회에 도덕적 기반을 제공하고 있음을 부인하기 어렵다. 유교는 기독교나 불교와는 달리 별도의 종교 제도와 조직을 갖고 있지 않으나, 가족이나 학교교육을 통해 꾸준히 한국인의 윤리의식에 강한 영향력을 행사해 오고 있다. 남녀노소와 신분의 차이, 그리고 종교 간의 차이까지도 넘어서서 유교 윤리는 사실상 전 한국인의 행동양식을 하나로 묶어주는 역할을 수행하고 있는 것이다. 물론 유교 윤리는 종종 비판의 대상이 되는 것도 사실이다. 권위에 대한 맹목적인 순종을 강요함으로써 인간의 자유와 자율성을 저해한다, 인간 간의 차별과 불평등한 관계를 조장한다, 보편적 윤리보다는 특수주의적인 가족윤리를 지나치게 강조한다, 현대사회에 걸맞지 않는 충효의 낡은 도덕을 주장한다, 그리고 인간의 내면성보다는 외양적인 예의범절을 지나치게 강조하는 형식주의적 윤리라는 등 유교 윤리에 대하여 제기되는 비판들은 다양하다. 이러한 비판들은 한편으로는 정당하고 다른 한편으로는 유교에 대한 오해와 왜곡에 근거한 것이기도 하다. 그러나 우리가 유교 윤리에서 가장 주목해야 할 점은 그 존재론적 기반과 형이상학적 믿음이다. 유교의 인성론은 도덕적 실천을 위한 인성론이며 유교의 존재론 또한 도덕적 세계관을 뒷받침하기 위한 존재론이다. 비록 유교 윤리가 구체적인 면에서 시대의 변화에 따라 변한다 해도, 비록 유교적 인성론이나 형이상학이 현대적 세계관에 의해 흔들리고 있다 해도, 도덕의 객관적 타당성을 믿는 믿음과 그것을 존재론적으로 정초시키려는 노력은 쉽게 포기해서는 안 될 우리의 소중한 정신적 자산이다.

유교뿐 아니라 불교와 기독교도 역시 한국인의 도덕적 삶에 상당한 영향을 주고 있다. 불교의 자비나 기독교의 사랑에 대한 가르침은 수많은 불자들과 그리스도인들에게 이기적 삶을 넘어서서 타자를 위한 삶에 헌신하도록 하고 있으며, 사회 곳곳의 그늘진 곳에서 보이지 않는 도움과 나눔의 손길을 펼치도록 하고 있다. 종교에 대하여 비판적 시각을 가진 사람이라 해도 종교가 우리 사회에서 수행하고 있는 도덕적 교화와 실천의 가치를 부정하지는 않을 것이다.

종교가 한국인의 도덕적 삶에 미치는 이상과 같은 매우 긍정적인 영향에도 불구하고 한국 종교를 바라보는 시선은 곱지만은 않다. 그것은 무엇보다도 한국 종교를 지배하고 있는 강한 기복신앙적 성격 때문이다. 윤리란 무엇보다도 자기절제와 제어, 자기부정과 희생 없이는 불가능하다. 어떠한 윤리든 인간이 가지고 있는 자연적 욕망을 제어하거나 희생하려는 노력 없이는 성립되지 않는다. 기복신앙이 지닌 가장 큰 문제점은 자기부정의 윤리의식을 결여하기 쉽다는 것이다. 기복신앙은 신앙을 통해서 현세적 욕망을 충족시키고자 하는 바람으로서, 종교가 자기희생을 통한 사랑과 자비를 실천하기보다는 초자연적 힘을 빌려 현세적 욕구를 확대재생산하고 만족시키려는 수단으로 변질되는 것이다. 종교 지도자들은 인간의 소박한 욕망을 이용하여 현세적 축복의 약속을 남발하면서 양적 팽창을 도모한다. 윤리성을 결여한 종교는 원시적 주술신앙에 가깝다. 윤리의식이 결핍된 종교는 제아무리 번창한다 해도 한 사회의 도덕적 향상과는 무관하다. 세속적 욕망을 얻는 수단으로 화한 종교는 이미 생명력을 상실한 종교이며 존재가치를 상실한 종교나 다름없다. 종교가 약속하는 복이란 결코 세속적인 복의 연장이나 확대가 아니라, 그것과는 질적으로 다른 초월적 축복이다. 그것은 무엇보다도 초월적 실재와의 교류를 통해서 얻어지는 새로운 자아의 발견, 그리고 거기서부터 오는 새로운 삶의 기쁨과 평화일 것이다.

(2) 윤리의식의 결여와 더불어 한국 종교의 또 하나의 근본적인 문제점으로 지적되는 것은 역사의식 내지 사회의식의 부재이다. 한국 종교는 강한 현세성에도 불구하고 그것이 역사의식이나 사회의식으로 연결되지는 않는다. 한국 종교는 현세성과 몰역사적 타계주의라는 두 축을 중심으로 하여 움직이고 있다. 다른 말로 표현하자면, 한국 종교에서는 초월성이 윤리의식, 역사의식을 바탕으로 하여 현실 개혁적 성향으로

나타나지 않고 있다는 것이다. 종교가 추구하는 초월성은 흔히 사람들로 하여금 현실의 고통과 부조리에 눈을 감게 하고 관념적 행복, 환상적 행복으로 도피하게 하는 이른바 '민중의 아편' 역할을 하기 쉬운 것이 사실이다. 그러나 종교가 추구하는 초월성은 본래 현실을 새로운 빛으로 조명해 줌으로써 현실을 변화시키려는 것이지, 현실로부터 도피하고자 함은 아니다. 종교의 목적은 사람들로 하여금 초월적 실재와의 관련 속에서 현실을 새롭게 바라보고 이해하게 함으로써 새로운 삶의 질서를 꿈꾸고 변화된 삶을 살도록 하는 데에 있지, 결코 현실을 도피하여 환상적 공간에 머물게 하려는 데에 있는 것은 아니다. 종교가 약속하는 구원의 세계가 결코 현세적 질서에만 국한된 것은 아니지만, 종교가 지금의 현실 속에서 이미 구원의 힘을 발휘하지 못한다면 사후의 구원도 필경 거짓된 약속에 지나지 않을 것이다. 초월과 역사는 결코 배타적인 것이 아니다. 초월은 불완전하게나마 역사를 통해 구현되며 역사는 초월을 통해 구원되는 것이다.

(3) 마지막으로, 우리는 현대 한국 종교계가 당면한 문제로서 종교 간의 배타성을 들지 않을 수 없다. 이 문제는 사실 한국 종교의 문제일 뿐 아니라 현재 세계 종교계 전체가 당면하고 있는 가장 큰 문제 가운데 하나이다. 한국은 세계 어느 지역에서도 찾아보기 어려운 실질적인 종교다원사회이다. 다종교 사회가 한국만은 아니지만, 실제로 한국에서만큼 여러 종교들이 비등한 세력을 가지고 병존하고 있는 사회는 거의 없다. 그럼에도 한국의 종교와 종파들, 종단과 교단들은 제도적 폐쇄성과 교리적 배타주의를 고집하고 있는 것이 현실이다. 최근 종교계 일각에서 종교 간의 대화와 협력을 위한 움직임이 일고 있는 것은 사실이나 이것은 극히 제한된 현상일 뿐이고, 대다수의 종교인들이나 신자들은 타 종교에 대해 지극히 배타적인 태도를 취한다. 우리나라와 같은 실질적인 종교다원사회에서 이 같은 배타주의는 사회통합에 치명적인 상처를 입

힐 수 있다. 언제부터인가 대선 때가 되면 대통령 후보의 종교 소속이 문제가 되기 시작했다는 사실은 결코 대수롭지 않게 넘길 문제가 아니다. 종교는 단순히 머리로만 믿는 사상이 아니며 단지 개인적 신앙에만 국한되는 것이 아니기에 종교 간의 갈등은 무서운 폭발력을 지니게 된다.

　사람은 완전한 개방성을 가지고서는 살 수 없다. 사회도 문화도 종교도, 그리고 인격체도 일정한 틀과 제한적 규범성이 있어야만 생존 자체가 가능하다. 그렇기 때문에 일정한 신화와 전통의 권위를 상실한 사회는 하나의 통합된 사회로 존속하기 어려운 것이다. 그러나 현대의 개방사회, 다원사회에서는 바로 이러한 '하나'의 신화, 하나의 진리, 하나의 권위만을 신봉하는 일을 불가능하게 하고 있다. 조화시키기 어려운, 아니 어쩌면 공약 불가능한(incommensurable) 다양한 삶의 형태들(forms of life)과 언어의 게임들(language games), 진리의 규범들과 패러다임들이 경합하는 시대에 우리는 살고 있는 것이다. 아무도 진리를 독점할 수 없으며, 아무도 초역사적인 신의 관점(God's-eye view)을 주장하지 못한다. 어떠한 언어나 사상도 유한성과 우연성을 면하기 어려우며, 모든 종교와 문화들이 상대화될 수밖에 없는 세계에 현대인들은 살고 있는 것이다. 절대성을 주장했던 기독교의 진리는 지위를 상실한 지 이미 오래되었고, 그 자리를 대신한 세속적 합리주의 역시 '해체'의 운명을 맞이하고 있다. 이제 모든 사상과 주의 주장은 '조그마한 이야기들'의 병존일 뿐, 위장된 보편주의나 제국주의적 포괄주의(inclusivism)는 더 이상 통하지 않게 된 것이다. 여기에 현대 종교, 아니 현대 사상 일반이 해결해야만 하는 가장 심각한 문제가 도사리고 있다. 단적으로 말해, '여럿 가운데 하나'가 되어버린 종교 사상이 아직도 '진리'로서의 권위를 지닐 수 있겠는가, 있다면 어떠한 의미에서 그럴 수 있으며, 여타 사상들과의 관계는 어떻게 이해되고 정립되어야 할 것인가 하는 문제이다.

한국 종교계는 이러한 다원화된 상황에 적응하지 않으면 안 된다. 자기 것만 고집하는 폐쇄적 배타주의는 현대의 개방사회에서 더 이상 현실적으로 불가능하고, 자기 것 속에 남의 것을 모두 자기 논리로 담아버리는 제국주의적 포괄주의도 더 이상 통하지 않는다. 우리에게 남은 선택은 자기 이야기를 하면서도 남의 이야기에 진지하게 귀 기울이는 대화의 길밖에는 없다. 자신의 유한성과 상대성을 겸손히 인정하면서도 대화를 통해 남을 이해하고 자신의 시야와 의식을 넓히려는 꾸준한 노력밖에 다른 길이 없다는 얘기이다. 그럼으로써 우리 모두가 확대된 의식을 가지고 종교적 독단주의와 문화적 국수주의를 극복하고 한 사회나 온 인류가 다양성 속의 일치, 일치 속의 다양성을 구현하는 공동체를 가꾸어나가야 하는 것이다.

4. 새로운 형이상학의 모색

지금까지의 논의를 통해서 나는 현대의 정신적 위기가 근본적으로 어디에 기인하는가를 살펴보았다. 그리고 이 진단이 옳다면 문제의 근본적인 해결책을 어디서 구해야 할지도 분명하다. 한마디로 말해서, 현대인은 삶을 떠받치고 있는 궁극적 실재에 대한 형이상학적 믿음을 상실했다는 데 문제의 근본이 있으며, 어떠한 형태로든 형이상학적 믿음의 회복 없이는 현대의 정신적 위기는 근본적 해결을 보기 어렵다는 것이다. 그러나 문제는 실증주의적, 과학주의적 사고에 젖어 있는 현대인들로서 보이지 않는 초월적 실재에 대한 믿음을 가진다는 것은 여간 어려운 일이 아니다. 다가오는 정보화 시대, 고도화된 기술문명의 세기에는 실증주의적 사고가 더욱 기승을 부리면서 전 인류의 사고를 지배할 것으로 전망된다. 획일화된 일차원적 사고는 보이지 않는 실재를 향한 인간의 형이상학적 상상력을 더욱 빈곤하게 만들 것이며 모든 초월로의 길을 차

단할 것이다. 하지만 인간이 인간인 한 삶의 궁극적 기반을 찾는 형이상학적 갈망과 종교성은 결코 사라지지 않을 것이다.

종교는 형이상학적 믿음을 포기할 수 없다. 세계와 인간에 대한 포괄적 설명을 포기하는 종교, 초월적 실재에 대한 믿음을 포기하는 종교는 더 이상 종교가 아니며, 초월적 정향성을 상실한 삶과 궁극적 기반이 사라진 문화는 표류할 수밖에 없다. 초월적 정향성을 잃어버린 삶에서 인간에게 남는 것은 역사 내에서 끊임없이 시도되는 상대적 기획들과 실험들의 연속일 뿐이며, 인간은 시간의 소용돌이 속에서 궁극적으로 허무를 향해 치달을 뿐이다. 현대 종교가 당면한 최대의 과제는 어떻게 하면 이미 폐기되기에 이른 낡은 형이상학의 옷을 벗어버리고 새로운 옷으로 갈아입을 수 있을까 하는 문제이다. 이것은 현대철학의 가장 커다란 과제요 도전이기도 하다. 형이상학을 포기한 철학에 과연 무엇이 남을 것인지 현대철학은 진지하게 물어야 할 때가 되었다. 현대의 철학과 종교는 형이상학의 부활을 위해 만나고 협력해야 한다. 이것은 철학이 다시 '종교적'일 수 있는 용기를 되찾아야 한다는 말이기도 하다. 세계와 인간에 대하여 우리가 알고 있는 가장 확실한 지식들을 동원하되 그것에 얽매이지도 않고 그것에 명백하게 반하지도 않는 세계상을 구축함으로써 현대인의 삶을 주도할 세계관과 인생관과 가치관의 형성에 실질적인 역할을 해야 한다는 것이다. 과학의 시녀가 된 철학, 기술적 분석만을 일삼는 철학은 점점 더 설 자리를 잃어갈 것이다.

새로운 형이상학의 구축을 위해서는 현대 종교는 먼저 전통적 형이상학이 지녔던 문제점들을 창조적으로 극복해야만 한다. 인간을 구원할 새로운 영성(spirituality)은 새로운 형이상학을 토대로 해서 형성된다. 아니, 그 반대로, 이미 새로운 영성을 갈구하고 있는 현대인들은 새로운 형이상학의 출현을 기다리고 있는지 모른다. 그렇다면 과연 극도로 다원화되고 고도의 과학기술이 지배할 21세기 문명에서 삶의 궁극적 기반을 제시할 형이상학은 어떠한 형태를 취해야 하며, 21세기 인간의 새로운 영성은 어떠한 모습을 띠어야 하는 것일까?

새로운 형이상학과 새로운 영성의 형성을 위해서 우리는 먼저 종래의 형이상학, 특히 전통적인 기독교의 신관과 그리스 형이상학적 전통이 지녔던 문제점들과 근대적인 종교 비판의 목소리에 진지하게 귀 기울여야만 한다. 전통적 형이상학과 종교적 세계관이 지닌 일반적인 문제점들을 우리는 다음과 같이 요약해 볼 수 있다.

(1) 기독교의 하느님은 하늘과 땅을 지은 창조주로서, 피조물적 세계와는 존재론적 차원을 달리하는 초월적 하느님이다. 이러한 '초자연적(supernatural)' 창조주 하느님의 관념 속에는 이미 자연의 탈성화(desacralization)가 이루어지고 있으며, 신과 인간, 신과 자연 사이에 건너지 못할 간격이 존재한다. 신은 초자연적 존재로 인식되고, 인간은 신을 만나기 위해 자연을 뛰어넘어야 한다. 인간은 만물의 영장으로서 자연을 다스리고 정복하는 존재로 간주된다. '신성(divinity)'은 인간과 자연과는 별개의 것이기에, 인간은 초월적 타자로서의 신을 만나기 위해서 자기 자신과 자연을 부정해야만 하는 것이다.

(2) 기독교의 인격적 신관은 자칫하면 신을 하나의 제한된 인격을 지닌 '대상적 존재자'로 이해하게 할 위험을 안고 있다. 하나의 대상적 존재자로 이해되는 '전지전능한' 신은 만물을 다스리고 인간을 지배하고 명령하는 최고의 가부장적 권위를 지닌 존재로 부각되며, 인간은 그 앞에서 자유와 주권을 박탈당한 소외된 존재로 전락한다.

(3) 그리스 철학의 지배적 영향 아래 형성되어 온 서구 형이상학적 전통과 신관은 일반적으로 불변하는 사물의 질서와 변하는 현상계, 영원과 시간, 일(一)과 다(多)의 세계를 대립적으로 봄으로써 변하는 역사와 시간의 세계를 소홀히 하는 현실도피적 영성을 형성했다. 신은 시간과

역사의 피안에 있는 절대불변의 부동적 실재로 파악되고, 인간의 역사나 자연의 변화에 무관한 초연한 존재로 이해된다.

(4) 전통적 형이상학은 동서양을 막론하고 불변하는 사물의 질서라는 이름으로 사회의 경직된 위계질서 및 불평등을 조장하고 정당화하는 잘못을 범했다.

(5) 전통적 형이상학은 동서양을 막론하고 인간의 신체를 폄하하고 육체적 욕망과 감각적 만족을 죄악시하거나 경시하는 경향을 보여왔다. 정신과 물질, 영혼과 육체, 이성과 감성, 남성과 여성, 이(理)와 기(氣), 도심(道心)과 인심(人心) 등의 구별을 통해 전통적인 형이상학적 세계관은 인간의 자연스러운 욕망과 여성에 대하여 억압적인 이데올로기로 작용해 왔다.

(6) 전통적 형이상학은 인간의 인식 한계를 넘어선 초월적 실재에 대하여 '지식'을 주장함으로써 독단을 낳았을 뿐만 아니라, 지식의 발전을 가로막고 자유로운 사상을 억압하는 기제로 작용했다. 절대적 실재에 대한 절대적 인식을 주장하는 전통적 형이상학은 자기절대화를 통해 권위적이고 폐쇄적인 이데올로기로서 작용했다.

이러한 것들이 전통적 형이상학이 지닌 문제점이라면, 앞으로 종교가 추구해야 할 새로운 형이상학적 세계관이 어떠한 성격을 지녀야 할지도 어느 정도 그 방향을 설정해 볼 수 있다. 다음과 같은 것들이 바람직한 초월의 방향으로 제시된다.

(1) 새로운 형이상학은 초월적 실재를 자연이나 일상적 사물 혹은 경험세계와의 존재론적 단절보다는 연계를 강조하는 방향에서 모색해야 한다. 절대와 상대, 신과 세계, 무한과 유한, 영원과 시간, 초월과 내재, 초자연과 자연 등 전통적인 형이상학적 이분법을 극복하고 내재적 초

월, 안으로의 초월, 혹은 깊이로의 초월을 모색해야 한다. 신을 세계 밖에서 세계를 움직이고 조정하는 예외적 존재자로 보거나, 대상적 존재자로서 인간 밖에서 인간 위에 군림하는 존재로 보는 전통적인 기독교 신관은 재고되어야 한다.

(2) 새로운 형이상학은 인간과 자연, 주관과 객관, 정신과 물질, 영혼과 육체, 이성과 감성, 남성과 여성의 대립적 구도를 넘어서서 양자의 차이를 인정하되 유기적으로 조화시키고 지양하는 통합적 세계관을 구축해야 한다.

(3) 새로운 형이상학은 사물을 개체적 실체성보다는 상관성, 상대성, 상보성, 상생성, 상호개방성 속에서 파악하는 관계론적 형이상학이어야 한다.

(4) 새로운 형이상학의 궁극적 실재는 변화 저편에 있는 부동의 실재라기보다는 사물들과 함께 움직이고 변하는 유동적 실재로 파악되어야 한다. 사물들과 함께 변화하되 변화에 방향성과 의미를 부여하는 실재 혹은 존재론적 원리이어야 한다.

(5) 새로운 초월론은 경험세계의 차별상을 인정하되 절대화하지는 않으며 사물의 질서를 인정하되 불변하는 것으로 정당화하지 않는 초월론이어야 한다. 그것은 유한한 사물들의 질서와 가치를 인정하되 그것들을 상대화시키고 넘어서는 부정과 해방의 논리를 가능하게 하는 초월론이어야 한다.

(6) 새로운 형이상학은 사실과 가치의 괴리를 극복하는 방향을 모색해야 하며, 인간의 자유와 도덕적 책임을 위한 공간을 마련하고 인간의 평등성에 기초한 보편주의적 윤리를 정초할 수 있는 세계관을 제공해야 한다.

(7) 새로운 형이상학은 '지식'이라기보다는 사물의 일반적 질서 혹은 궁극적 실재에 대한 통찰 내지 '해석'으로 간주되어야 하며, 다양한 견

해를 수용함으로써 자기수정이 가능한 '가설적' 성격을 띤 것이어야 한다. 새로운 형이상학은 닫힌 독단적 지식이 아니라 열린 성격을 띤 유연한 것이어야 한다.

　이러한 조건들을 갖춘 새로운 형이상학의 창출은 과거의 전통에서 수용할 것은 수용하되 새로운 사상적 종합을 요한다. 기존의 형이상학들 가운데서는 이러한 조건들을 다 충족시킬 체계는 발견하기 어렵기 때문이다. 각 종교들은 자기 전통을 새로운 형이상학이 요구하는 방향으로 재해석하고 수정하는 노력이 필요할 것이다. 성과 속을 아우르고 세계 부정과 세계 긍정을 동시에 가능하게 하는 형이상학, 자연과 인간, 인간과 인간의 유기체적 조화를 뒷받침하는 초월의 관념, 역사와 초월을 겸하게 하고 사회윤리적 관심과 개인의 영성을 어긋나게 하지 않는 새로운 형이상학을 다가오는 세기는 필요로 한다. 새로운 형이상학의 구체적 모습과 내용에 대한 논의는 이 글의 범위를 훨씬 벗어나는 것이므로 여기서는 다만 그것이 갖추어야 할 근본 성격과 방향만을 추상적인 수준에서 언급하는 데 그치고자 한다.

　위에서 그려본 새로운 형이상학의 윤곽은 대체로 서구 사상보다는 유교, 도교, 불교, 혹은 힌두교와 같은 동양의 전통사상에 더 잘 어울리는 것이라고 볼 수 있으며, 서구 사상 가운데서는 화이트헤드의 유기체적 철학에 가장 근사하다. 동양적 형이상학이 문제가 없다는 것은 아니다. 서양의 형이상학적 전통과 기독교 신관이 많은 문제점들을 지니고 있다고 해서 동양 사상이 현대 인류의 정신적 문제들을 모두 해결할 수 있다고 속단하는 것은 금물이다. 불교, 힌두교 그리고 도교의 형이상학은 대체로 초월성은 강하지만 현세성과 윤리성이 약하고, 유교는 현세성과 윤리성은 강하나 초월성이 부족하다는 비판을 받고 있다. 그럼에도 불구하고 우리가 새로운 형이상학을 모색하면서 동양 사상에 주목하는 이유 가운데 하나는 그것이 기독교의 전통적 신관이나 서구 형이상학적 전통에 비하여 현대적 세계관, 특히 현대의 반형이상학적 사고에 덜 부담스러운 사상이라는 점이다. 그 이유는 무엇보다도 동양적 초월성이 지닌 성격에 있다. 즉 동양적 초월성이 지닌 내재성과 통합성이다.

동양적 초월이 내재성이 강하다는 말은 삶의 궁극적 기반을 찾기 위해 자연을 거스르거나 초월할 필요가 없으며 삶의 일상성을 떠날 필요가 없다는 말이다. 도(道)는 만물 안에 내재해 있으며 사물의 어느 것 하나 도의 운행 아닌 것이 없다. 선가의 말대로 '평상심(平常心)이 도'이다. 진리는 먼 곳에 있지 않고 지근한 데에 있으며 잠시도 우리 곁을 떠나지 않는다. 동양적 영성은 삶에 밀착되어 있되 삶에 얽매이지 않고 일상사 속에서 우주적 진리를 체현하는 지혜를 제공한다. 동양적 초월은 물 흐르듯 자연스러우며 인간을 강요하거나 억압하지 않는다.

동양적 초월이 통합성이 강하다는 말은 존재하는 모든 것이 자연의 순리에 따라 포용되며 어느 것도 배제되지 않는다는 말이다. 자연의 모든 것이 유기적으로 연계되며, 인간과 자연, 영혼과 육체, 이성과 감성, 남성과 여성의 차별이 인정은 되나 대립과 갈등의 관계로 파악되지 않으며 어느 쪽도 무시되지 않는다. 다만 유교의 초월성에는 사물의 위계질서가 뚜렷하게 구분되고 존재 범주들 간의 차별성이 부각되는 것이 사실이다. 그러나 유교 역시 기본적으로는 인간과 자연을 대립적 구도로 파악하지 않으며 영혼과 육체의 이원론에 빠지지도 않는다. 남녀의 차이와 역할을 뚜렷이 구분하나, 만물의 보편적 질서인 음양의 상보적 관계성 속에서 파악하기 때문이다.

이미 붕괴된 서구 형이상학과는 달리 동양적 초월론은 비록 신비적(mystical)이라는 비판은 받을지는 몰라도 과학적 인식과 정면으로 충돌할 염려는 비교적 적다. 신의 초자연적 계시보다는 인간의 지혜와 통찰에 근거하는 동양적 형이상학은 절대적 실재를 논하되 경직된 교조주의에 빠지지 않고, 인간의 경험과 지혜를 의지하되 실증주의의 축소된 세계관에 갇히지 않는다. 언어도단의 경지를 말하는 동양의 지혜는 결코 진리를 언어적 명제 속에 가두려는 우를 범하지 않았으며, 항시 진리의 여백을 남겨놓음으로써 인식적 교만과 독선을 경계했다. '사실'과 '현실'의 일차원적 세계 속에 갇혀 살고 있는 현대인들로 하여금 속된 것에서 성스러움을 발견하며 일상적 삶 속에서 우주적 진리를 깨닫게 하는 새로운 초월의 길로서 우리는 동양적 초월의 지혜를 이전보다 훨씬 진지하게 검토할 때가 온 것이다. 삶을 정초할 새로운 기반을 찾아야 하는 현대 세계는 동양적 지혜와 영성에서 새로운 탈출구를 모색해도 좋을 것이다.

『철학과 현실』(1997년 가을)

길희성 서강대학교 종교학과 명예교수. 서울대학교 철학과를 졸업하고, 미국 예일대학교 신학부를 졸업하였다. 미국 하버드대학교 대학원에서 비교종교학으로 박사학위를 받았다. 저서로『포스트모던 사회와 열린 종교』,『지눌: 한국선 전통의 정초자』(영문) 등이 있고, 역서로『성스러움의 의미』,『종교의 의미와 목적』,『바가바드기타』등이 있다.

세계 없는 철학, 철학 없는 세계:
형이상학의 복원

김 광 수

비트겐슈타인은 그의 『철학적 탐구』에서 다음과 같이 말하고 있다.

진정한 발견은 내가 원할 때 나로 하여금 철학하기를 그만두도록 할 수 있게 만들어주는 것이다. ― 철학을 조용히 쉬게 해주는 것, 그래서 철학이 더 이상 자기 자신을 문제로 삼는 물음들에 의해서 채찍질당하지 않도록 하는 것이다.[1]

이러한 비트겐슈타인의 소망이 이루어진 것일까? 철학에 관한 한 20세기는 '자해(自害)의 세기'라 할 수 있다. 20세기의 철학자들은 '자기 자신을 문제로 삼는 물음들'로 철학을 '채찍질'한 끝에, 적어도 그들의

---

[1] 비트겐슈타인, 『철학적 탐구』, 113.

주장에 관한 한, '철학을 조용히 쉬게' 하는 데 성공한 것이다.[2]

지금은 아무도 받아들이지 않겠지만, 20세기의 새벽에 '검증될 수 없는 무의미한 말들의 성찬에 불과한 철학'과의 전쟁을 선포하였던 논리실증주의만 해도 새로운 철학에 대한 희망에 넘쳐 있었다. 논리실증주의 운동이 철학계에 공식적으로 소개된 것은 1930년 옥스퍼드에서 개최된 제7회 국제철학회에서였는데, 그 운동의 리더 격이었던 슐리크는 「철학의 장래」라는 논문에서 다음과 같이 말하였다.

"장래에는 철학이 어떻게 연구되고 어떻게 가르쳐질 것인가?" ─ 과학적 이론들의 궁극적 의미를 분석하는 데는 적임자이지만 그 과학적 이론들의 진리성이나 허위성을 확인하는 방법을 다루는 데는 숙련되지 못한 사람들은 언제나 있습니다. 이런 사람들이 바로 철학하는 것을 연구하고 가르치는 사람일 것입니다. 물론 이들 역시 이론을 고안한 과학자들과 마찬가지로 그 이론들에 대해 잘 알고 있어야 할 것입니다. 그렇지 않으면 이들은 단 한 걸음도 내디딜 수 없으며, 자신들이 해야 할 작업의 목표마저 상실하게 될 것입니다. 그러므로 철학 이외에는 아무것도 모르는 철학자는 날과 자루가 없는 칼이나 마찬가지일 것입니다. 오늘날 흔히 보는 철학교수는 어떤 것에 대해서도 남들에게 더 이상 명료하게 이해시킬 수 없는 사람인데, 이 사실은 그가 실제로는 철학을 하는 게 아니라 철학에 관해 이야기하거나 철학에 관해 책을 쓰고 있는 것에 불과하다는 것을 의미합니다. 이런 일이 앞으로는 불가능하게 된 것입니다. 실제로 철학을 해서 얻는 결과는 철학에 관해 이야기하는 책이 늘어나는

---

2) 20세기 철학이 모두 자해적인 것은 아니었다. 예컨대 본질주의나 실재론을 옹호하고 나선 철학자들의 활동을 과소평가할 수는 없을 것이다. 그러나 필자는 또한 '현대철학'의 이름으로 지구촌의 인구에 회자하는 탈세계적 철학의 영향력이 적어도 현상적으로는 (특히 국내에서는) 무시할 수 없는 대세를 이루고 있다는 점을 중요시하였다. 그렇게 함으로써 필자는 이러한 '철학적 대세'를 거르는 소수의 편에 서서 '형이상학의 복원'을 제안하는 것이다.

것이 아니라 모든 책이 철학적 방식으로 쓰이게 될 것이라는 것입니다.[3]

슐리크에게 당시의 철학자들은 "날과 자루가 없는 칼"로서 "실제로는 철학을 하는 게 아니라 철학에 관해 이야기하거나 철학에 관해 책을 쓰는" 사람들이었다. 그는 논리실증주의의 등장으로 인하여 "이런 일이 앞으로는 불가능하게" 되었고, "모든 책이 철학적 방식으로 쓰이게 될 것"이라는 '장밋빛 미래상'을 펼쳐 보이고 있다.[4]

슐리크의 낙관론에도 불구하고 오늘날 철학은 고사(枯死) 상태에 빠져 있다. '철학에 관해' 이야기하는 대신 모든 책을 '철학적 방식'으로 써야 한다는 슐리크의 제안에도 불구하고, 철학자들은 철학에 관해 (그것도 슐리크가 권하는 '철학적 방식', 즉 실증주의의 정신으로 철학에 관해) 이야기함으로써 철학을, 좀 더 정확히 말하자면 인간의 지식체계 전체를 세계로부터 분리시켜 놓았다. 이 '탈세계'의 공정에 있어서 결과적으로 가장 큰 공을 세우게 된 철학자는 누구보다도 비트겐슈타인이었다.

---

3) M. Schlick, "The Future of Philosophy," in *Seventh International Congress of Philosophy*(Oxford, 1931), p.115. 같은 제목으로 보다 상세한 논의를 하고 있는 논문은 *Publications in Philosophy*, ed. P. A. Schilpp, vol. 1(College of Pacific, 1932)에 수록되어 있다. J. 요르겐센, 한상기 옮김, 『논리경험주의: 그 시작과 발전과정』(서광사), pp.64-65에서 재인용.

4) 슐리크의 낙관론은 다음 구절에서 더 잘 나타나 있다. "철학 본연의 영역을 확정함으로써 우리는 철학의 문제들에 대해 예기치 않았던 심오한 통찰을 획득한 것처럼 보입니다. 다시 말해서 우리는 이른바 모든 철학적 논쟁을 궁극적으로 완전히 해결하는 수단들을 마련할 수 있는 새로운 관점에서 철학의 문제들을 보고 있습니다. 이 말은 사실 대담한 말인 것 같습니다. 그리고 저는 이 말이 옳다는 것을 증명하는 일이 얼마나 어려운 일인지, 게다가 다른 사람들에게 그러한 놀라운 성과를 낳는 철학의 진짜 본성을 이미 발견했다고 믿게 하는 일이 얼마나 어려운 일인지 잘 알고 있습니다. 그러나 이 말은 실제로 사실이며, 우리는 철학의 새로운 시기의 시작을 목격하고 있습니다. 철학의 장래가 그토록 비참한 실패, 헛된 투쟁, 무익한 논쟁으로 점철된 과거와는 대단히 달라질 것이라는 사실이야말로 저의 확고한 확신입니다." M. Schlick, 같은 글, p.122.

비트겐슈타인은 그의 『논리철학논고』에서 '말할 수 있는 것'의 한계를 그음으로써 '말할 수 없는 것', 즉 철학적 문제들을 우리의 세계로부터 분리시켰다. (그는 이렇게 함으로써 철학적 문제들이 원칙적으로 모두 해결되었다고 생각하였다.)[5] 그가 제시한 '세계의 그림'으로서의 언어관에 의하면, 철학적 명제들은 '언어 논리'를 이해하지 못한 철학자들의 무의미한 헛소리로 전락하게 되었다.

전통적인 철학(형이상학)이 추구했던 것은 세계의 비밀을 벗기는 것이었다. 다시 말해서 철학자들은 세계와 삶에 관한 '진리'를 추구하는 사람들이었다. 그러나 이제 '진리'라는 보물을 찾는 일은 철학자들이 아니라 과학자들의 몫이 되었다.[6] 암스트롱이 지적하는 것처럼 인류는 과학을 통해서 비로소 '진리'에 대한 희망을 갖게 되었던 것이다.

만일 우리가 모든 분야에서의 진리 탐구를 고려해 본다면, 자신들의 분야에 통달한 사람들이 다소 시간이 걸린 조사 끝에, 그리고 경우에 따라서는 한 사람의 일생이 걸리는 탐구 끝에, 무엇이 참인지에 대한 본질적 합의에 도달할 수 있는 것은 과학에서 뿐이라는 것을 발견하게 된다. 우리가 도대체 쟁점이 되는 문제들에 대한 지적인 동의에 도달한 듯이 보이는 것은 단지 과학적 탐구의 결과로서 나온 것뿐이다. … 과학은 논쟁이 가득한 무지의 바다 위에서 우리를 지탱시켜 주는 진리의 섬을, 또는 진리의 조각배를 제공해 주었다. … 나의 결론은 인간의 본성에 관한 최선의 실마리는 인간에 관한 철학이나

---

5) 철학적인 것들에 관한 대부분의 명제들과 물음들은 거짓이 아니라, 무의미하다. 그런 까닭에 우리는 이러한 종류의 물음들에 대해 결코 대답할 수 없고, 다만 그것들의 무의미성을 확립할 수 있을 뿐이다. 철학자들의 물음들이나 명제들은 대부분 우리가 우리의 언어 논리를 이해하지 못하는 데에서 기인한다. 비트겐슈타인, 『논리철학논고』, 4.003.

6) 『논고』의 비트겐슈타인이 과학을 진리 탐구의 적자로 인정하였다고 해서 과학법칙의 실재론까지 받아들였다고 생각하는 것은 잘못이다. 과학법칙에 대응하는 무언가가 자연 속에 실재한다는 생각 역시 형이상학이기 때문이다.

종교나 예술이나 도덕의 관점이 아니라 과학적 관점에서 찾아진다는 것이다.[7]

암스트롱이 지적하고 있는 것은 두 가지이다. 첫째, 과학은 다른 학문 분야가 이루지 못한 '진리'의 발견 또는 '진리' 발견에 대한 희망을 제공해 주고, 둘째, 과학 외의 다른 분야에 대한 탐구도 "과학적 관점에서 찾아진다"는 점이다. '과학주의'를 넘어 가히 '과학지상주의'로 나아가고 있음을 알 수 있다.

그러나 형이상학 대신 과학을 진리 탐구의 적자(嫡子)로 옹립하는 쿠데타는 물론 비트겐슈타인의 '그림 이론'을 뒷받침하는 형이상학으로 인한 것이었다. 이 점은 비트겐슈타인 자신도 알고 있었다. 그래서 그는 "사다리를 딛고 올라간 후에는 사다리를 던져버려야 한다"[8]고 물러서고 있지만, 그렇게 해결될 일이 아니었다. 마침내 그는 『철학적 탐구』에서 『논고』를 떠받치고 있던 형이상학의 흔적을 지우고, 나아가 그가 『논고』에서 말할 수 없는 영역으로 퇴출시켰던 형이상학을 새로운 방식으로 부관참시하는 언어 이론을 내놓는다. 『논고』에서 그는 언어가 세계와의 논리적 구조를 공유함으로써 세계에 관한 '진리'를 담아내는 특권적 역할을 한다고 생각하였다. 그러나 『탐구』에서의 언어는 철학자들이 생각하는 '감춰진 세계'와 아무 관계가 없는, 삶의 현장에서 이루어지는 '언어놀이'의 맥락에서만 역할을 하게 된다.

장기 놀이에서 말들은 서로 잡아먹기도 하고 잡아먹히기도 한다. 그러나 이러한 일들은 장기의 규칙이 정한 범위 안에서 일어날 뿐이다. 장

---

7) D. M. Armstrong, "The Nature of mind," in C. V. Borst, ed., *The Mind/Brain Identity Theory*(New York: St. Martin's Press, 1970), pp.68-69.
8) 『논고』, 6.54.

기의 규칙이 적용되지 않는 다른 놀이 상황에서 궁은 흉기로 사용될 수도 있고, 졸은 공깃돌이 될 수도 있다. 궁이 궁 노릇을 하는 것은 그 나무 조각이 가진 어떤 본질적 속성으로 인한 것이 아니라, 장기 놀이의 맥락 안에서 부여받은 역할 때문인 것이다. 마찬가지로 언어는 세계의 본질적 모습을 그려내는 그림이 아니라, 인간의 '삶의 형식' 속에서 자연스럽게 형성된 도구로서의 역할을 할 뿐이다.

이러한 언어관을 받아들이면 세계의 본질에 대한 논의나 세계의 법칙적 구조에 대한 탐구 같은 것은 원칙적으로 무의미하게 된다. 물론 이러한 '세계로부터의 단절'은 철학에만 국한되는 것이 아니다. 전기의 언어관이 거부됨으로써, 전기의 언어관에 의해 적자(嫡子)가 되었던 과학도 같은 운명에 처하게 된다.[9] 콰인이 지적하고 있는 것처럼 소위 '지식'의 총체는 '인간이 만든 직조물'에 불과하게 된다.[10]

이와 같은 후기 비트겐슈타인의 견해는 현대철학 전반에 큰 영향을 끼쳤다. 콰인의 존재론적 상대주의, 파이어아벤트의 지적 무정부주의, 데리다의 해체주의, 푸코의 포스트모더니즘, 알튀세르의 구조주의, 로티의 신실용주의 등 현대의 철학사상들은 이와 같은 후기 비트겐슈타인의 견해와 어떤 형식으로든 근친적 관계를 가지고 있다. 그리고 이들은 대체로 진리 탐구로서의 철학이 파산했음을 선고하고 있다.

사실 비트겐슈타인이 한 일은 어떤 형식으로든 '진리'의 전령으로 자처한 과거 철학자들의 시도가 실패하였다는 것을 드러내는 데까지라고

---

9) 이러한 비트겐슈타인의 입장에서 콰인은 다음과 같이 말한다. "나는 철학과 과학이 같은 배, 즉 오직 바다에 뜬 채로 수리할 수밖에 없는 노이라트의 배와 같은 배를 타고 있다고 본다. 어떤 외부의 특권적 위치, 즉 제일철학 같은 것은 없다." W. V. O. Quine, *Ontological Relativity and Other Essays*, p.126.

10) W. V. O. Quine, *From a Logical Point of View*(Cambridge: Harvard University Press, 1953, 1980), p.43.

할 수 있다. 나아가 그는 언어가 역할을 할 수 있게 하는 기반으로서 '삶의 형식'을 제시함으로써, 새로운 철학의 가능성을 열어놓았다고도 할 수 있다.[11]

그러나 비트겐슈타인의 사도를 자처하는 많은 철학자들은 탈세계 철학을 완성하는 데 그의 후광을 이용하였다. 예컨대 로티의 견해를 검토해 보자.

언어가 표상이라는 관념을 떨궈버리고 언어에 대해 철저한 비트겐슈타인 주의자가 된다는 것은 곧 세계를 탈신격화하는 일이다. 오직 그렇게 할 때만 우리는 … 진리란 문장의 속성이고, 문장은 어휘의 존재에 의존적이며, 어휘는 인간들에 의해 만들어지는 것이므로, 진리도 그렇듯 만들어지는 것이라는 논변을 충실히 받아들일 수가 있다. 왜냐하면 '세계'가 그 내부에 선호의 대상이 되는 인격체 같은 어떤 것을 갖고 있어서 우리가 그것에 대처해야 할 뿐만 아니라 마땅히 그것을 존중해야 한다고 생각하는 한, 우리는 진리가 '저 바깥에 있다'는 '직관' 이외에 진리에 대한 어떠한 철학적 설명도 주장할 수 없게 될 것이기 때문이다.[12]

---

11) 후기 비트겐슈타인을 상대주의적으로 해석하는 흐름 속에서 이러한 해석을 일관되게 제시한 철학자로서 이명현 교수를 들 수 있다. 이 논문의 초고를 읽은 이 교수는 비트겐슈타인이 『탐구』를 통해 마련한 '새로운 철학'의 가능성을 실현시키는 것은 우리의 몫이고, 필자의 견해는 비트겐슈타인의 견해와 궤를 같이한다고 말하였다. 비트겐슈타인이 '건강한 생활인의 시각'을 되찾게 해주었다는 점에 필자는 동의한다. 그러나 '건강한 생활인'이 요구하는 형이상학을 비트겐슈타인이 용납할 것으로는 생각하지 않는다. 이명현, 「삶의 형식의 두 가지 국면」, 분석철학연구회 편, 『비트겐슈타인의 이해』(서광사); 이명현, 『신문법서설』(철학과현실사) 참조. 엄정식 교수는 비트겐슈타인이 그의 언어 이론을 통해서 남겨놓은 것보다는 제외한 부분에 더 주목하고 있다. 엄정식, 「비트겐슈타인과 언어 신비주의」, 『비트겐슈타인의 이해』; 엄정식 편역, 『비트겐슈타인과 분석철학』(서광사) 참조.
12) 리처드 로티, 김동식 외 옮김, 『우연성, 아이러니, 연대성』(민음사), p.60.

로티에 의하면 진리는 발견되는 것이 아니라 만들어지는 것이다. 진리는 세계의 속성이 아니라 인간의 고안물이다. 그래서 우리는 아무것도 준–신적이라고 여기지 않아도 되고 어떤 것도 숭배할 필요가 없다. 우리의 언어, 우리의 양심, 우리의 공동체 등 모든 것은 시간과 기회의 산물일 뿐이다.[13]

이러한 입장에서 볼 때 과학자들이 도입하는 새로운 개념들과 용어들은 메타포일 뿐이다.[14] "과학적 혁명들이란 자연의 내재적 성질에 대한 통찰이 아니라, 자연에 대한 '메타포적 재서술들'"이다.[15] 아리스토텔레스의 '우시아(ousia)', 성 바울의 '아가페(agape)', 뉴턴의 '중력'은 깊은 통찰과 사색을 통해 발견된 세계의 본질이 아니라, "유년시절의 어떤 괴상스런 에피소드, 가령 특이한 외상(外傷)에 의해 그들의 두뇌에 남겨진 강박증적인 뒤틀림의 결과"로 얻어진 것이다.[16] 그래서 새로운 이론을 제창하는 과학자, 정치사회적 지도자, 인류의 위대한 스승들은 대담하게 새로운 메타포를 창안하는 시인의 역할을 하는 사람들인 것이다.

이러한 '탈세계 철학'은 몇 가지 장점이 있다. 무엇보다도 이러한 경향의 철학은 해방적 요소를 가지고 있다. 독단과 편견으로부터 자유로워질 수 있게 하고, 특정한 사상이나 이념의 포로가 되는 것이 어리석다는 깨달음을 준다. 또한 탈세계 철학은 상대주의를 함축하기 때문에, 이질적인 삶의 양식에 대해 관용할 수 있게 한다.

---

13) 같은 책, p.61.
14) 언어의 역사 그리고 예술과 과학과 도덕적 센스의 역사를 메타포의 역사로 본다는 것은 인간의 정신이나 인간의 언어가 가령 의미를 점점 잘 표현하거나 사실을 점점 잘 표상할 수 있게 되어 신이나 자연이 계획한 바의 목적에 점점 잘 부합되어 가는 것으로 보는 그림을 포기한다는 뜻이다. 같은 책, p.51.
15) 같은 책, p.52.
16) 같은 책, p.53.

그러나 탈세계 철학은 무엇보다도 인간 문화의 '중력'을 제거하는 결과를 빚는다. 지적 탐구의 방향도 없고, 삶의 지향점도 있을 수 없다. 인간의 역사가 어떻게 발전하는지 알 수 없다. 아니 '발전'이라는 개념 자체를 가질 수 없다. 전통적인 의미의 '진리'가 무의미할 뿐만 아니라, 정의-불의, 선-악, 미-추 등을 말할 수 있는 어떤 본질주의적 기준 같은 것도 없다. 탈세계 철학은 인간을 지적, 도덕적 무중력상태에 빠뜨리는 것이다.

필자는 철학을 세계로부터 단절시키고자 하는 탈세계 철학의 음모가 성공적이지 못하다는 것을 밝히고, 우리가 새로운 세기에 추구할 새로운 철학적 탐구의 방향을 제시하고자 한다. 필자는 철학자들을 탈세계의 함정에 빠뜨린 요인들 중 가장 중요한 것이 '증명의 요구'라고 생각한다. '증명'은 참인 전제들에 근거해서 결론의 참을 증명하는 연역추리가 가진 특징을 나타내는 표현이지만, 필자는 '확실성', '명증성', '명료성', '의심할 수 없음' 등을 추구한 철학적 경향까지를 포괄할 수 있도록, 즉 철학적 결벽증 전체를 특징짓는 넓은 의미로 이 말을 사용하고자 한다.

증명의 요구는 적어도 근세의 데카르트까지 거슬러 올라갈 수 있다. 그는 『제1철학에 대한 성찰』에서 조금이라도 의심할 여지가 있는 것은 받아들이지 않는 정신으로 그의 철학 체계를 세워나갔다. 그러나 후세의 철학자들이 비판하고 있는 것처럼, 그의 정신에 비해 그의 철학 체계는 확실성 또는 증명의 요구를 충족시키지 못하는 것이었다. 증명의 요구가 일관성 있게 철학을 궁지에 몰아넣기 시작한 것은 흄에 이르러서였다. 흄은 인과적 필연성, 자아의 정체, 외부 사물의 존재 등 상식인으로서는 아무 문제없이 받아들일 수 있는 모든 것을 받아들일 수 없었다. 직접 경험 또는 직접 경험한 것으로부터의 증명을 통해서 받아들일 수 있는 길이 없었기 때문이었다.[17]

그러나 흄의 결벽성은 20세기에 이르기까지 철학자들이 '독단의 잠'으로부터 깨어나는 정도의 효과를 나타내는 데 그쳤다. 20세기에 이르러서야 증명의 요구는 철학을 막다른 골목으로 몰아세웠다. 『논고』에서 비트겐슈타인이 철학적 명제를 '단죄'하는 방식은 간명했다. 세계의 의미라든가 가치를 말하는 철학적 명제들은 무엇보다도 '말할 수 있는 것'에 대한 명제들이 아니며, '말할 수 있는 것'을 전제로 하여 증명할 수 있는 명제들도 아니라는 것이었다.[18] 『탐구』의 비트겐슈타인은 『논고』의 '말할 수 있는 것'마저 폐기시킴으로써 언어의 탈세계 작업을 '완성'하였다. 어떤 명제가 '세계'라는 기반에 의해 정당화(증명)된다고 하는 것은 '규칙 따르기의 역설'을 불러일으키기 때문에,[19] 세계가 언어의 기반이라는 생각이 거부되었던 것이다.

---

17) 이제껏 사태의 진행이 변함없이 규칙적이었다고 가정하자. 그러나 새로운 논증이나 추론 없이 그것만으로는 미래에도 계속 변함없이 그렇게 될 것이라는 것을 **증명할 수는 없**다. 당신이 마치 과거의 경험으로부터 물체들의 본성에 관한 지식을 획득한 것인 양 생각하는 것은 헛된 일이다. 그것들의 비밀스러운 본성과 그에 따른 그 모든 결과들과 영향력은 그것들의 감각적 성질들이 변하지 않고서도 변할 수 있다. 이러한 일은 때때로, 그리고 어떤 대상들과 관련하여 일어난다. 그런 일이 왜 항상, 그리고 모든 대상들과 관련하여 일어나지 않는가? 어떠한 논리, 어떠한 논증의 절차가 당신을 이러한 가정으로**부터 지켜줄 것인가?** 혹자는 자신의 관행이 그러한 의문들을 제거해 준다고 말할 것이다. 그러나 그렇게 말하는 사람은 나의 질문의 목적을 오해하고 있다. 행위자로서의 나는 당연히 그러한 점에서는 만족스러워 한다. 그러나 다소나마 호기심을 갖는 철학자로서의 나는 회의주의를 말하고 싶지는 않고 다만 그러한 추론의 기초를 알고 싶은 것이다. 데이비드 흄, 『인간 오성론』, 제4장(필자의 강조).

18) 한 사태의 존립 또는 비존립으로부터 다른 한 사태의 존립 또는 비존립이 추론될 수 없다. 『논고』, 2.062.

19) 우리의 역설은, 어떤 하나의 규칙이 어떠한 행동 방식도 확정할 수 없으리라는 것이었다. 왜냐하면 각각의 모든 행동 방식이 그 규칙과 일치되게 만들어질 수 있을 것이기 때문이다. 이에 대한 대답은, 만일 각각의 모든 행동 방식이 규칙과 일치하게 만들어질 수 있다면, 또한 모순되게도 만들어질 수 있다는 것, 따라서 여기에는 일치도 모순도 존재하지 않으리라는 것이었다. 『철학적 탐구』, 201.

"어떻게 해도 좋다"는 경구로 유명한 파이어아벤트의 다음 구절은 '증명의 요구'가 철학자들에게 어느 정도의 강박관념으로 작용하고 있는지를 잘 보여주고 있다.

근대과학에 대한 '재구성'을 마친 후에 그(라카토스)는 근대과학이 마술이나 아리스토텔레스의 과학보다 우월하며, 어떤 잘못된 결과도 갖지 않는다고 하는 사실이 마치 **확증이라도 된 듯이** 과학을 다른 분야와 구별하고 있다. 그러나 그것을 입증하는 논의는 어디서도 찾아볼 수 없다. '합리적 재구성'은 '과학의 기본적인 현명함'을 당연시하지만, 그것이 마녀나 요술쟁이의 '기본적 현명함'보다 우월하다는 것을 **증명**하지는 못한다.[20]

파이어아벤트의 지적대로 과학의 '합리적 재구성'이 마녀나 요술쟁이 점성술의 '기본적 현명함'보다 우월하다는 것이 증명되는 것은 아니다. 그러니 '증명'에 집착하는 한 점성술 대신 굳이 과학을 할 이유가 없다. 어떻게 해도 좋은 것이다.[21]

철학자들이 증명을 요구하는 것은 당연한 일이라 할 수 있다. 무엇보다도 '진리'를 자처하는 견해들이 너무나 많기 때문이다. 만일 증명의 요구가 없었더라면, 인류는 미신과 야만의 상태를 벗어나지 못했을 것이다. 그러나 우리는 증명의 요구를 통해서 이룰 수 있는 일과 이룰 수 없는 일을 구분할 수 있어야 한다.

증명을 요구한 철학적 전통이 이룬 가장 큰 업적은 아마도 지식의 정

---

20) Faul Feyerabend, *Against Method: Outline of an Anarchistic Theory of Knowledge*(London: New Left Books, 1975), p.205. 필자의 강조.
21) 앞에서 제시된 바와 같은 사례 연구는 … 어떤 규칙의 타당성에도 반대한다. 모든 방법론은 그 나름의 한계를 가지고 있으며 지속적으로 지지될 수 있는 유일한 '규칙'은 "어떻게 해도 좋다"라는 것이다. 같은 책, pp.295-296(필자의 강조).

체를 밝혀낸 데 있을 것이다. 인류가 이루어놓은 지식의 체계가 사실상 가설의 체계에 불과하다는 사실이 밝혀진 것은 철학자들이 끈질기게 증명을 요구한 결과라 할 수 있다. 뉴턴은 그의 『자연철학의 수학적 원리』 제3권 마지막에서 중력을 도출한 그의 수학적 방법과 그것으로 그가 성취한 것의 한계를 고통스럽게 고백하고 있다.

> 지금까지 우리는 중력으로 하늘과 바다의 현상을 설명하였지만, 아직 이 힘의 원인을 규명하지는 않았다. … 그러나 … 나는 현상으로부터 중력의 속성들에 대한 원인을 발견할 수 없었고, 그리고 나는 가설을 만들지 않는다. 왜냐하면 현상으로부터 연역되지 않은 것은 무엇이나 가설이라고 불리고, 형이상학적이든 물리적이든 가설들은 경험철학에서 자리가 없는 것이다.[22]

뉴턴은 만유인력의 법칙이 '현상으로부터 연역'된 것, 즉 '증명'된 것으로서 가설이 아니라고 생각하고 있다. 물론 형이상학의 주장과 '경험철학'의 주장은 분명히 구분된다. 전자는 경험적으로 검증 가능하지 않고, 후자는 검증 가능하기 때문이다. 그럼에도 불구하고 과학이론은 귀납추리의 산물로서, 그 참이 증명될 수 있는 성질의 것이 아닌 것이다.

지식의 확장은 조각 그림 맞추기와 유사하다. 아이들은 조금씩 모양이 다른 조각을 이리 맞추고 저리 맞추면서 그림을 완성해 간다. 조각들이 제자리를 찾아감에 따라 불분명하던 그림은 차츰 제 모습을 드러낸다. 마찬가지로 인간도 현상계에 관한 '경험'의 조각들을 가지고 지식의 체계를 만든다. 물론 아이들의 조각 그림 맞추기와 지식의 조각 그림 맞추기는 중요한 점에서 다르다.

---

22) Daniel J. Boorstin, *The Discoverers*(New York: Vintage Books, 1985), p.407에서 재인용.

첫째, 놀이 조각들은 모두 주어져 있지만 지식 조각들은 그렇지 않다. 주어진 지식 조각들은 오직 감각경험을 통해서 얻는 자료들이고, 이 자료들만으로는 그림을 완성할 수가 없다. 조각들 사이에 빈 공간이 너무 많이 있기 때문이다. 이 빈 공간은 단순히 우리의 경험이 불충분해서 생긴 것이 아니라, 원칙적으로 우리가 경험을 통해서 알 수 없는 부분이다. 우리는 이 빈 공간을 여러 가지 추리를 이용하여 메운다. 과연 어떤 조각으로 메우는 것이 최선인가 하는 '정당화'의 문제가 여기서 발생하는데, 증명을 고집하는 한 어떤 공간도 메울 수 없게 된다.

둘째, 놀이 조각 그림 맞추기와 지식 조각 그림 맞추기는 보다 중요한 점에서 다르다. 전자의 그림은 주어져 있으나, 후자의 그림은 주어져 있지 않다. 어린이들은 완성될 조각 그림이 어떤 것인지 안다. 그림이 주어져 있기 때문이다. 그래서 그들은 주어진 그림을 보면서 조각들을 맞추어 가면 된다. 그러나 우리는 완성된 지식의 체계가 어떤 것인지 모른다. '그림'이라는 것을 증명해 낼 수 있는 길이 없기 때문이다. 만일 신이 세계를 창조하였다면, 세계 창조를 위한 신의 '설계도'가 그 '그림'에 해당할 것이다. 그러나 우리에게는 신이 세계를 창조했는지 자체가 조각 그림 맞추기의 빈자리에 적합한지를 논해야 할 문제이다.[23]

---

[23] 로티는 지식의 체계가 조각 그림 맞추기가 아니라고 주장한다. "점차적인 시행착오에 의한 새로운 제3의 어휘 — 갈릴레오, 헤겔, 예이츠 등과 같은 사람들에 의해 발전된 그런 유의 어휘 — 의 창안은 낡은 어휘들이 서로 어떻게 맞추어져 있는가에 대한 발견이 아니다. 어휘의 창안은 왜 추론과정에 의해서는, 즉 낡은 어휘들 속에서 구성된 전제로부터 시작해서는 도달될 수 없는가에 대한 이유가 바로 그것이다. 그와 같은 창안들은 **퍼즐의 조각들을 성공적으로 짜맞춘** 결과가 아니다. 그것들은 현상의 배후에 있는 어떤 실재에 대한 발견도 아니요, 부분들에 대한 근시안적인 견해들을 대체시킬 전체의 그림에 대한 왜곡 없는 견해의 발견도 아니다. 적절한 비유를 말하자면, 낡은 도구들을 대신할 새로운 도구들의 창안이다. 그러한 어휘를 갖게 된다는 것은 도르래를 착상하였기 때문에 지렛대와 받침대를 버리는 것과 흡사하며…" 리처드 로티, 『우연성, 아이러니, 연대성』, p.45(필자의 강조). 로티의 생각과는 달리 우리는 실제로 조각 그림 맞추기와 같은 형식으로 지식을 확장한다.

지식 조각 그림 맞추기를 더욱 어렵게 만드는 것은, 아이들의 조각 그림 맞추기와는 달리, 조각 역할을 하는 경험이 순수하지 않다는 것이다. 데카르트는 바람 부는 추운 겨울날 창밖을 내다보고 모자와 외투가 움직이는 것을 관찰한다.[24] 그럼에도 불구하고 그는 모자를 쓰고 외투를 입은 사람이 걸어가는 것으로 판단한다. 그의 이성이 모자와 외투가 걸어가는 것을 용납하지 못하기 때문이다. 데카르트의 경험이 순수하지 않다는 것을 알 수 있다.[25]

철학자들은 우리의 지식이, 심지어는 우리가 그토록 신뢰하는 직접 경험조차도, 증명을 통해서 획득되는 것이 아니라, 기껏해야 가설적(이론적)이라는 '사실'을 깨닫게 해주었다.[26] 그러나 문제는 여기서부터이다. 탈세계 철학자들은 "증명되지 않는 지식은 모두 믿을 수 없다"고 하면서 회의주의자가 되든지, "어떻게 해도 좋다"는 무정부주의로 빠지기 때문이다.

그러나 이러한 탈세계 철학자들의 행보는, 첫째로 그들이 전가의 보도로 여기는 '증명의 요구' 때문에, 정당화되지 못한다. 위에서 지적된 대로 학문적 탐구는 가설적이다. 그리고 어떤 가설이든 참이라는 것이 증명될 수는 없다. 그러나 증명의 요구는 일관되게 적용될 필요가 있다. 어떤 가설의 참이 증명될 수 없다는 전제로부터 그 가설이 참이 아니라

---

24) 데카르트, 『성찰』, II.

25) 이 문제에 대하여 가다머는 다음과 같이 말하고 있다. "[해석학적 감성이] 대상을 관찰하는 데 있어서 '중립성'이나 관찰자가 가진 입장의 소멸을 뜻하지는 않는다. 오히려 그것은 관찰자가 가지고 있는 전(前)의미와 편견들을 의도적으로 통합한다. 우리가 명심해야 할 점은, 우리가 가진 편견을 명증하게 인식함으로써 대상 자체가 새롭게 드러나도록 해야 하며, 우리가 지닌 전의미를 배경으로 하여 대상 자체의 진리가 표현될 수 있어야 한다는 사실이다." H. G. Gadamer, *Truth and Method*, ed. and trans. G. Barden and J. Cummings(New York: Crossroad, 1975), p.238.

26) 어떤 가설을 전제할 경우 증명을 통해서 '지식'을 얻을 수 있다. 그러나 이 경우의 결론도 사실상 가설적임을 알 수 있다.

는 것을 증명할 수도 없기 때문이다. 탈세계 철학자들이 지식의 체계 전체를 세계로부터 단절시키는 것은 그들의 '증명의 요구' 조건을 위반하는 일이다.

둘째, 탈세계 철학자들이 지식의 체계를 탈세계화하는 공정 자체가 증명될 수 없는 가설(이론, 형이상학)에 의존하고 있음을 주목할 필요가 있다. 비트겐슈타인이 '말할 수 있는 것'을 한계지음으로써 '말할 수 없는 것'에 대해 침묵하게 한 것은 그의 '그림 이론'이었다. 또한 '말할 수 있는 것'이 가지고 있었던 세계에 대한 특권적 지위를 박탈한 것은 그의 '언어 놀이 이론'이었다. 그래서 우리가 그 이론들을 받아들여야 할 이유를 생각해 볼 때, 『논고』에 걸쳐져 있던 사다리가 『탐구』에도 여전히 걸쳐져 있음을 알 수 있다. 『탐구』에서 말하는 것들이 모두 그가 말하는 언어 놀이의 차원에서만 의미를 갖는다면, 그 놀이에 참여하지 않는 입장에서는 그의 견해를 받아들여야 할 이유가 없는 것이다.

이러한 자기파괴적 성격을 논외로 할지라도, 탈세계 철학자들이 탈세계화 공정에서 저지르는 과오는 중대하다. 그들은 가설을 가지고 사실의 세계를 부인하는 우를 범하기 때문이다. 언젠가 러셀은 자신이 사망했다는 신문 보도를 보았다. 그러나 "러셀은 죽었다"는 신문의 기사는 아무리 정교한 이론을 전제로 한 것일지라도 정당화되지 않는다. 이 주장은 러셀이 자신의 직접 경험에 의해 확인하는 "러셀은 살아 있다"는 '사실'에 의해 반증되기 때문이다. 우리는 근세철학에서 시작된 실재론 논쟁을 이러한 맥락에서 바라볼 수 있다. 예컨대 흄은 '세계'라는 사실을 설명하기 위한 자신의 이론, 즉 '외부 세계'와 '관념'을 분리시키는 이원론 때문에 '외부 세계'의 실재성에 대한 회의주의자가 되었던 것이다. 각종의 언어 의미론은 인간의 언어 현상을 설명하기 위한 이론(가설)으로서, 이론의 전제가 되어 있는 언어 현상 자체를 본질적으로 문제 삼는 것은 스스로 자기 이론의 근거를 무너뜨리는 어리석은 일일 수도 있는 것이다.

물론 '사실'의 순수성이 문제될 수 있다. 옛날 사람들이 병의 원인이 귀신이라는 것을 사실로 여겼지만, 거짓이라는 것이 밝혀지지 않았던가. 그러나 "병의 원인은 귀신이다"라는 주장은 사실을 말하는 것이 아니라, 옛날 사람들의 잘못된 가설이었음을 주목할 필요가 있다. 이러한 예와는 달리 사실의 순수성이 의문시되는 경우일지라도, 적어도 피설명항과 설명항의 선차성이 혼동되어서는 안 될 것이다.[27]

넷째, 진리가 세계의 속성이 아니라 인간의 산물이라는 견해는 부당한 논증을 근거로 한 잘못된 주장이다. 예컨대 앞에서 인용한 로티의 견해를 검토해 보자. 진리가 문장의 속성이라는 유명론과 진리가 세계의 속성이라는 본질주의의 대립을 놓고 볼 때, 로티는 "문장의 속성으로서의 진리는 인간에 의해 만들어진다"라는 유명론적 주장을 하고 있음을 알 수 있다. 그런데 이 주장은 "세계와 삶의 원리로서의 진리가 존재하지 않는다"라는 주장을 함축하지 않는다. 또한 이 주장은 "인간에 의해 만들어진 진리가 세계와 삶의 원리로서의 진리일 수 없다"는 것을 함축하지도 않는다. '문장의 속성으로서의 진리' 개념을 받아들이더라도, 그 진리가 우연히 (또는 당연하게도) 존재의 '비밀'을 말하는 것일 수 있는 것이다.

로티는 이렇게 답할 수 있다. "어떤 시인은 우연히 세계와 삶의 원리로서의 '진리'를 말할 수 있다. 그러나 이 경우 그 '진리'는 시인의 언어로 표현된 것이고, 따라서 시인, 즉 인간의 산물이다."

이러한 반론은 명백히 부당하다. "장미꽃은 향기롭다"는 참인 주장으

---

27) 마음의 인과적 역할에 관한 김재권 교수의 논의는 전형적으로 사실을 가설로 무력화시키는 방향으로 나아가고 있다. 김재권, 하종호 옮김, 『물리계 안에서의 마음』(철학과현실사), pp.118-130 참조.

로서 언어로 표현된 것이다. 그렇다고 해서 '장미꽃이 향기롭다'는 사실이 인간의 산물인 것은 아니다. 베토벤의 운명 교향곡이 CD에 수록되었다고 해서, 그 작품을 CD 제작자가 만든 것이라고 생각하는 것은 어리석다. 언어는 인간의 산물이지만, 언어가 담고 있는 의미는 인간의 산물이 아닌 것이다.

그러나 로티는 이렇게 대답할 수 있다. "문제의 핵심은 여기에 있다. 내가 주장하는 것은 언어의 의미조차도 인간의 산물이라는 것이다.[28] 세계는 우리가 손쉽게 끄집어내기만 하면 되는 방식으로 정돈된 의미를 진열해 놓고 있는 것이 아니라 그냥 존재할 뿐이다. 그리고 그 무정형의 세계를 우리 인간이 '언어'의 형식 속에 담는 것이다.[29] 그러나 우리는 결코 우리의 언어적 표현이 세계와 일치하는지를 알 길이 없다. 세계는 그러한 비교를 위한 어떤 규준도 제공하지 않기 때문이다.[30] 인간은 언어의 한계를 벗어날 수 없다. 비록 '진리'를 발견했다 하더라도, 우리는 그것을 '진리'라고 확인할 길이 없다. 어차피 우리는 우리의 생각과 언어 속에 갇혀 있다. 이 점은 부인할 수 없고, 이 경우 언어 밖에 존재하는 세계와 삶의 원리로서의 '진리'를 운위하는 것은 부질없는 일이다."

사실 이러한 로티의 견해는 동의할 수 있는 부분도 있고, 동의할 수

---

28) 사실 로티는 의미론 자체를 거부한다. 그러나 지금의 논의는 의미론의 맥락이 아니라 일상적인 맥락에서 이루어지고 있기 때문에 '의미'라는 말을 쓰는 데 로티도 반대하지 않을 것이다.

29) 이 점을 콰인은 다음과 같이 말하고 있다. "지리학에서 말하는 가장 인과적 사건들로부터 원자물리학 또는 순수수학과 논리학의 가장 심오한 법칙들에 이르기까지 우리가 소위 지식 또는 신념이라고 하는 것들의 총체는 단지 가장자리를 따라 경험에 부딪쳐오는 인간이 만든 직조물일 뿐이다." W. V. O. Quine, "Two Dogmas of Empiricism," *From a Logical Point of View*, p.42.

30) 세계는 대안적인 메타포들 가운데 어느 것을 선택할 아무런 규준도 제공하지 않으며, 우리는 단지 언어나 메타포들을 서로 비교할 수 있을 뿐이지 언어를 넘어선 '사실'이라 불리는 것과 언어를 비교하는 것이 아니[다]. 리처드 로티, 『우연성, 아이러니, 연대성』, p.58.

없는 부분도 있다. 동의할 수 있는 부분은, 우리가 사용하고 있는 언어의 의미가 세계 안의 어떤 절대적 실체에 의해 결정되는 것이 아니라, 인간의 삶의 양식 속에서 '자연스럽게' 결정된 것이라는 점이다. 그래서 세계를, 백화점이나 박물관에 진열된 물건들처럼 사물들을 분류해 놓고, 인간이 이름 붙여줄 것을 기다리는 곳으로 보는, 콰인이 말한 '박물관 의미론' 같은 것을 받아들이기는 어려울 것이다.

그래서 우리는 "세계 안의 사물들을 분류한 것은 인간이다"라는 로티의 주장에는 동의할 수 있다. 그러나 문제는 '분류 방식'에 있다. 로티는 "사물들의 분류 방식은 자의적이다"라는 것을 전제해야 한다. 그렇지 않으면 자의적이 아닌 어떤 본질적인 것을 인정하게 되기 때문이다. 그러나 우리는 이 전제에는 동의할 수 없다. 예컨대 우리는 사람들을 '사람'이라 부르지, 사람들과 침팬지를 합하여 '사침' 또는 '침사'라고 부르지 않는다.[31] 또한 자연은 분명히 어떤 경향을 가지고 있다. 바람이 불고, 파도가 일고, 태양열이 지구로 전달되는 것은 온도의 차이 때문이다. 물에 잉크 방울을 떨어뜨리면, 잉크는 물속을 고루 퍼져 나가지만, 한 번 퍼져 나간 잉크는 결코 다시 잉크 방울을 이루는 방식으로 모여들지는 않는다.[32] 자연 속에 중력, 전자기력 등의 힘이 있다는 것을 부인할 수 없다. 자연이 가진 이러한 경향을 일반화하는 것은 인간이 마음대로 하는 것이 아니다. 인간은 물론 자의적으로 일반화를 할 수도 있고 일반화를 잘못할 수도 있다. 그러나 어떤 일반화가 자의적이라든가 잘못되었다고 하는 판단은 다른 자의적 일반화에 대한 선호 때문이 아니라, 세계

---

31) 굿맨의 '귀납의 새로운 수수께끼'는 이러한 점을 본격적으로 문제 삼고 있다. Nelson Goodman, *Fact, Fiction and Forecast*(Cambridge: Harvard University Press, 1983), pp.72-83 참조.
32) 과학자들은 이 점을 엔트로피는 증가하지 감소하지 않는다는 소위 '열역학 제2법칙'으로 설명하고 있다.

가 가진 성질 때문이다. 지식 조각 그림 맞추기의 공간을 증명을 통해서 메울 도리는 없다. 그러나 우리가 공간을 메워가는 방식이 마냥 자의적인 것만은 아니다.

이러한 문제점들을 고찰해 볼 때, 탈세계 철학의 장단에 맞추어 춤추는 것은 경솔한 일이 아닐 수 없다. 그러나 문제는 비트겐슈타인의 해명에도 불구하고 파괴의 정도가 심각하다는 데에 있다.

> 우리의 고찰은 어디에서 그 중요성을 얻는가? 왜 이렇게 묻는가 하면 우리의 고찰은 단지 모든 흥미 있는 것, 즉 모든 위대한 것과 중요한 것을 파괴하는 것으로만 보이기 때문이다. (말하자면 모든 건축물을 파괴하는 것으로. 오직 돌 부스러기들과 폐허만을 남겨놓으면서.) 그러나 우리가 파괴하는 것은 오직 카드로 만든 집들일 따름이다. 그리고 우리는 그것들이 서 있었던 언어의 토대를 청소하고 있는 것이다.[33]

비트겐슈타인은 '카드로 만든 집들'만 파괴하고자 했는데, 탈세계 철학자들은 '세계 없는 철학'으로 '철학 없는 세계'를 만든 것이다. 그들은 애써 맞춰가고 있는 조각 그림을 '해체'시킨다. 참과 거짓, 옳고 그름, 선악, 미추, 가치와 무가치 등을 구별하게 하는 어떤 '존재론적인 것'도 인정하지 않는다. 원칙적으로 세계는 하나의 커다란 카오스가 되어버린다. 그 안에서 사람들이 할 수 있는 것은 폭력과 무질서의 위협으로부터 생존을 구걸하는 것이고, 기껏해야 '무대 내적' 진리와 가치를 창안하여 뜨내기로서의 삶을 꾸려가는 것이다. 이러한 상황은 물론 우리 인류의 조상들이 겪었던 시련보다 훨씬 더 나쁘다. 조상들은 일종의 존재론적 희망을 가지고 있었는 데 반하여, 우리는 그런 것이 없기 때문이다.

---

33) 『철학적 탐구』, 118.

필자는 이러한 상황이 종식되어야 한다고 생각한다. 첫째, 위의 검토에서 드러난 것처럼, 탈세계 철학을 받아들일 이유가 없거나 적어도 제시된 이유가 빈약하기 때문이다.

둘째, 인간 이성은 미완의 설명을 견딜 수 없어 하기 때문이다. '카드의 집'을 짓기 위해서 '증명'에 매달리는 것이 부질없는 짓이라는 것을 지적하기 위한 말이겠지만, 비트겐슈타인의 다음 구절은 기이하다.

철학은 그저 모든 것을 벌거벗겨 내놓을 뿐, 아무것도 설명하고 추론하지 않는다. — 모든 것이 드러나 거기 놓여 있으므로, 설명할 것이 아무것도 없기도 하다. 왜냐하면 혹시 숨겨져 있는 것은 우리의 관심을 끌지 못하기 때문이다.[34]

그는 철학이 "아무것도 설명하고 추론하지 않는다"라고 주장한다. 모든 것이 드러나 있기 때문이라는 것이다. 그의 말대로 모든 것이 드러나 있을 수 있다. 그러나 인간의 이성은 드러나 있는 것으로서의 현상을 미완으로 여긴다. 우리는 현상의 배후에 무엇인가 숨겨져 있다고 생각하고 그것을 알고 싶어 한다. 무엇보다도 그래서 과학을 한다. 우리는 무슨 일이든 일어날 만한 이유나 원인이 있어서 일어난다고 믿고, 그 이유나 원인을 탐구한다. 비트겐슈타인 스스로 지적하고 있는 것처럼, 우리에게는 세계가 존재한다는 것 자체가 신비스럽다.[35] 그래서 세계의 존재의미를 묻고, 우리 자신의 존재의미를 묻는다. 이러한 물음들에 대한 답이 결여된 미완의 설명을 우리의 이성은 견딜 수 없어 하는 것이다.

셋째, 우리는 어차피 어떤 종류의 형이상학적 입장을 받아들이고 살

---

34) 『철학적 탐구』, 126.
35) 『논고』, 6.44.

수밖에 없다. 아인슈타인은 "세계의 영원한 불가사의는 세계가 이해될 수 있다는 점이다"라고 말한 적이 있다. 도대체 세계가 이성적으로 이해 가능하지 않다면 과학은 존재할 수 없을 것이다. 그렇지만 왜 세계는 이해 가능한 것일까? 왜 우리는 세계가 이해 가능한 것이라고 생각하고 현상의 배후를 캐내려고 하는 것일까? 과학적 탐구는 또한 물리적 세계의 폐쇄성을 전제해야 한다. 그러나 왜 물리적 세계가 폐쇄적이라는 것인가? 이러한 물음들을 포함한 과학적 탐구의 대전제들에 대한 답은 어떤 형식으로든 증명될 수 없다. 우리는 그러한 형이상학적 가설들을 공리라도 되는 것처럼 받아들이고 과학을 한다.

일반인은 말할 것도 없고, 과학자의 45%가 신의 존재를 믿는다는 통계가 보도된 적이 있었다. 우주를 지배하고 있는 네 가지 힘의 대통일 이론을 구상하고 있는 스티븐 호킹은 그의 『시간의 역사』를 다음과 같은 말로 끝맺고 있다.

수학적 모델을 만드는 데 그치는 과학의 보통 방법은, 그 모델이 설명할 우주가 왜 존재해야 하는지에 관해서 답할 수 없다. 왜 우주는 존재의 번거로움을 마다하지 않았는가? 통일 이론은 과연 스스로를 태어나게 할 만큼 불가피한 것인가? 아니면 그것은 조물주를 필요로 하고 있는가? 또 그렇다면 조물주는 우주에 다른 영향도 주고 있는 것일까? 그리고 누가 조물주를 창조하였을까?

오늘날까지 대다수의 과학자들은, 우주가 '무엇'인가를 기술하는 새로운 이론을 개발하는 데 너무 골몰해서 '왜' 우주가 존재하는가를 물을 틈이 없었다. 한편 '왜'(이유)를 묻는 일을 직업으로 삼고 있는 사람들 — 철학자들 — 은 과학적 이론의 발전과 어깨를 나란히 하여 따라오지를 못했다. …

그러나 만약 우리가 실제로 완전한 이론을 발견하게 되면, … 과학자, 철학자, 일반 사람 할 것 없이 우리 모두가 인간과 우주가 왜 존재하는가라는 문제를 논하는 데 참여할 수 있을 것이다. 만약 우리가 그 답을 찾아냈다면 그것은 인간의 이성(理性)의 최종적인 승리가 될 것이다. — 왜냐하면 그때 비로소 우리는 신의 마음을 헤아릴 수 있게 되기 때문이다.[36)]

물론 이것은 호킹의 신념일 뿐이다. 그러나 신을 믿지 않는 유물론자도 알고 보면 신의 역할을 하는 물질에 대한 형이상학적 신념을 가지고 산다.

거창하게 '형이상학적 신념'을 들먹거릴 것까지도 없다. 우리는 우리의 삶을 살아야 하며, 이 삶을 후회 없고 보람되게 살고 싶으며, 그러기 위해서는 우리가 공유하는 세계관과 가치관이 있어야 한다. 20세기의 악명 높은 지도자 히틀러는 통치 13년간 3천만 명 이상을 죽음으로 몰아넣었다. 러시아의 마지막 황제 차르 2세는 1년에 17명밖에 처형하지 않았으나, '공산주의'라는 이념을 내세운 스탈린은 정치범들을 50만 명이나 처형했다. 심지어 수많은 수용소 중의 하나에 지나지 않는 아취엔젤 수용소에서는, 1921년부터 스탈린이 사망한 해인 1953년 사이에 죽은 사람의 수가 1천만 명을 넘었다. 지금도 지구촌은 갖가지 종류의 갈등과 폭력으로 단 하루가 편할 날이 없다. 우리나라가 안고 있는 사회적 문제들은 새삼스럽게 거론할 필요도 없다. 이러한 세계 속에서 어떻게 살아야 하는가? 무엇이 정의이고, 무엇이 소중한가? 우리는 이러한 물음들을 진지하게 묻고, 이러한 물음들에 답하는 과정에서 우리는 모종의 형이상학을 전제하지 않으면 안 되는 것이다.

오늘날 과학은 현대인의 우상이 되어 있다. 그런데 과학 자체는 과학적 성과를 어떻게 사용할지에 대하여 말하지 않는다. 과학은 '사실'에만

---

36) 스티븐 호킹, 현정준 옮김, 『시간의 역사』(삼성이데아), pp.258-259.

관여하며, 과학적 성과를 어떻게 사용하는가의 문제는 의미와 가치의 문제이기 때문이다. 의미와 가치의 문제는 물론 철학의 소관이다. 그런데 탈세계 철학자들이 자초한 세계 없는 철학은 과학기술의 맹목적 개발로 인한 재앙에 대하여 속수무책일 수밖에 없다.

필자는 철학자들이 탈세계 철학을 유포하고 또 그런 일로 밥 벌어먹는 것은 적어도 새로운 세기에 할 일은 못 된다고 확신한다. 탈세계 철학의 역할은 인간의 한계를 깨닫게 하는 데 그쳐야 한다. 탈세계 철학이 세계를 '철학 없는 세계'라는 불모지로 황폐화시키는 데까지 나아갈 이유도 없고 또 그래서도 안 된다. 철학은 다시 세계를 돌려받아야 한다. 물론 20세기의 처절한 자아비판을 경험한 새로운 철학은 결코 흘러간 물로 물레방아를 돌리려는 우를 범해서는 안 될 것이다. 20세기의 철학은 철학, 더 넓게는 인간의 지적 탐구 전반이 가진 한계를 인식하기 위해서 값비싼 대사를 치른 시대로 접어두자. 그리고 새로운 세기에는 철학이 그러한 한계에도 불구하고 인류가 가질 수 있는 최선의 세계관과 가치관을 정립시키는 주도적 역할을 할 수 있도록 해야 할 것이다. 그리고 이러한 철학에 '형이상학'이라는 이름을 붙이는 데에 인색할 필요는 없을 것이다.

어렵게 생각할 것 없다. 증명되지 않는다고 쾌재를 부를 것은 더욱 없다. 사실 우리는 깊은 생각을 할 필요도 없이 무슨 일이 좋은지 안다. 세계와 삶에 대한 깊은 이해, 다양한 개성들의 조화와 협력, 자기발전과 자아실현, 유쾌한 노동, 차원 높은 문화생활, 만인의 복지, 넉넉한 먹거리, 양질의 주택, 대중교통수단의 혁신, 공직자들의 청렴 등을 우리는 원한다. 고독, 우울, 소외, 폭력, 인권침해, 환경파괴, 탐욕, 무분별, 불신, 잔인, 실업, 범죄, 문맹, 불평등, 빈곤, 기아, 질병, 전쟁 등을 우리는 원하지 않는다. 적어도 이러한 것들이 철학을 세계로부터 분리시킬 수 없는 실존적인 이유이자 존재론적인 기반이 아니고 무엇이겠는가? 새로운 세기에는 고통과 문제로 가득한 현실 속에서 인류가 함께 이루어야 할 꿈을 가꾸는 새로운 형이상학이 꽃필 수 있기를 기대해 본다.

『철학과 현실』(1999년 겨울)

김광수 계간 『철학과 현실』 편집자문위원. 한신대학교 철학과 교수, 철학연구회 회장, 전국철학교육자 연대회의 대표, 철학문화연구소 소장을 역임했다. 서울대학교 철학과를 졸업하고 미국 캘리포니아대학교(샌타바버라) 철학과에서 석사 및 박사 학위를 받았다. 저서로 『논리와 비판적 사고』, 『둥근 사각형의 꿈: 삶에 관한 철학적 성찰』, 『마음의 철학』 등이 있고, 논문으로 「유물론과 자유」, 「부조리 상황과 인간의 삶」, 「설명과 기술」, 「비판적 사고론」 등이 있다.

상생(相生)의 세계와 문명 간의 대화

이 삼 열

문명 간의 전쟁이냐, 아니면 대화를 통한 공존이냐가 점차 21세기의 핵심적 화두로 등장하고 있다. 국제연합(UN)이 1998년에 총회의 결의로 2001년을 문명 간의 대화의 해(International Year of Dialogue among Civilizations)로 선포했을 때만 해도 새천년, 새 세기의 벽두에 인류의 다양한 문화적 유산들을 대화시켜, 보다 건설적이며 여러 가지 문화가 융합된 창조적 21세기를 건설하자는 데 초점이 있었다.[1] 그러나 공교롭게도 문명 간의 대화의 해 중간인 2001년 9월 11일에 세계사적인 변화를 유발시킨 미국에서의 테러 참사가 발생하였으며, 아프가니스탄 전쟁이 일어났고, 미국의 보복 전쟁과 공격이 이라크, 이란, 소말리아로 향하게 되면서, 그리고 이슬람 문명권과의 전쟁이 가시화되면서, 이제 문명 간의 대화는 세계대전과 인류의 공멸을 막는 유일한 가능성의 길로

---

[1] 1998년 11월 4일의 제53차 유엔 총회의 결의문에는 '문명 간의 대화의 해'의 주요 과제를 유네스코의 교육적, 문화적 세미나와 학술대회들에 두고 있다.

부상할 수밖에 없게 되었다.

뉴욕의 세계무역센터가 아랍인들의 자살특공대에 의해 납치된 미국 여객기의 돌진으로 무참하게 폐허가 된 뒤, 미국이 이들에 대한 보복과 인류문명의 구제라는 명목으로 일으킨 전쟁의 이름은 테러와의 전쟁(war against terror)이었으며, 이 전쟁은 곧 문명을 파괴하려는 전쟁(war against civilization)을 일으킨 야만인 테러리스트들을 향한 전쟁으로 명명되었다. 문명 간의 대화가 아니라 문명과 야만 간의 전쟁과 대결이라는 것이다.

새뮤얼 헌팅턴은 이미 1993년에 '문명의 충돌(The Clash of Civilization)'이 21세기에 일어날 것이라고 예견했지만, 지금 일어나고 있는 전쟁, 또 부시 미국 대통령이 선포한 전쟁의 해(2002)에 일어날 앞으로의 전쟁들이 과연 문명 간의 전쟁과 충돌일지, 아니면 문명과 반문명의 전쟁일지는 아직 확인하기가 쉽지 않다. 헌팅턴의 이 예견도 논란과 반론이 많았지만, 21세기의 세계적 문제의 고리를 문화적 갈등과 대결에서 찾아보았다는 점만은 그의 공적으로 인정해야 할 것 같다.

어쨌든 지난해 9월 11일의 비극적 사태는 평화와 번영의 새천년을 기대하던 인류의 희망과 비전에 커다란 타격을 가한 것이 분명하다. 뉴욕 사태 뒤 한 달 만에 파리에서 열린 유네스코 총회 개회 강연에서 시라크 프랑스 대통령은 21세기의 세계도 과거 세기와 마찬가지로 갈등과 충돌과 전쟁의 세기가 될 것을 우려했다. 그는 "19세기가 민족 갈등의 시대(age of conflicting nationalities)였다면 20세기는 이데올로기의 갈등 시대였고 이제 21세기는 사람들이 말하는 것처럼 문명 간의 충돌이 될 것 같은데, 이것은 민족이나 이데올로기 갈등보다 훨씬 더 폭력적이고(violent), 철저하며(radical), 감정적인(impassioned) 것이 될 것이다. 그것은 바로 문화와 종교 간의 싸움이기 때문이다"라고 말

했다.[2]

문화와 종교가 대화를 하고 다원주의(pluralism)를 수용하며, 서로 배우고 협력하는 상생의 문화를 일으킨다면, 21세기는 인류의 희망과 꿈을 실현시키는 세기가 되겠지만, 서로 반목하고 질시하며 소외시키려는 상극관계를 해소하지 못하고 갈등과 충돌을 극대화시킨다면, 무서운 전쟁과 파멸의 세기가 될 것이라는 것은 명약관화하다. 인류는 이미 근세 유럽의 종교전쟁에서처럼, 30년간, 100년간 지속된 종교 문화의 전쟁이 인구의 절반가량을 초토화시킨 역사를 경험하였다. 가치관과 신앙에 입각한 전쟁은 나라와 민족이라는 애국애족심에 입각한 전쟁보다 훨씬 더 무섭고 지독한 법이다. 서로 다른 문화와 종교 가치관들을 융화시킬 수 있는 길은 대화를 통해 상호이해와 존중을 깊게 하는 길밖에 없을 것이다.

문명 간의 충돌과 전쟁이 지극히 우려되는 시점에서 상생의 세계를 건설하기 위한 문명 간의 대화의 필요성과 가능성을 생각해 보며, 이 대화가 필요로 하는 문화다원주의(cultural pluralism)와 윤리적 전제들을 생각해 보고자 한다.

1. 세계화와 문화적 갈등

우리가 사는 20세기 말 21세기 초의 시대를 세계화(globalization)의 시대라고 부르는 데는 이제 이의를 달 사람이 없겠지만, 세계화에 찬성하는 사람이나 반세계화(anti-globalization) 운동에 가담하는 사람이나 간에, 세계화를 보는 관점이 이제까지 지나치게 경제적 문제에 치중

---

2) Jacques Chirac, French President, "Speech at the Inauguration of the 31st Session of the General Conference UNESCO," Oct. 15, 2001, p.2.

되었다는 점만은 인정하지 않을 수 없다. 물론 세계화의 뿌리와 토대가 무역과 금융거래의 세계화에 있었고, 시장경제(market economy)의 법칙과 관습이 전 세계의 국경과 문화권을 넘어 보편적으로 지배하게 되었다는 것이 오늘의 세계화의 특징을 이룬다. 그러나 자본과 기술, 노동, 상품과 금융의 세계화는 국경과 종교를 넘어 인간을 교류시킴으로써, 인간이 갖고 사는 문화의 세계화를 가져왔으며, 아울러 빈부의 격차나 통신과 기술의 격차라는 경제적 문제뿐 아니라, 문화적 갈등과 차별이라는 문제를 산출하게 되었다.

원래 문화(culture)라는 개념은 인간이 만들어내고 소유하고 있는 모든 것을 지칭하는 넓은 개념이어서, 경제와 따로 떼어놓고 보기는 어렵다. 그러나 우리는 어느 사이 문화라는 것을 물질적이 아닌 정신적인 가치나 태도, 예술, 종교, 학문 같은 것으로 보아왔고, 경제적 하부구조(base)가 아닌 이념적 상부구조(superstructure)로 보게 되었다. 문화는 곧 어느 집단이나 사회의 산물이어서, 어느 집단과 사회 안에서 통용되는 특수성을 갖기 마련이다. 그래서 문화는 인류의 보편적 차원에서 볼 수도 있지만, 그런 문화는 확인하고 규정하기가 어려우며, 어느 시대, 어떤 집단에 의해서 향유되던 문화인가라는 특수성을 갖는 것을 특징으로 하고 있다. 그래서 서양의 문화, 중국의 문화, 도시 중산층의 문화, 자본주의 문화, 이슬람교도의 문화, 이렇게 특수성을 그 생명으로 하며, 타자와의 구별됨을 본질로 한다.[3] 유럽의 음식문화는 중국의 것과 다름을 특징으로 하고 있고, 브라질의 의복문화, 예를 들어 여성의 스커트의 길이는 이란의 것과 다름을 그 특징으로 한다.

세계화의 과정은 어떻게 보면 보편화의 과정이요, 획일화의 과정인

---

3) 월러스타인(Immanual Wallerstein)은 집단과 집단 간의 구별된 문화 개념을 '문화 1'로, 집단 안에서 서로 구별되는 문화를 '문화 2'로 나누어 본다.

것 같다. 경제적으로도 하나의 시장경제체제를 이루며, 모든 나라에서 맥도날드 햄버거와 벤츠 승용차와 캐시미어 양복지와 브라질 커피를 즐길 수 있는 것이 세계화이다. 문화적으로도 어디서나 모차르트의 협주곡을 들을 수 있고, 샌프란시스코에서 태국 불교의 승려들이 목탁을 치고 걸으며 중국의 나이트클럽(夜總會)에서 탱고와 살사를 추는 것을 볼 수 있어, 과연 세계화의 속도가 빠르며 심도가 깊은 것을 느끼게 된다. 세계화야말로 많은 나라의 경제적 생산품과 문화적 산물들을 세계 어느 곳에나 자유롭게 확산시켜, 우수하며 좋은 것은 살아남고, 열등하며 나쁜 것은 도태시키는 적자생존의 다윈(Darwin) 법칙에 따라 경제와 문화를 상향 발전시키는 보편화의 과정으로 봄직도 하다.

그러나 실로 지난 10여 년간, 냉전체제가 해소되고, 동과 서가 하나의 시장경제체제로 세계화되고, WTO 체제의 확립으로 국가와 민족 간의 교역 장벽이 허물어진 뒤로, 오늘날 세계경제는 어떻게 되고 있는가? 다보스 세계경제포럼에 맞서 브라질의 포르투알레그리에서 모인 세계사회포럼에 참가한 반세계화 운동가들은, 오늘의 세계경제는 80 대 20에서 90 대 10으로 빈부격차가 악화되고 있고, 아르헨티나처럼 국가부도와 파산을 겪는 나라들이 늘어가고 있다는 것을 호소했다. 이미 IMF 경제위기를 겪은 아시아의 신진 산업국가들은, 경제 세계화가 카지노 자본주의를 전 세계적으로 확산시키는 신자유주의의 도구였음을 절감하고 있다.

또한 오늘의 세계화는 경제적으로 뿐 아니라 문화적으로 정치적으로 여러 문화집단과 공동체들이 복합적으로 혼재하는 사회구조를 만들어 내면서 갈등과 대립의 요인들을 양산해 내고 있다. 이제 지구상에 순수하게 자기 민족이나 종족, 같은 문화와 종교를 가진 사람들끼리만 사는 나라는 거의 사라졌다. 서구의 선진국들도 영국, 프랑스, 독일 모두 수백만 명씩의 이주 노동자(migrant workers)들을 두고 있고, 아프리카나 아시아, 남미 등 과거 식민지에서 옮겨 사는 유색인종들이 거리마다 동네마다 넘쳐나고 있다. 이젠 웬만한 유럽의 도시에는 초등학교의 교실에 외국 아이들이 절반가량 섞이는 곳이 많다고 한다. 독일의 프랑크푸르트나 베를린에 가보아도 이젠 터키인들이 사는 동네가, LA의 코리아타운, 멕시칸타운처럼 생겨나고 있고, 교회당의 첨탑만 보이던 서구의 대도시들엔 이슬람교 사원인 모스크와 불교 사원들, 힌두교 사원이나 교당들이 점차 늘어가는 모습을 볼 수 있다.

이미 미국이나 캐나다, 호주, 남미 같은 전통적으로 여러 민족문화가 복합적으로 존재하는 나라들에서는 복합문화, 다문화사회(multi-cultural society)의 개념이 보편화된 지 오래지만, 이제는 혈통은 섞였더라도 언어, 종교, 생활양식, 풍습 같은 문화만은 고유한 전통을 자랑했던 독일이나 프랑스마저 다문화사회를 지향하지 않을 수 없게 되었다. 제3세계에서 오는 이주 노동자 없이는 이들 선진국들의 산업이 유지될 수가 없어, 이미 인구의 10%, 20%를 외국인들이 차지하게 되었다. 이주민들은 자연히 자기들의 전통문화를 가져오게 되어 있다. 언어는 말할 것 없고, 종교, 습관, 예술, 음식, 축제, 춤, 이들이 가져오는 모든 것들이 문화적 다양성을 만들어내고 풍부하게 한다. 이제는 서구 도시 어디에서나 이탈리아 식당, 중국 식당은 필수이고, 터키, 일본, 한국, 인도, 태국 음식점들이 늘어가고 있다.

물론 독일이나 프랑스에서 주도적 문화(leading culture)는 그들의 것이지만, 외국인들이나 이주민들은 이국땅에서 주도적 문화에만 적응하거나 동화되는 것이 아니고, 소수민족들의 고유문화를 펼치고 살게 된다. 어쩌면 바로 소수민족이기 때문에 자기들의 정체성을 유지하기 위해 더 유난스레 자기 문화를 찾고 유지하려고 애쓰는 모습을 보게 된다. 미국의 한국 교포들이 추석이나 설 명절을 유난히 차리고, 터키인들이 독일에 와서 더 별나게 이슬람교 사원을 짓고 라마단을 지키는 이유들이 소수민족의 콤플렉스에도 있는 것 같다. 이런 문화적 다양성은 그 나라의 주도 문화를 다양하게 발전시키는 데 기여하기도 한다.[4] 가령 독일의 학교에선 이제 종교 과목이 기독교만이 아니라 이슬람교, 불교 등 선택해서 공부할 수 있게 되었고, 소수민족의 언어를 가르치는 초등학교들이 늘어나고 있다. 이미 독일의 시립 교향악단과 발레단에는 외국인 연주가, 무용가들이 꽤 많이 들어가 있다. 문화적 다양성과 융합이 세계화 과정의 심화와 함께 불가피한 결과로 나타나고 있다. 이런 현상은 점차 이주 노동자, 기술자들이 많아지는 아시아 여러 나라에도 마찬가지가 될 것이며, 단일민족, 단일언어 문화국가로 독특한 일본이나 한국도 앞으로 불가피하게 겪게 될 것으로 보인다.

문제는 문화적 다양성이나 복합문화가 서로 자극을 주고 조화와 융합을 이룬다면 긍정적인 일이겠지만, 한 사회 속에서 거부반응과 충돌을 일으킬 경우에 문화적 갈등과 폭력은 그 나라 사회의 안전과 존립마저 위협하는 위험요소가 된다는 것이다. 그 단적인 예가 1991년 LA 흑인 폭동(riot)과 독일의 통일 후 극성을 부리는 네오 나치 청년들(skinheads)의 외국인에 대한 테러 행위들이다. 이 밖에도 소수민족이나 문화집단들의 삶 속에는 여러 가지 억압과 소외, 차별의 경험들이 있고, 심각한 갈등과 폭력으로 비화하는 예들이 허다히 있다. 소수민족들이 자기 언어와 종교, 풍습을 고집스럽게 유지하려고 하는 것은, 자기들의 존재와 정체성을 유지하려는 몸부림이다. 이것이 무시되고 짓밟힐 때 일어나는 분노와 격정은 무서운 폭력과 파괴 행위로 치닫게 된다.

세계화는 인구의 이동과 이주민의 확장을 통해 문화적 갈등과 충돌을 만들어냈을 뿐 아니라, 동서 냉전체제가 해소된 이후의 세계화는 기존

---

4) Monika Griefahn, "Dialog der Kulturen in Deutschland," *UNESCO heute*, *Deutsche UNESCO-Kommission*, Nr. 4, 2001, S.6.

의 문화적, 종교적 갈등을 확대하고 증폭시키는 결과를 가져왔다. 이라크의 쿠웨이트 침공으로 야기된 걸프 전쟁, 유고슬라비아의 해체로 일어난 보스니아, 코소보, 마케도니아 전쟁, 구소련의 해체와 함께 일어난 체첸 전쟁, 아프리카의 소말리아, 르완다, 콩고 전쟁, 점점 격화되는 팔레스타인 전쟁과 카슈미르 전쟁 등 1990년대에 일어난 전쟁과 폭력은, 냉전체제 때보다 훨씬 격렬하게 많이 열전화했다. 이데올로기의 갈등이 해소되면 세계평화와 번영이 올 줄 알았는데, 오히려 그동안 억눌려 있던 종족 간, 종교 간, 문화 간의 갈등과 대립이 격화하고 전쟁과 폭력으로 터져 나왔다.

지금 세계사를 변환시키는 데 큰 구실과 계기를 만든 뉴욕 9·11 테러 사태도, 큰 흐름에서 보면, 세계화 시대의 증폭된 문화적 갈등과 문명 간의 충돌의 연장선에서 보아야 할 것 같다. 미국의 이라크 전쟁과 폭격, 이스라엘의 팔레스타인 전쟁과 폭격이 격화되지 않았더라도 아랍인들에 의한 미국 테러 참사가 일어났을 것인가? 물론 미국의 아프가니스탄 공격이나 아랍 제국과의 대결을 문화적, 종교적 갈등과는 상관없는, 석유통제권을 둘러싼 경제적 갈등의 표출로 보는 시각도 있다. 그러나 아랍권과의 전쟁을 기독교와 이슬람교 간의 십자군전쟁으로 보려는 의식이 양측의 보수적 원리주의자들(fundamentalists)에게 있는 이상, 이 전쟁과 대결을 문화적, 종교적 갈등과 무관하다고 볼 수는 없는 것 같다.

2. 문화적 폭력의 악순환: 테러와 전쟁

냉전체제의 해소로 무력 충돌과 전쟁의 가능성이 사라진 세계화의 공간 속에, 왜 하필 문화적 갈등이 그토록 많은 충돌과 유혈 전쟁을 만들어내는 것일까? 도대체 문화란 것이 무엇이기에 문화적 이질성이 이데올로기적 차이보다 더 심각한 갈등과 폭력을 만들어내는 것일까? 헌팅턴이 '문명의 충돌'을 이야기했을 때만 해도 걸프 전쟁을 겨우 겪은 뒤라서 문화적 갈등과 차별이 참혹한 전쟁의 원인이 된다는 것이 실감이 나지 않았다. 그러나 1990년대 발칸반도의 전쟁과 아프리카의 전쟁들을 보면서, 코소보의 다수 인종인 알바니아계가 세르비아계들에 의해 인종청소(human cleansing)를 당하여 NATO 군이 인도적 간섭전쟁(humanitarian intervention)에 참여하고 소말리아와 르완다에서 문화가 다른 종족 간의 전쟁으로 수백만 명이 살해되는 현장들을 목격하면서, 문화와 종교가 서로 다른 종족과 집단 간의 투쟁에 이용되고 있음을 볼 수 있었다.

이슬람교도인 알바니아계와 기독교의 정교(Orthodox Church)를 믿는 세르비아계 사람들 사이의 인종청소와 전쟁이 종교와 언어의 차이와 갈등으로 인한 것인지, 아니면 두 종족집단 간의 정치적, 경제적 이해관계를 둘러싼 갈등과 대결에 종교나 전통문화들이 이용되기만 하는 것인지는 확실히 판단하기가 쉽지 않다. 그러나 이때에 이슬람교나 정교는 분명히 전쟁에 나서는 양 집단에게 목숨을 걸고 전쟁터에 나설 명분을 주고 있고, 반대편의 종교는 곧 그들을 탄압하고 소외시키는 악의 상징으로 저주되는 것을 보게 된다. 이때에 종교나 문화는 곧 종족집단을 결속시키는 특성(characteristic)으로 작용하며, 상대편의 종교와 문화를 적대화하는 이데올로기의 역할을 하게 된다. 수백 년 내지는 천여 년 동안 조상들로부터 물려받아, 종족의 언어 습관과 함께 문화적 자산이 되어버린 이슬람교나 정교를, 이들 종족들(ethnic groups)의 정체성과 이해관계에서 분리시켜 낼 수가 없는 것이다.

이런 현상은 인도와 파키스탄의 경계에 위치한 카슈미르 지역에서의 힌두교도와 이슬람교도 사이의 전쟁에서도 마찬가지이고, 스리랑카의 타밀족과 싱갈레스족 사이의 끊임없는 테러와 전투에서도 마찬가지이며, 인도네시아의 여러 섬들에서 일어나고 있는 이슬람교도와 기독교도 사이의 살육전에서도 같고, 수단, 나이지리아, 소말리아에서 터지는 종족과 종교 간의 전쟁들에서도 역시 같은 구조를 보이고 있다. 문제는 종교와 언어, 종족의 외모와 풍습, 문화의 다름이 이들을 서로 차별하고 억압하며 적대시하는 원인이 되고 있다는 데 있다.

종교와 문화의 이질성이 도저히 한 지역에서 같은 하늘을 이고 살 수 없을 정도의 극렬한 적대감으로 나타난 곳이 바로 팔레스타인 이슬람교도와 이스라엘 유대교도들의 갈등이요 전쟁이다. 사실상 유대인들의 여호와신과 이슬람교도들의 알라신은 모두 초월적인 하나님이며, 말이 다를 뿐이지, 윤리적 교훈이나 신(神)의 성격의 면에서 그리 많이 다르지 않다. 더구나 이슬람교나 유대교는 적대적인 종교가 아니다. 서로 싸우고 전쟁하라고 가르치는 종교도 아니다. 유대교의 경전인 구약성서에는 이슬람교의 조상 이스마엘이 아브라함의 자손으로 묘사되어 있고, 이슬람교의 경전 코란에는 유대인인 모세나 예수도 모두 선지자의 한 사람으로 칭송되고 있다. 교리와 신의 이해가 좀 다르다고 해서 서로 목숨을 걸고 싸워야 할 이유는 없는 것이다. 그럼에도 예루살렘과 베들레헴, 요단강의 동서와 가자 지구에는 자살 폭탄 테러와 공중폭격, 탱크와 기관총 난사가 그치지 않고 있다. 자살 폭탄 테러에 뛰어드는 팔레스타인 게릴라는 알라신에게 경배하고 코란을 가슴에 품은 채 죽어가고, 탱크에서 기관총을 난사하는 이스라엘 병사는 여호와 하나님께 기도하며 성경을 가슴에 품고 있다. 이들에게 종교는 곧 자기 민족과 종족을 보호하는 수호신이며, 타 종교는 곧 유일신인 자기 종교의 신을 모독하는 우상이기 때문에, 때려 부숴야 할 대상으로 보게 된다.

9·11 뉴욕과 워싱턴의 테러에 과연 아프가니스탄의 탈레반 이슬람교도들과 오사마 빈 라덴이 얼마만큼 책임이 있는지 아직 판명할 수 없지만, 이들이 갖고 있는 종교의식 속에는 타 종교, 타 문화를 혐오하는 적개심이 불타 있었다. 탈레반 원리주의자들은 9·11 테러 전에도 아프가니스탄의 세계적 문화유산인 불상을 대포를 쏘아 파괴한 전력을 갖고 있

었다. 이들의 극렬한 적대 행위의 배경을 알아보아야겠지만, 이들이 특별히 불교도나 타 종교들에 의해 억압을 당했기 때문에 이런 야만적인 불상 파괴를 한 것 같지는 않다. 이들의 원리주의적(fundamentalistic) 종교의식 속에는 자기 종교와 신만이 유일하며, 다른 종교나 신은 모두 우상이요 악마라는 편견과 오해가 깊이 자리 잡고 있었음이 분명하다. 아마도 뉴욕의 세계무역센터 속으로 여객기를 몰아 수천 명의 목숨을 앗으며 불길 속에 스스로 산화한 아랍계 테러범들도 모두 알라신을 모독한 타 종교, 타 민족을 징벌하는 신의 사명을 완수하고, 죽어서는 알라신 곁에서 영생한다고 믿었기 때문에 그토록 초인적인 테러를 감행했을 것이다.

결국 테러와 전쟁에 이용되는 종교와 사상 같은 문화는 그 자체로 이미 폭력적인 요소를 갖고 있는 것이다. 다시 말하면 다른 종교나 다른 민족의 문화를 말살시키는 행위를 정당화해 주고 고무시키는 역할을 담당하기 때문에 폭력을 산출하며 조장하는 힘을 갖고 있는 것이다. 평화의 개념을 특히 폭력과의 관계에서 설명한 평화연구가 요한 갈퉁(Johan Galtung)은 1990년대에 와서 새롭게 등장하는 문화 간, 종교 간의 전쟁을 관찰하면서, '문화적 폭력(cultural violence)'이라는 개념을 만들어 냈다.[5] 이미 물리적 폭력과 구조적 폭력의 개념을 구별한 갈퉁은 제3의 폭력 개념인 문화적 폭력을 통해 종교나 문화, 사상과 예술, 법률체계가 폭력을 일으키는 원인이 될 수 있음을 밝히고 있다. 즉 문화적 폭력이란 바로 물리적 폭력과 구조적 폭력(억압, 착취, 차별)을 정당화해 주는 종교나 사상, 가치관, 학문이론 같은 문화적 요소들을 말한다고 하겠다.

공산주의라는 이데올로기 속에는 자본주의를 쳐 없애고 박멸해야 한다는, 폭력을 정당화하는 요소가 있는데, 이것이 문화적 폭력이며, 십자

---

5) Johan Galtung, "Frieden mit friedlichen Mitteln," *Friedens-und Kon-fliktforshung*, Band 4(Opladen, 1988), S.17.

군전쟁 때 기독교는 타 종교와 이민족을 이단으로 몰아 쳐 없애자는 신앙심을 가지고 있었는데, 이것이 문화적 폭력이었다는 것이다. 이 문화적 폭력은 국수적인 민족주의나 쇼비니즘 속에도 있고, 제국주의나 혁명이론에도 있으며, 많은 종교들의 근본주의, 원리주의 속에도 있고, 교조적인 마르크시즘이나 파시즘 속에도 들어 있다. 오늘날 냉전체제가 사라진 세계화 시대에 평화가 오지 않고 다시금 폭력과 테러와 전쟁의 악순환이 거듭되는 이유는 바로 이 문화적 폭력을 제거하지 못했기 때문이며, 문화적인 갈등을 해소시키는 방안을 강구하지 못했기 때문이다. 이런 악순환을 막지 못하면 21세기는 거대한 문명의 충돌로 인류의 파멸의 길을 걷게 될지도 모른다.

3. 문명 간의 대화와 상생(相生)의 윤리

문화적 폭력의 결과들인 테러와 전쟁으로 얼룩진 21세기 벽두에, 이들의 악순환을 막고 각지에서 각종의 형태로 나타나는 문화적 갈등과 문명 간의 충돌을 줄여서 함께 평화롭게 살 수 있는 상생(相生)의 세계를 건설하는 길은, 서로 다른 민족과 종족들이 가진 종교와 전통, 생활습관과 가치관들을 더 잘 이해하고 편견을 줄이며 상호존중에 이르게 하는, 대화의 길밖에 없다. "아랍 제국은 테러 국가", "이슬람 종교는 테러와 폭력을 조장하는 종교"라는 식의 편견과 독단이 지배하는 풍토에서는 문명과 종교 간에 대화와 상호존중이 이루어질 수 없다. 테러 공격의 보복전으로 아프가니스탄 침공이 일어났을 때, 보수적 종교근본주의자들이 제2의 십자군전쟁이 터졌다고 했던 것도, 종교 간의 대화를 거부하는 대결, 즉 문명 간의 전쟁을 선호하려는 태도를 폭로했음을 의미한다.

지금 세계 여러 곳에서 일어나고 있는 많은 지역, 인종, 종족 간의 분쟁과 생사를 건 전쟁은 바로 이 종교근본주의(religious fundamentalism)

로 무장되어 있기 때문에 더 어렵다. 단순한 정치적, 경제적 이해관계의 싸움만이라면 타협과 해결의 길이 있음직도 한데, 선악을 양분하는 종교적 가치관으로 무장되어 있어서 더욱 접근하기가 어렵게 되어 있다. 우매한 대중들은 지배 종교나 문화의 지도자들이 들려주는 신앙과 애국심이 결합된 주장들을 무비판적으로 따르고 있다. 이런 경우는 선진국을 자처하는 북아일랜드에서 영국계 프로테스탄트와 아일랜드계 가톨릭의 폭력적 대결을 보아도 잘 알 수 있다. 가톨릭의 하나님과 개신교의 하나님이 다른 하나님이 아니건만, 이들은 자기 민족과 지역을 수호한다는 하나님의 이름으로 서로를 죽이고 테러하는 전쟁을 수년간 벌여왔다.

다행히 지난 몇 해 동안 북아일랜드의 가톨릭과 개신교 사이에는 많은 대화가 이루어져 종교적 화해를 이루고, 이를 토대로 정치적 타협도 이루어져, 갈등은 아직 있지만 유혈 전쟁은 해소된 상태에 있다. 이런 종교 간, 문명 간 대화는 지금 스리랑카의 타밀교와 불교 사이에도, 카슈미르의 힌두교와 이슬람교 사이에도, 사이프러스의 그리스계 정교회와 터키계 이슬람교 사이에도 작은 규모에서나마 시도되고 있다. 결국 앞으로 발칸반도의 코소보와 마케도니아에서도, 인도네시아 말루쿠 섬의 이슬람교와 기독교 사이에서도, 그리고 팔레스타인과 이스라엘 사이에서도 평화와 상생을 위해서는 대화로 해결책을 모색하는 길밖에 없다.

세계화 과정의 심화가 가져온 문명 간의 갈등과 충돌을 경험하면서 유엔이 문명 간의 대화를 부르짖고 나선 것은 참으로 다행스러운 일이었고, 매우 선견지명이 있었다. 냉전체제 종식 이후 세계화 과정을 '문명 간의 충돌'이라는 개념으로 경고하여 세계화의 문화갈등적 차원을 지적해 준 것은 헌팅턴의 공로로 인정해야 할 것 같다.[6] 세계화로 인해 국가

---

6) Albert Spiegel, "Kulturen in Dialog-Dialog der Kulturen," *UNESCO heute, Deutsche UNESCO-Kommission*, Nr. 4, 2001, S.11.

와 블록권의 초강대국의 통제력이 약화되자, 봇물처럼 터져 나온 인종, 종족, 지역, 종교 간의 갈등과 충돌이 더 심각하게 번지는 것을 막기 위해, 1998년에 유엔 총회는 이란이 제안한 '문명 간의 대화의 해 2001년'을 189개 국가의 동의로 가결했다. 그러나 학술적, 종교적 담론의 차원에 머물렀던 문명 간의 대화가 국제정치적 문제의 해결에 기여한 것은 아니다. 1995년을 '관용(tolerance)의 해'로 선포했고, 2000년을 '평화의 문화의 해'로 선포했지만, 세계정세는 평화와 관용과는 상관없이, 코소보 전쟁과 체첸 전쟁, 팔레스타인 전쟁, 카슈미르 분쟁의 격화로 치달았다. 이제 뉴욕의 테러 참사로 초강대국 미국이 커다란 타격을 받게 되고, 그 보복전으로 세계 문명 간의 대전이 일어날 것 같으므로, 그 최악의 시나리오를 가상하면서, 지금 전 세계는 어떻게 문명 간의 충돌을 피하고 모든 종교와 문화가 함께 살 수 있는(living together) 상생(相生)의 세계를 구현할 것인가에 관심을 갖게 되었다.

그러면 이러한 배경과 사명을 가진 문명 간의 대화는 어떻게 진행되어야 하며, 어떠한 원칙을 지켜야 할 것인가? 그동안에도 종교 간 대화나 문화 간의 교류는 수없이 있어왔으며, 지금도 세계 도처에서 많은 교류와 대화의 행사들이 이어지고 있다. 그러나 이들이 과연 평화와 상생의 세계를 만드는 데 기여하고 있는가? 때로는 자기 종교와 문화의 우수성을 자랑하고, 타 종교와 타 문화의 약점과 허점을 발견하기 위해 대화에 임하는 경우도 많이 있다. "역시 내 종교가 옳고 최고구만", "저건 역시 미신이고 우상이야"라는 논리를 펴기 위해 하는 학술회의, 종교회의도 많이 있다. 그러나 이런 만남과 대화는 진정한 의사교환적 담론(kommunikative Diskurs)이 될 수 없다.[7] 대화에 임하는 자세와 입장에 어떤 윤리적 태도와 원칙이 있어야 한다. 상대방을 무시하고 공격하

---

7) Jürgen Habermas, *Theorie des Kommunikativen Handel*(Frankfurt a. M., 1981).

기 위해서가 아니라, 상대방의 좋은 점과 긍정적인 면을 찾아 이해하고 배우겠다는 자세, 그리고 모든 종교와 문화의 가치관에는 나름대로 그 집단이 오랫동안 지녀온 긍정적이고 건설적인 요소가 있다는 인정과 믿음 위에서 출발해야 하리라고 본다. 필자는 이것을 '상생(相生)의 윤리'라고 부르고자 한다. 서로 대립하고 인정하지 않으며 못살게 구는 상극(相剋)이 아니라, 서로를 인정해 주고 서로를 살리는 상생의 윤리가 그 바탕에 깔려 있어야 한다는 말이다.

세상에 나 홀로 존재하는 문화란 없다. 내 종교와 문화는 마치 나의 고유한 것처럼 보이지만, 이미 많은 다른 나라의 영향과 자극을 받아서 생성된 것이다. 아랍인들의 선구적인 연구와 개척이 없었더라면 현대 수학이나 건축이 발전하기 어려웠고, 인도인들이 힌두교의 세계관과 자연관을 일찍이 개발해 놓지 않았더라면 현대 철학이나 종교가 이만큼 발전하지 못했을 것이다. 아프리카 원주민들의 놀라운 감성과 예술이 없이 현대 미술과 음악을 상상할 수 있으며, 유럽의 근세 사상과 계몽주의 없이 현대인들이 어떻게 인권과 자유를 누릴 수 있었겠는가.[8] 고로 자기 문화의 정체성을 바로 이해하기 위해서도 타 문화, 이웃나라의 문화를 뿌리부터 이해하는 것은 필수적인 일이다. 다른 문화나 종교 전통을 일단 나의 것과 동등하게 인정하고 존중하면서 대화하는 것이 상생의 윤리의 첫 덕목이라고 할 수 있다.

문명 간 대화는 타 문화를 인정하고 존중할 뿐 아니라, 타 문화의 장점과 긍정적 요소에 대하여 열린 자세(open posture)여야 한다. 즉 타의 장점을 수용할 수 있다는 자세여야 한다는 말이다. "죽어도 타 종교나 문화에서는 배우지 못하겠다. 그것은 나의 종교와 문화에 대한 부정이요 모독이다"라는 자세를 가지고는 진정한 대화를 이룰 수 없다. 그래서 헉슬리

---

8) UNESCO 제31차 총회의 시라크 프랑스 대통령의 개회 연설 참조(2001년 10월 15일).

(Aldous Huxley)는 일찍이 "문화가 타 문화나 민족, 풍습에 대하여 열려 있으면 인간의 능력을 발전시키는 동력(motor)의 역할을 할 수 있지만, 그렇지 못하면 그 능력을 잡아 가두는 감옥(prison)의 역할을 할 뿐"이라고 하였다.[9] 결국 문명 간의 대화는 문화와 문명의 다양성(diversity)과 다원성(pluralism)을 인정하는 전제하에서라야 성립될 수가 있다.

여기서 문화다원주의(cultural pluralism)에 관한 논쟁들을 설명할 필요가 없겠지만, 문화란 애초부터 다원적 뿌리에서 복합적으로 생성되었고, 항상 다른 문화와 다른 특수성과 차별성을 전제로 하였으며, 다른 문화와 접합되고 융화함으로써 발전하였다. 프랑스의 문화인류학의 거장인 레비스트로스(Claude Lévi-Strauss)는 1971년 유네스코에서 행한 강연에서, 문화란 타 문화와 협동(collaboration)하고 서로 영향을 주고받을 때 가장 잘 발전한다고 역설했다. 가령 유럽의 문화가 가장 발전했던 르네상스는 가장 다양한 문화들, 즉 그리스 문화, 로마, 독일, 앵글로색슨의 전통들이 만나서 용해되는 과정(melting pot)이었으며, 심지어 아랍 문화와 중국의 영향까지 수용해서 융합했다고 하였다.[10]

타 문화에 대해 열려 있고 타 문화의 장점들을 수용할 수 있는 문화는 자기 문화의 정체성을 확실히 이해하고 파악할 수 있음을 전제로 한다. 타 문화의 무조건적 모방이 아니라, 창조적으로 대화하며 수용한다는 것은 이미 자기 문화의 장단점을 깊이 파악하고 한계가 무엇인가를 이해하는 위에서만 가능하기 때문이다. 고로 문명 간의 대화는 자기 문화의 올바른 인식에서 출발해야 하며, 자기 문화도 타 문화와 함께 발전시켜 살리자는 것이 상생의 윤리요 규범이다. 또한 자기 문화라고 무조건 고집하며, 자기 문명과 역사가 저지른 과오와 잘못을 비판할 줄 모르는 문

9) *UNESCO heute, Deutsche UNESCO-Kommission*, Nr. 4, 2001, S.12.
10) Claude Lévi-Strauss, "Race and Culture," *The Courier UNESCO*, December 2001, Dialogue among Civilizations in the Courier, p.6.

화나 민족은 진정한 상생의 대화를 할 자격이 없다.

따라서 문명 간 대화의 전제조건은 확실한 자기인식과 자아비판이다. 오만과 독선은 시라크 대통령의 말처럼 문명 간 대화에 있어서 최악의 적(worst enemy)이다. 문명 간의 대화는 바로 그 역사적인 책무 때문에 결코 철학적, 추상적 논쟁에만 머물러서는 안 된다. 바로 문명 간의 갈등과 충돌이 담고 있는 현실적이며 정치적인 문제들을 종교적, 가치관적 문화 풍습의 차원에서 해결하려는 실천적 의지를 가진 대화일 때만, 상생의 세계를 만드는 데 기여할 수 있게 된다. 따라서 이 문명 간의 대화는 국제기구를 통해서 뿐 아니라, 이웃나라 간에, 정부 간에, 시민사회 간에, 학교와 언론, 문화의 각 분야에서 입체적으로 추진될 필요가 있다. 무엇보다 중요한 것은 갈등관계 속에 있는 나라와 민족들, 종교와 문화들 사이에서 일어나는 것이다. 한국, 일본, 중국과 같이 많은 것을 공유하면서도 이질적이고 적대적인 이웃나라에서 더욱 절실하다.

이 원고를 탈고하려는데 마침 반가운 뉴스를 들었다. 2월 11–12일 이스탄불에서 유럽연합의 40여 개 국가 외무장관들이 아랍 국가의 외무장관들과 함께 71개국이 모여, 기독교 문명과 이슬람 문명의 화해와 대화의 기구를 설치하기로 결의했다는 소식이다. '전쟁의 해'가 미국 대통령에 의해 선포된 시기에 유럽 국가와 아랍 국가들의 화해의 목소리는 한결 귀중하게 들린다. 상생의 윤리를 담은 목소리이기 때문이다.

『철학과 현실』(2002년 봄)

이삼열 대화문화아카데미 이사장. 숭실대학교 철학과 교수, 유네스코 한국위원회 사무총장, 아태국제이해교육원장, 한국철학회 회장, 국제철학회연맹 FISP 이사를 역임했다. 독일 괴팅겐대학교에서 사회과학 박사학위를 받았다. 저서로『현실 개조를 향한 사회철학의 모색』,『평화의 철학과 통일의 실천』,『기독교와 사회이념』 등이 있고, 논문으로「마르크스주의와 기독교의 관계」 등이 있다.

우송의 공동체 자유주의

이 한 구

1. 서론

한국 현대사에서 진정한 자유주의 사상가를 찾기란 쉽지 않다. 일제 강점기라는 민족 고난의 과정을 거치는 동안 민족주의자는 많이 배출되었다. 민족주의자 중에는 우파 민족주의자도 있었고 좌파 민족주의자도 있었다. 이들은 자유주의와 공산주의라는 다른 이념을 내세웠지만 이들을 정통 자유주의자나 공산주의자로 분류하는 것은 맞지 않는 경우들이 많다. 이들은 대체로 자유주의자나 공산주의자이기 이전에 민족주의자들이었기 때문이다.

19세기 후반 김옥균, 박영효 등 개화파를 통해 서구의 자유주의 사상이 우리 사회에 처음 소개되었지만, 실제로 자유주의는 광복 이전까지만 해도 우리에겐 낯선 이념이었다. 우리에게는 근대 시민사회가 제대로 형성되지 못했기 때문이다. 민주주의는 고대 그리스의 아테네로부터 시작되었지만 자유주의는 근대 유럽에서부터 시작된 것이다. 민주주의는 평등한 시민들이 함께 국정에 참여하는 정치체제를 지향하지만, 자유주의는 유산 시민들의 정치사회적 권리에 대한 요구라고 할 수 있다. 말하자면 자유주의는 중세적 봉건체제와 절대왕정을 타파하기 위해 근대 유럽의 신흥계급이 제창한 저항적 이념이었다.

자유민주주의는 이런 뿌리가 다른 두 이념이 결합해서 성립한 수정자유주의 내지는 수정민주주의의 한 형태라고 할 수 있다. 그러므로 자유민주주의라고 할 때에도 민주주의에 강조점을 둘 수도 있고 자유주의에 강조점을 둘 수도 있다. 그뿐만 아니라 자유주의에서도 어떤 형태의 자유주의인가도 문제가 된다.

우송은 후기의 대표작 『변혁 시대의 사회철학』에서 우리가 선택할 수 있는 최선의 이념으로서 자유민주주의를 논의한다. 이때 우송이 규정한 자유민주주의의 내용으로 볼 때 그는 민주주의보다는 자유주의에, 그리고 자유주의 중에서도 자유지상주의가 아닌 공동체 자유주의에 강조점을 둔 것으로 판단된다.

2. 우송의 인간관

인간에 대해서는 원자론적 입장에서 이해를 시도할 수도 있고, 다른 한편으로 공동체적 입장에서 접근할 수도 있다. 인간을 개별적으로 살아갈 수 있는 독립적 존재로 보는 입장을 로빈슨 크루소 접근법으로, 공동체의 일원으로서만 존재할 수 있다고 보는 입장을 늑대소년 접근법으로 부를 수 있다.

이런 논의가 중요한 것은 개인의 자주성과 인간의 사회성이라는 구분이 인간 이해의 중추를 구성하기 때문이다.

우송은 인간을 이해하기 위해 생물학적 차원에서 접근한다.[1]

---

1) 김태길, 『변혁 시대의 사회철학』(철학과현실사, 1990), p.91.

(1) 인간 개인은 사회를 떠나서 단독의 힘만으로 살아갈 수 있을 정도로 완전히 독립적인 존재는 아니다. 그러나 인간 개인은 소속 집단을 떠나서는 하루도 살기 어려운 꿀벌과 같은 정도로 집단 의존적은 아니며, 특히 현대의 개인은 기왕의 소속 집단을 떠나더라도 새로운 집단의 성원이 됨으로써 생활을 계속할 수 있다는 뜻에서 상당한 정도의 독립성을 가졌다.

(2) 인간 개인에게는 다른 동물에게서는 찾아볼 수 없는 자주의식, 즉 자기에 대한 주인의식이 강하다. 인간 개인에게 자주의식 내지 개인적 자아의식이 강하다는 사실은 개인이 자기 자신을 자주적 존재로 만드는 데 크게 기여한다. 우리는 인간의 의식을 정신적 존재로서의 인간에 있어서 본질적 속성이라고 보지 않을 수 없기 때문이다.

이런 주장들은 개인의 자주성과 인간의 사회성을 어떻게든 조화시키려는 우송의 고민을 엿보게 한다. 꿀벌은 자신이 소속되었던 집단을 떠나서 생존할 수 없다. 다른 집단의 구성원으로 될 수가 없기 때문이다. 반면에 인간은 이민을 가서 다른 공동체의 구성원으로 새롭게 태어날 수가 있다. 이런 점에서 꿀벌과 인간은 다르다고 할 수 있다. 그렇지만 어떤 공동체에도 소속되지 않은 상태에서는 살 수 없다는 점에서는, 역시 공동체적 존재라고 할 수 있다. 어쨌든 그는 로빈슨 크루소로서 살 수는 없기 때문이다. 이런 차이점과 더불어 우송은 동물과 인간의 차이점을 자주의식에서 찾는다. 즉 자기에 대한 주인의식이 강하다는 것이다.

이런 이유에서 우송은 우리 사회의 바람직한 미래상을 논의하면서 '나의 문제'로부터 출발한다. "이론의 분야에 있어서나 실천의 분야에 있어서나 문제를 의식하는 것은 개인이다. 사회는 의식을 가진 개인들의 집단이기는 하나, 집단 그 자체에는 의식이 없다. 문제의식의 주체는 항상 개인이다."[2]

이런 개인은 자신의 삶을 주체적으로 설계할 수 있다. 인간은 사회 안의 존재이므로 어느 정도 사회적 제약을 받지 않고 살 수는 없지만, 사회적 제약의 범위 안에서 개인의 자유재량으로 행위할 수 있는 여지는 남아 있기 때문이다. 우송은 롤스의 주장에 동의하면서 합리성에 따라 삶을 자유롭게 주체적으로 설계할 필요가 있다고 본다.

그렇다면 어떤 삶을 설계할 것인가? 우송이 제시하는 소망스러운 삶은 적어도 다음 세 가지를 포함해야 한다. "(1) 생물로서의 건강한 생존, (2) 타고난 소질을 개발하여 높은 수준의 사람됨을 실현함, (3) 사회에 참여해서 사회에 이바지함"[3]이 그것이다.

우송은 근대 자연권론자들같이 명시적으로 자연상태와 자연권을 주장하지는 않았지만, 소망스러운 삶에서 제시한 조건들을 보면 자연권 사상의 옹호자처럼 보인다. 생물로서의 건강한 생존과 자유로운 삶의 설계를 주장하기 때문이다. 자유주의 사상의 원조인 존 로크는 사회가 형성되기 이전의 상태를 자연상태라 하고, 이 자연상태에서 누구나 갖는 권리를 자연권이라 했다. 이 자연권은 누구나 자신의 생명을 존속시킬 수 있는 생명권, 마음대로 활동할 수 있는 자유권, 자신이 취득한 소유물을 마음대로 처분할 수 있는 소유권으로 구성된다.

그렇지만 우송의 자연권은 로크의 자연권과 동일하지는 않다. 전체적으로 보면 우송의 자연권은 로크의 자연권보다 적용 범위에서는 넓어 보이며, 내용적으로는 좁은 것으로 판단된다.[4]

---

2) 같은 책, p.11.
3) 같은 책, p.259.
4) 같은 책, p.118.

로크와 노직이 출발점으로 삼은 자연권 개념의 타당성이 자명(自明)하다고 보기는 어렵다. 다시 말하면, 우리는 그들의 자연권 개념에 대해서 몇 가지 의미 있는 의문을 제기할 수가 있다. 첫째로 우리는 다른 동물에게는 인정되지 않는 자연권이 인간에게만 있다고 보는 이유를 물을 수가 있고, 둘째로 그 자연권의 내용이 왜 반드시 그들이 주장하는 그런 것이라고 보아야 하는가도 물을 수가 있다. 단순한 논쟁을 위해서 그러한 의문을 제기할 수 있는 것이 아니라, 정말 의심스러워서 그렇게 묻지 않을 수 없는 것이다.

첫 번째 문제의 요지는 이것이다. 노직은 전통적으로 인간의 특성으로서 거론되어 온 (1) 감정과 자의식을 가졌음, (2) 합리성, (3) 자유의지를 가졌음, (4) 도덕성, (5) 영혼을 가졌음 등이 함께 결합된 종합적 능력이 인간의 존엄성을 만든다고 본다.

이런 종합적 능력 때문에 인간은 장기적인 인생 계획을 세울 수 있고 삶의 청사진에 따라서 행위할 수 있다. 이에 대한 우송의 질문은 이것이다. 인간이 이런 종합적 능력을 갖고 있다 하더라도, 이것이 다른 동물에게는 인정하지 않는 자연권의 근거가 될 수 있느냐는 것이다.

두 번째 질문은 우리가 자연권을 인정한다 할지라도 로크의 자연권과는 다른 내용의 자연권을 주장할 수 있지 않느냐는 것이다. 물론 우송은 로크와 전혀 다른 자연권을 주장하려는 것은 아니지만, "로크의 인권 개념은 타인의 권리를 침해해서는 안 된다는 점만을 강조하고 개인이 사회에 참여하여 자기의 임무를 다해야 하는 적극적 의무에 대해서는 언급이 없기 때문에"[5] 개인이 공공 생활에 대해서 갖는 의무와 책임을 만족스럽게 설명하기 어렵다고 보는 것이다.

---

5) 같은 책, p.124.

3. 우송의 사회관

우송은 인간의 사회성을 인정하지만 사회유기체론을 지지하는 것은 아니다. 그는 사회를 개인들의 집합으로서 간주하기 때문이다. 그러므로 우송은 소망스러운 개인의 모습과 소망스러운 사회의 모습 간에 어떤 연관성이 있어야 함을 제시한다.

우송이 제시하는 소망스러운 사회의 조건들은 다음과 같은 것들이다.[6]

(1) 모든 사람들에게 건강한 삶을 누리기에 필요한 경제적 여건을 마련해 준다.

(2) 모든 사람들에게 가능한 최대한의 자유를 허용한다.

(3) 모든 사람들이 평등한 관계를 유지하게 한다.

(4) 모든 사람들에게 배울 수 있는 기회와 일할 수 있는 기회를 충분히 마련해 준다.

이러한 사회적 조건을 만들 수 있는 조직은 국가뿐이므로, 우송의 국가는 로크나 노직이 주장한 최소국가가 아니라 복지국가라고 할 수 있다. 최소국가는 억압으로부터의 해방이라는 소극적 자유에 기반해 있지만, 복지국가는 욕구의 충족이라는 적극적 자유에 기반해 있기 때문이다. 복지국가는 경제체제에 주로 관련된 문제이며, 경제체제에서는 소유권에 대한 해석이 관건을 이룬다.

우송이 로크나 노직의 자연권에 동의하지 않는 주된 이유도 소유권의 문제였다. 『변혁 시대의 사회철학』에서 전개된 전체적 맥락에서 볼 때

---

6) 같은 책, p.268 이하.

자신의 생명을 보존할 권리와 자신의 일신을 마음대로 할 수 있는 자유권은 인정되지만, 자신의 노동을 가해 획득한 소유물을 마음대로 처분할 수 있는 소유권은 자연권으로 인정되지 않는다. 포괄적으로 말한다면, 이런 태도는 정치적으로는 자유주의이지만 경제적으로는 간섭주의를 의미한다고 할 수 있다.

우송은 공정한 분배의 문제에서는 고전적 자유주의와는 노선을 달리한다. 로크나 노직에게 국가에 의한 부의 재분배란 결국 권리의 침해에 불과한 것이었다. 이에 반해 우송은 재분배를 정당화하는 근거로서 다음 두 가지를 제시한다.[7] 하나는 혜택을 많이 받음으로써 많은 것을 갖게 된 사람은 혜택을 덜 받음으로써 가난하게 된 사람에게 그가 가진 것의 일부를 할애하는 것이 사리에 맞으며, 둘째로 사회라는 큰 공동체는 가족 공동체의 확대라고 유추할 수도 있으므로, 가족 구성원의 약자를 다른 가족 구성원이 보호하듯, 사회의 강자는 약자를 돌보아야 마땅하다는 것이다.

우송은 특히 분배정의의 문제에 깊은 관심을 기울여 논문도 여러 편 발표했다. 우송은 블라스토스(Gregory Vlastos)의 분류에 따라 다음과 같은 정당한 차등의 원칙을 제시하고 검토한다.[8]

(1) 각자의 필요(need)에 따라 분배한다.
(2) 각자의 가치에 따라 분배한다.
(3) 각자의 능력과 업적에 따라 분배한다.
(4) 각자의 일(work)에 따라 분배한다.
(5) 각자가 체결한 계약(agreement)에 따라서 분배한다.

---

7) 같은 책, p.406.
8) 김태길, 『윤리 문제의 이론과 사회 현실』(철학과현실사, 2004), p.277.

이 다섯 가지 기준 중에서 (2)와 (4)는 우선 제외된다. (2)는 인간을 차별해서 대우하는 기준으로 이해되므로 제외될 수밖에 없다. 모든 인간은 인간으로서의 가치는 동등하다고 볼 수밖에 없기 때문이다. (4) 역시 독립적인 기준이라고 하기는 어렵다. 일은 결국 일의 결과로 생기는 업적 때문일 것이기 때문이다. 그러면 결국 (1)과 (3)과 (5)가 차별적 분배의 기준으로 검토의 대상이 된다.[9]

여기서 우송은 필요의 기준과 업적의 기준이 안고 있는 문제점을 다음과 같이 논의한다. 먼저 필요의 기준이 현실적으로 야기하는 문제점을 보자. 그것은 첫째, 모든 사람의 모든 필요를 충족하려면 많은 재화와 봉사 인력이 있어야 한다. 둘째 각자의 필요를 객관적으로 규정하기가 매우 어렵다. 셋째, 과학기술이 발달하고 생산성이 높아갈수록 필요의 욕구는 커질 것이며, 이런 추세는 자연자원의 고갈과 환경오염을 가속화시킬 것이다.

그렇지만 우송은 필요의 기준이 갖는 난점에도 불구하고 "필요에 따라 분배한다"는 원칙은 반드시 살려야 할 귀중한 생각을 간직하고 있다고 본다. 그것은 바로 기본적 생존을 위해 필요한 것은 모든 사람에게 우선적으로 분배해야 한다는 생각이다.

"각자의 능력과 업적에 따라 분배한다"는 기준도 문제점이 있음을 우송은 지적한다. 첫째로, 분배하고자 하는 일정한 분량의 재화 또는 기회와 정당하게 관련시킬 수 있는 능력이 어떤 종류의 것인지를 이론의 여지가 없도록 결정하기가 쉽지 않다. 둘째, 업적에 따라서 분배한다고 할 때, 그 업적들을 비교하고 평가하는 기준을 어떻게 세우느냐 하는 문제가 있다. 셋째, 설령 업적의 비교와 평가를 위한 기준을 정할 수 있다 하더라도 업적에 따라서 분배의 양을 정한다는 것 자체가 문제될 수 있다.

---

9) 같은 책, p.278.

즉, 업적은 크지만 필요는 적은 사람도 있으며 업적은 작으면서 필요만은 많은 사람도 있다. 그럼에도 불구하고 우송은, 능력과 업적에 따라 분배한다는 원칙은 현재의 인간성에 비추어볼 때 사회 전체의 번영을 가져오기에 적합하며 또 실천의 어려움도 비교적 적다는 장점을 갖는다고 본다.

이보다 한 걸음 더 전진한 것이 "각자가 체결한 계약에 따라 분배한다"는 기준이다. 이때의 계약은 문서나 구두로 명백하게 체결한 계약뿐만 아니라 은연중에 성립한 묵계까지도 포함된다. 그러나 자유롭게 체결된 계약이 아닌 경우나, 불공정한 계약은 제외되어야 한다. 우송은 이런 계약론의 대표로 롤스의 사회정의론을 든다. 이것은 전통적인 사회계약론의 기본 사상을 수용하면서도 종전의 계약론이 가진 약점을 보완하는 학설로 볼 수 있다는 것이다. "롤스가 제시한 정의의 두 원칙은, 만약 그 두 원칙에 모든 당사자들이 동의하리라는 것을 믿을 수 있다면, 매우 합리적인 계약, 즉 정당한 계약의 산물이라고 볼 수 있을 것이다. 그리고 롤스의 두 원칙은 '필요에 따라 분배한다'는 원칙 가운데서 살려야 할 장점과 '능력과 업적에 따라 분배한다'는 원칙 가운데 살려야 할 장점을 아울러 포섭하고 있는 것으로 볼 수 있다는 의미에서 우리의 주목을 끈다."[10]

여기서 "필요에 따라 분배한다"는 원칙에서 살려야 할 부분이란 의식주의 기본적인 생물학적 욕구는 누구의 욕구든 충족될 필요가 있다는 것이다. 우송은 더 나아가 생물학적 욕구의 충족에 이어서 기본적 의료의 혜택과 중학교 수준의 교육과 같은 기본 생활의 안정을 모든 사람에게 보장하는 일은 국가가 수행해야 할 일차적 과제라고 본다.

"능력과 업적에 따라 분배한다"는 원칙에서 살려야 할 장점이란 구성원 모두의 기본 생활의 안정을 보장하고 난 이후의 초과 소득에 대해서

---

10) 같은 책, p.286.

는 그것을 산출한 자에게 귀속시킨다는 것이다.

우송은 기본 골격에 있어서는 롤스의 사회정의론에 동의하면서도 여기서 한 걸음 더 전진하고자 한다. 우리의 욕구 체계의 조정이 바로 그것이다. 왜 이런 조정이 필요한가? 사회의 최소 수혜자들이 기본 생활의 안정이 보장되도록 분배를 받는다 하더라도 그것만으로는 만족하지 않고, 목표가 달성되면 다시 더 높은 수준의 생활을 기대하게 될 것이기 때문이다. 반면에 최대 수혜자는 이를 용인하지 않을 뿐만 아니라 재화를 무한정 생산할 수도 없을 것이다. 이런 상황에서 우송은 말한다. "소유의 극대화 또는 향락의 극대화가 우리를 행복으로 안내하리라는 이 인생관을 버리지 않는다면 공정한 분배를 실천함으로써 모두가 만족하는 삶을 갖고자 하는 우리의 소망은 달성의 실마리를 찾기 어려울 것이다."[11]

4. 자유민주주의와 차선의 길

우송은 이데올로기의 갈등에서 자유민주주의를 선택한다. 그렇지만 이것은 최선의 선택이 아닌 차선의 선택이다. 최선의 이데올로기란 무엇인가? 왜 최선을 선택하지 않고 차선을 선택하는가?

우송은 이데올로기를 평가하는 두 개의 기준을 제시한다. 첫째, 문제된 이데올로기가 실현하고자 하는 목표, 즉 그 이데올로기가 이상으로 삼는 사회의 그림이 얼마나 매력적인가? 둘째, 문제된 이데올로기가 내세우는 목표의 실현이 현재의 여건에 비추어볼 때 가능한가?

첫 번째 기준에서만 보면 공산주의 이데올로기가 자유민주주의의 그것을 앞지른다고 우송은 본다. 말하자면 모든 사람이 자신의 능력에 따라 일하고, 필요에 따라 공정하게 분배받으며, 착취나 계급이 없는 사회

---

11) 같은 책, p.290.

가 존재할 수 있다면, 그것이 최선일 수 있다는 것이다. 그런데도 왜 공산주의는 실패했는가? 왜 이런 최선을 추구하는 사회가 실현되지 못했는가? 우송의 대답은 간단하다. 이런 사회를 실현하려고 하는 사람들의 수준이 매우 낮았다는 것이다.[12]

사회주의 내지 공산주의 사회의 건설이 청사진과 같이 진행되지 못한 가장 큰 사유는 공산주의의 청사진을 실현하기에 요구되는 인간상의 수준이 대단히 높은 데 비하여 현실적으로 그 청사진을 실천하는 일에 참여한 사람들의 도덕적 수준이 저 요구되는 인간상의 수준에 크게 못 미쳤다는 사실에 있다고 필자는 생각한다.

자유민주주의는 궁극적으로 도달하고자 하는 분명한 청사진을 제시하려 하기보다는 방향성과 절차의 설정에 만족한다. 세밀한 부분들은 개인의 선택에 달려 있다고 보기 때문이다. 여기서는 개인이 삶의 주체적 단위라는 것이 가장 중요한 원리이다. 자유민주주의는 개인의 자유를 전제로 하고 출발한다. 그러므로 자유경쟁과 욕구의 충돌을 해소하는 공정한 법의 제정과 지배가 자유민주주의의 청사진이라고 할 수 있다.

사회주의나 공산주의와 비교할 때 자유민주주의는 그 실현을 위해서 그렇게 높은 수준의 인간상을 요구할 필요가 없다. 우송이 자유민주주의를 차선이지만 우선적으로 선택한 이유가 여기에 있다.[13]

자유민주주의의 그림은 사회주의 내지 공산주의가 앞세우는 그림의 매력을 따라가기 어렵다. 자유민주주의의 그림에는 소아(小我)의 껍질을 깨는 뜨거운 사랑의 감격도 없고, 이성적 자아의 실현을 위해서 감각적 욕망을 초월하고자 하는 이상주의도 없다. 속물로서의 인간의 현주소에

---

12) 김태길, 『변혁 시대의 사회철학』, p.371.
13) 같은 책, p.376.

안주하면서, 서로 남에게 방해가 됨이 없이 다 같이 즐겁게 살기만 하면, 그것으로써 자유민주주의의 목표는 일단 달성했다고 볼 수 있을 것이다. 그러나 청사진에 가까운 사회를 실현할 수 있는 가능성을 비교할 때는 자유민주주의 편이 더 현실적이라고 보아야 할 것이다.

우송은 우리 국민의 의식 수준이 사회주의의 이상주의를 실현하기에는 많이 미흡하다는 진단을 내린다. 그 이유로서 그는 (1) 이성보다도 감정의 우세함, (2) 내면적 가치보다는 외면적 가치의 선호, (3) 지나친 개인주의의 성향 등을 제시한다.

결론적으로 우송은 우리 사회의 당면 과제로서 여러 갈래의 길을 검토한다. (1) 자유민주주의 체제를 유지하면서 현실의 문제를 개선하는 길, (2) 공산주의의 청사진을 실현하는 길, (3) 자유민주주의도 아니고 사회주의도 아닌 제3의 체제를 선택하는 길이다. 우송은 특히 한국인의 심성과 연관시켜 (1)의 길밖에 없다는 결론을 내린다.

5. 공동체 자유주의자의 길

제도를 바꾸면 사람들의 의식이 그것에 맞추어 변한다는 사실은 작은 규모에서는 가끔 확인할 수 있다. 그러나 공산주의라는 체제로 큰 틀을 바꾸어도 사람들의 의식 수준은 크게 높아지지 않았다. 공산주의가 실패한 중요 원인이 바로 그것이다. 그러므로 무조건 제도를 먼저 바꾸어야 한다는 주장은 정당화되지 않는다. 그뿐만 아니라 누가 제도를 바꿀 것인가 하는 문제는 고양이 목에 방울을 다는 문제로 여전히 남아 있다.

그렇다면 의식 수준을 먼저 상승시켜 제도를 높은 수준으로 바꾸는 길밖에 없다. 그러나 여기에도 난제가 있다. 국민 전체의 의식 수준이 한꺼번에 높아지지는 않는다. 누군가의 선구적 역할이 필요하다. 우송은 지성적 엘리트에게 이 역할을 맡긴다. "우리의 사태를 순환론의 늪에서 탈출할 수 있게 하는 희망의 고리는, 사회성원 가운데는 일반보다 높은 의식 수준을 가진 지성적 엘리트가 있으며, 그들의 높은 의식 수준이 개혁 또는 향상을 위한 기폭제의 구실을 할 수 있다는 사실에 있다."[14] 우송은 일생을 우리 사회의 지성적 엘리트로서 살았다. 자신의 이론을 그대로 실천한 것이다.

동시에 우송은 우리 모두가 함께 지향해 가야 할 우리 사회의 청사진을 다음과 같이 제시한다. 이 청사진은 추상적 유토피아가 아니라 현실에 기초한 실현 가능한 청사진이다.

개인이 각각 자신의 삶을 설계하고 그것을 실천에 옮길 수 있기 위해서는,

(1) 개인에게 자유가 주어져야 한다. 물론 이때의 자유는 제한된 자유이다. 말하자면 다른 사람의 자유와 양립할 수 있는 자유이다.

(2) 개인의 기본 생활이 안정되어야 한다. 이것은 생활비의 직접적 지원이 아니라 각자에게 기본 생활에 필요한 소득의 기회가 부여되는 방식을 통해 실현되어야 한다.

(3) 개인의 소질에 적합한 교육의 기회가 주어져야 한다. 교육의 기회를 균등하게 제공하기 위해 고학력 소비자를 지나치게 우대하는 지금의 보수 체계는 고쳐져야 하며, 복지정책의 차원에서 대학의 장학제도를 마련해야 한다.

(4) 민주주의적 문화가 펼쳐져야 한다. 장차 한국의 문화는 소비 위주의 문화에서 인간 개발의 문화로 방향을 바꾸어야 한다. 소질이 탁월한 소수가 아니라 모든 사람들이 각자의 소질을 개발하는 문화 풍토를 조성해야 한다.

---

14) 같은 책, p.382.

(5) 사회의 법질서가 확립되어야 한다. 이 과제의 첫째 단계는 공정하고 합리적인 법을 제정하는 일이며, 둘째 단계는 그 법을 준수하는 일이다.

우리는 이런 청사진에서 적극적 자유의 개념 위에 전개된 진보적 자유주의, 공동체 자유주의의 이념을 확인한다. 이론과 실천의 양면에서 우송은 명실상부한 한국 최초의 공동체 자유주의자였다고 할 수 있다.

『철학과 현실』(2010년 여름)

이한구 경희대학교 석좌교수, 성균관대학교 명예교수. 서울대학교에서 철학 박사 학위를 받았다. 대한민국학술원상, 3·1문화상 등을 수상했다. 저서로 『지식의 성장』, 『역사주의와 반역사주의』, 『역사학의 철학』, 『역사와 철학의 만남』, 『문명의 융합』 등이 있다.

전망과 탐색

1판 1쇄 인쇄	2019년 3월 10일
1판 1쇄 발행	2019년 3월 15일

엮은이	철학문화연구소
발행인	전 춘 호
발행처	철학과현실사

출판등록	1987년 12월 15일 제300-1987-36호
	서울특별시 종로구 동숭동 1-45
	전화번호 579-5908
	팩시밀리 572-2830

ISBN 978-89-7775-818-6 93100
값 12,000원